W0066840

Alexandra Widmer

Stark und alleinerziehend

ALEXANDRA WIDMER

STARK UND ALLEINERZIEHEND

Wie du der Erschöpfung entkommst
und mutig neue Wege gehst

Kösel

Hinweis: Das vorliegende Buch ist sorgfältig erarbeitet worden. Dennoch erfolgen die Angaben ohne Gewähr. Weder die Autorin noch der Verlag und seine Mitarbeiter können für eventuelle Nachteile oder Schäden, die aus den im Buch gegebenen Hinweisen resultieren, eine Haftung übernehmen. Bei ausgeprägten gesundheitlichen Belastungen kann dieses Buch nicht die ärztliche oder therapeutische Begleitung ersetzen.

Alle Namen, Personen und Handlungen sind frei erfunden und jegliche Übereinstimmung mit realen Personen ist rein zufällig.

Der Kösel-Verlag weist ausdrücklich darauf hin, dass im Text enthaltene externe Links vom Verlag nur bis zum Zeitpunkt der Buchveröffentlichung eingesehen werden konnten. Auf spätere Veränderungen hat der Verlag keinerlei Einfluss. Eine Haftung des Verlags ist daher ausgeschlossen.

MIX
Papier aus verantwor-
tungsvollen Quellen
FSC® C083411

Verlagsgruppe Random House FSC® N001967

Copyright © 2016 Kösel-Verlag, München,
in der Verlagsgruppe Random House GmbH,
Neumarkter Straße 28, 81673 München
Schreibcoaching & Lektorat: Isabella Kortz
Umschlag: Weiss Werkstatt, München
Umschlagmotiv: plainpicture/Johner
Illustrationen: Mascha Greune
Druck und Bindung: CPI books GmbH, Leck
Printed in Germany
ISBN 978-3-466-31060-9
www.koesel.de

Dieses Buch ist auch als E-Book erhältlich.

Inhalt

Vorwort

Alexandra Widmer widmet sich in diesem Buch einem wichtigen Thema – die Zahl alleinerziehender Mütter und Väter steigt seit Jahren ständig, und mit ihnen natürlich die Anzahl der betroffenen Kinder. Umso erstaunlicher ist es, dass es dazu bisher so wenig Literatur gibt. Dabei kommen in dieser Situation viele Belastungsfaktoren zusammen und das Konfliktpotenzial nimmt fast kein Ende: Auseinandersetzungen im Zusammenhang mit der Trennung, Belastungen durch ein Zuviel an Aufgaben, durch finanzielle Probleme etc. Und die Kinder, die einem die liebsten Menschen sind, sind immer involviert, ob man das möchte oder nicht …

Der schematherapeutische Ansatz hat sich bei vielen Problemen und Themen bewährt – besonders hilfreich ist er in Situationen, die sich durch starke innerliche Konflikte auszeichnen. Solche Konflikte bemerkt man daran, dass man sich von einem Moment auf den anderen ganz anders fühlt oder auf das gleiche Thema in verschiedenen Situationen ganz unterschiedlich (und oft ziemlich emotional) reagiert. Dann kann das schematherapeutische Konzept effektiv helfen, die verschiedenen Seiten der Konflikte zu verstehen und einen guten Weg hindurch zu finden. Alexandra Widmer nutzt die Stärken der Schematherapie mit diesem Buch toll aus. Sie beschreibt die verschiedenen inneren Anteile so, wie sie sich in der Situation Alleinerziehender zeigen und anfühlen. Und sie bringt mit ihren Anleitungen zur Veränderung vieles auf den Punkt, was die Schematherapie zu sagen hat zum Thema »die gesunde Große oder den gesunden Großen stärken« – das mag manchmal eine Herausforderung darstellen, aber es wird sich lohnen. Ich wünsche Ihnen viel Erfolg auf diesem Weg!

PD Dr. Gitta Jacob
Hamburg, März 2016

Einleitung

Jedes Jahr, am 31. Dezember, notiere ich in einem Buch, was ich mir für das kommende Jahr wünsche. Die Einträge der letzten drei Jahre lesen sich anders als die davor – und ich finde, sie zeichnen das Bild eines Lebens, das alles andere ist als erstrebenswert. Das hat natürlich einen Grund: Mein ursprünglicher Plan, mit meinem Partner und unseren beiden Kindern ein Haus zu bauen und dort zu leben, ging nicht auf. Als er mich verließ, war unsere erste Tochter drei Jahre alt und die zweite ein Jahr alt. Neben dem Schock und Schmerz über den Verlust der Partnerschaft war auch mein Traum »einer Familie« geplatzt, was bis dato das höchste Ziel in meinem Leben gewesen war. Von heute auf morgen war ich alleinerziehende, berufstätige Mutter mit zwei kleinen, zu versorgenden Kindern, und irgendwie musste ich im Alltag funktionieren. Ich, die bis dahin immer alles gut geschafft hatte, merkte sehr schnell, dass diese Situation eine ganz neue Dimension hatte. Als Ärztin und Psychotherapeutin müsste ich doch wissen, wie ich ticke und vor allem, wie ich damit besser umgehen kann, dachte ich. Pustekuchen! Nach 14 Stunden auf den Beinen, neben meinem Job, dem Einkaufen, Kochen, Aufräumen und der Betreuung meiner zwei verunsicherten und bedürftigen Kinder, war ich restlos erschöpft. In den wenigen Stunden, in denen ich einmal »frei« hatte, lenkte ich mich ab und traf Freunde oder ich flüchtete mich ins Bett. Die Seite in mir, die noch ein Fünkchen an Klarheit hatte, stellte mit Erschrecken fest, was die Menge an Belastungen (viel zu wenig Ruhe, hohe Mietkosten, wenig Hilfe, rechtliche Auseinandersetzungen, Stress mit dem Ex-Partner und keinen Rückhalt mehr …) aus mir machte.

Das Los, alleinerziehend zu sein

Es sind nicht nur die äußeren Umstände, die Alleinerziehenden das Leben erschweren. Auch die inneren Einstellungen und Überzeugungen, die im bisherigen Leben gut funktioniert haben, sind plötzlich nicht mehr hilfreich, wenn man die meiste Zeit allein für die Kinder verantwortlich ist. Zum Beispiel teilt man mit niemandem mehr die alltäglichen Gedanken, wie die Kinder gut in das Leben finden können. Diese Frage quälte mich, weil sie ja nun auch eine Trennung verkraften mussten. In der ersten Zeit nach der Trennung befürchtete ich außerdem, ich würde nie wieder ein glückliches und zufriedenes Leben, geschweige denn eine intakte Beziehung oder ein »normales« Familienleben führen können. Ich durchlebte immer wieder Zeiten von Angst, Wut, schlechtem Gewissen, Ohnmacht und Selbstzweifeln. Mittlerweile weiß ich, dass alle diese Gefühle nach der Trennung und in der ersten Zeit, in der wir alleinerziehend sind, dazugehören. Sie sind *normal* und sorgen dafür, dass wir beginnen, unser Leben neu auszurichten. Zum damaligen Zeitpunkt leitete ich einige Burn-out-Gruppen an einem Institut für ambulante Therapie. Viele Manager und Führungskräfte kamen zu mir, um sich Hilfe zu holen. Doch nur selten begegnete ich einer alleinerziehenden, erschöpften Mutter, geschweige denn einem Vater. Dabei ist Unterstützung für Alleinerziehende von Anfang an dringend nötig. Denn der Weg ist lang und es dauert einige Jahre, bis es so etwas wie einen Alltag gibt oder die Kinder aus dem Gröbsten raus sind.

Laut der GEDA-Studie[1] des Robert Koch Instituts (2009/2010) haben Alleinerziehende ein mehr als doppelt so hohes Risiko, an einer Depression zu erkranken, als Mütter in »klassischen« Familien. Und auch andere Quellen zeigen, dass die psychische Gesundheit bei Single-Eltern stärker gefährdet ist.[2] Ich habe meine eigenen Erfahrungen als Alleinerziehende gemacht – und außerdem mittlerweile viele andere alleinerziehende Frauen und Männer beraten und begleitet. Ich selbst hatte zwar keine Depression, aber eine starke körperliche und emotionale Erschöpfung.

---

1 GEDA-Studie, Robert Koch Institut:
  http://edoc.rki.de/series/gbe-kompakt/2013-2/PDF/2.pdf

2 Weitere Studien: http://www.psychologie.tu-dresden.de/i2/klinische/mitarbeiter/
  publikationen/jacobi-p/helbig-parenthood-2006.pdf
  http://www.dak.de/dak/bundes-themen/Stress-Studie_2014-1432934.html

Die häufigsten negativen Folgen, von denen mir andere Betroffene in meinen Beratungen berichten, sind:

- Körperliche Beschwerden, wie Kopfschmerzen, Tinnitus, Muskelverspannungen, Magenschmerzen, Verdauungsprobleme, Schlafstörungen, Appetitlosigkeit
- Ängste – zum Beispiel vor Armut, Einsamkeit, Arbeitsplatzverlust
- Ziellosigkeit und Sinnverlust
- Starker emotionaler Stress aufgrund von Rechtsstreit mit dem Kindsvater oder der Kindsmutter
- Burn-out
- Depression
- Arbeitsunfähigkeit

Mein Ziel ist es, Alleinerziehende ab Tag eins *nach* einer Trennung zu unterstützen, sodass sie selbst dafür sorgen können, dass es gar nicht erst zu einer Erschöpfung beziehungsweise den oben genannten Beeinträchtigungen kommt. Die psychische und körperliche Gesundheit ist die Basis dafür, dass wir Alleinerziehenden gut für unsere Kinder sorgen können und alle bei Kräften bleiben. Deshalb habe ich mich im Mai 2014 dafür entschieden, für die wachsende Gruppe an alleinerziehenden Menschen einzutreten und das Projekt »Stark und alleinerziehend« gegründet:

www.starkundalleinerziehend.de

Stark sein bedeutet nicht, alles allein zu schaffen und durchzuhalten. Es bedeutet, den Mut zu haben, sich Unterstützung zu holen, um gesund zu bleiben und so für das eigene Kind beziehungsweise die eigenen Kinder da sein zu können. In vielen Fällen ist das die Voraussetzung dafür, um wieder …

- volle Aufmerksamkeit für die Kinder zu haben,
- Selbstvertrauen aufzubauen,
- mutig wichtige Schritte anzugehen,
- neue Energie und Vitalität zu entwickeln,
- arbeitsfähig zu bleiben,
- den Sinn im Leben wiederzufinden beziehungsweise neu zu entdecken und
- einen guten Umgang mit dem Ex-Partner auf der Elternebene zu finden.

Ich persönlich war nie eine Heldin darin, andere um Hilfe zu bitten. Ich war immer die Starke. Aber nun blieb mir nichts anderes übrig und ich fing an, nach Lösungen zu suchen. Was ich fand, waren viele Informationen und Unterstützung zu rechtlichen und sozialen Themen. Doch ich fand keine Antworten auf meine brennenden Fragen:

- Wie schaffe ich es als Alleinerziehende, stark zu bleiben und an mich zu glauben?
- Wie gehe ich mit meinem ganzen Gefühlschaos um? Mit meiner Wut, meinem schlechten Gewissen und meinen Ängsten?
- Wie kann ich mein Umfeld (Nachbarn, Großeltern, Bekannte …) zu etwas bewegen, was mir wichtig ist?
- Wie kann ich den Kindsvater dafür gewinnen, dass er sich an Vereinbarungen hält? Was kann ich tun, wenn mit ihm kein Dialog möglich ist?
- Wie gelingt es mir, bei Freunden um Hilfe zu fragen, wenn ich nicht mehr kann?
- Wie meistern andere Alleinerziehende die Situation? Wie bewältigen sie die vielen Herausforderungen und was kann ich von ihnen lernen?
- Wo bekomme ich Inspirationen und Anregungen oder sogar Lösungen für meine eigene Lebenssituation? Gibt es Vorbilder? Wie haben andere Alleinerziehende es geschafft?

An Silvester 2013, ein halbes Jahr vor Gründung meines Projektes »Stark und alleinerziehend«, fing ich an, mir zu überlegen, wie ich überhaupt weiterleben wollte. Ich hatte viel gejammert und geklagt und fühlte mich vom Leben im Stich gelassen. Schuld war mein Ex, der mich verlassen hatte. Schuld war die Politik, die in diesem Land die Alleinerziehenden auf vielen Ebenen – übrigens nach wie vor – benachteiligt. Schuld war meine Familie, die nicht in meiner Nähe wohnte. Schuld war die ganze Gesellschaft. Doch diese Haltung kostete mich – zusätzlich zu meinem ohnehin anstrengenden Alltag – wahnsinnig viel Kraft. Also begann ich, mich damit auseinanderzusetzen, wie andere Menschen Krisen erfolgreich bewältigt hatten. Ich las viele Bücher, hörte Podcasts (unter anderem folgende: www.markuscerenak.com, www.selbst-management.biz) und durchsuchte das Internet nach Lebensläufen, die mich inspirierten.

Ein Podcast, den ich über mehrere Wochen anhörte, war »Toms Talk Time« (http://tomstalktime.com). Dieser startete und endete immer mit dem folgenden Zitat:

Wer will, findet Wege. Wer nicht will, sucht Gründe.

Anfänglich nickte ich nur distanziert. Doch nachdem ich den Podcast regelmäßig anhörte und diesen Satz dadurch fast täglich hörte, wurde ich neugierig: Sollte es etwa auch als Alleinerziehende möglich sein, neue Wege zu finden und diese dann auch zu gehen, trotz der schwierigen äußeren Lebensumstände? Die Antwort war mir schnell klar. Ja, natürlich! Denn nichts anderes versuchte ich ja schließlich tagtäglich in meiner ärztlichen und therapeutischen Tätigkeit meinen Patienten nahezubringen: dass der Schlüssel zu mehr Energie, Mut und neuen Wegen in uns selbst liegt. Und so auch in mir. Das, was mich bis dato sehr viel Kraft gekostet hatte, waren meine inneren Einstellungen und Bewertungen, die daraus resultierenden Gefühle und schließlich negativen, beziehungsweise nachteiligen Verhaltensweisen. Ich selbst war also diejenige, die dafür sorgen musste, dass es mir wieder gut ging! Um erstens als gesunde und starke Mutter für meine Kinder da zu sein und zweitens als Frau meinem Leben eine neue Richtung zu geben. Mir wurde schlagartig klar, dass in meinem Alltag niemand kommen würde, um alles wieder »schön« zu machen. Dafür musste ich ab sofort selbst sorgen! Und da ich diese Einstellung und Eigenschaft als Schlüssel erkannt habe, möchte ich ihn unbedingt in diesem Buch an dich weitergeben.

Übrigens: **Die Mehrzahl der Alleinerziehenden ist noch immer weiblich, selbstverständlich sind aber alleinerziehende Väter ebenso gemeint, auch wenn ich hier vorwiegend in der weiblichen Form schreibe.**

Ich möchte mit diesem Buch einen ersten Schritt unternehmen, um für diejenigen Hilfe anzubieten, welche die meiste Zeit im Alltag allein für die Kinder da sind und die sich durch ihr Gefühlschaos und ihre Gedanken gestresst fühlen. Und zwar eine realistische Hilfestellung, die nichts beschönigt und nicht vorgaukelt, dass alles ganz leicht ist. Denn das ist es nicht. Aber es ist möglich, zu lernen und zu

wachsen, um wieder Klarheit zu bekommen und eine neue Zu-
kunftsperspektive zu entwickeln. Mir ist es wichtig, den Fokus auf
das zu legen, was funktioniert, was uns Mut, Selbstvertrauen und
Energie gibt. Trotz der vielen, noch bestehenden Benachteiligungen
von Alleinerziehenden ist es zu schaffen, ein zufriedenes, erfülltes
Leben zu führen. Nichts anderes haben wir alle verdient! Bitte betrachte dieses Buch als eine Ergänzung zu der Hilfe, die du dir von
»echten« Menschen in dieser Lebensphase holst. Mein Buch ersetzt
keinesfalls den persönlichen Kontakt zu einem professionellen Berater an deiner Seite. Im Rahmen eines Interviews schrieb mir eine
Mutter:

*Alleinerziehend zu sein ist eine Lehrmeisterin,
die es in sich hat.*

Passend dazu findest du in diesem Buch Unterstützung, wenn du:
- mit deinem Gefühlschaos allein nicht weiterweißt
- zu viel grübelst, Selbstzweifel hast und du wieder an dich selbst
  glauben möchtest
- einfache und effektive Tipps suchst, die dir dein aktuelles Alltags-
  leben erleichtern
- bereit bist, deine bisherigen belastenden Gedanken zu hinterfragen.
- offen bist, dazuzulernen

Wichtiger Hinweis

Dieses Buch ist nicht für alle Alleinerziehenden gedacht! Das möchte ich an
dieser Stelle betonen.

Es ist mir wichtig klarzustellen, dass ich nicht für alle Alleinerziehenden sprechen beziehungsweise schreiben kann, weil unsere Lebensumstände sehr
verschieden und komplex sind. Es gibt Alleinerziehende, die psychische und
physische Gewalt mit ihrem Partner erlebt haben und die Trennung als Befrei-
ung empfinden. Diese Frauen und Männer werden sich eventuell in meinem
Buch nicht ausreichend gesehen und verstanden fühlen, weil das, was sie erlebt haben, noch einmal eine ganz andere Dimension darstellt.

Schritt für Schritt zum Ziel

In vielen Gesprächen mit Alleinerziehenden ist mir aufgefallen, dass viele von uns negative Selbstgespräche mit sich führen. Diese inneren Monologe führen zu unangenehmen Gefühlen und machen uns das Leben zusätzlich schwer. Denn sie füttern die Flut an Emotionen, die uns regelrecht überrollen. Ein nicht hilfreicher Umgang mit den eigenen Gefühlen und negative Selbstgespräche kosten viel Kraft, die wir im Alltag dringender für uns selbst und natürlich für unser Kind oder unsere Kinder benötigen. Wir selbst sind schließlich der Halt für unsere Kinder! Kinder spüren alles und wissen ganz genau, wie es uns geht. Sie spiegeln unsere Stimmungen und unser Verhalten. Darum ist es so immens wichtig zu verstehen, dass und wie es uns – trotz der schwierigen Umstände – gut gehen kann.

Es gibt ein Zitat von Emil Oesch, das lautet: »Zum Erfolg gibt es keinen Lift. Man muss die Treppe benützen.« Ganz ähnlich ist das mit der Trennung und der Zeit, in der wir alleinerziehend sind. In diesem Buch werde ich dir die Treppe zeigen, über die du aus dem Kellergeschoss bis in die ersten Etagen gelangst, um dort das zu lernen, was du brauchst, um dich Schritt für Schritt deiner persönlichen Dachterrasse zu nähern, auf der dir die Sonne wieder ins Gesicht scheint. In den folgenden Kapiteln werde ich dir hilfreiche Strategien an die Hand geben, damit du genug Energie für dich selbst und dein Kind beziehungsweise deine Kinder hast. Die wichtigsten Voraussetzungen dafür sind, unter anderem, ein mutiger, bewusster und ehrlicher Umgang mit deinen Gefühlen und konstruktive Selbstgespräche. Und das ist beides erlernbar.

Das richtige Vorgehen mit diesem Buch

Es wird nicht so sein, dass du dieses Buch einmal liest und dir dann alles sofort klar ist. Ich empfehle dir sogar, es nach einer gewissen Zeit noch mal zu lesen. Markiere, schreibe und nutze es als deinen Begleiter, der dich durch diese Lebensphase trägt. Lass dir Zeit und bleibe dran! Es wird sich lohnen. Wissen ist der erste Schritt. Aber nur durch das Umsetzen und *Tun* wirst du neue Ergebnisse bekommen. Und zwar, dass du es trotz aller Schwierigkeiten in der Hand hast, wie du die Zeit als Alleinerziehende/r erleben wirst: als Chance oder

Katastrophe. *Was* dir im Leben passiert, kannst du nicht immer beeinflussen, aber *wie* du damit umgehst, unterliegt zu 100 Prozent
deinem Einfluss. Ich lade dich ein, in diesem Buch und mit mir zusammen dein Leben als Alleinerziehende/r als Chance zu erleben
und »Ja« zu sagen:

- »Ja, ich habe es verdient, ein erfülltes und zufriedenes Leben zu
  führen – und ich werde, gerade jetzt, besonders an mich glauben.«
- »Ja, ich bin stolz auf mich und meinen Nachwuchs.«

Alles, was du dafür benötigst, sind diese **vier Bausteine** als neue
Basis:

1. Die Entscheidung, wirklich zu 100 Prozent die Verantwortung für
   dein Leben zu übernehmen
2. Selbstvertrauen
3. Die Bereitschaft, deine Selbstgespräche zu verändern
4. Die Bereitschaft, ein Profi für deine Gefühle zu werden

Und das wirst du in diesem Buch lernen. Der erste und wichtigste
Schritt ist, wieder Anerkennung für dich selbst zu entwickeln und
aktiv zu werden, anstatt in der Opferrolle zu verharren und auf eine
Änderung von außen – durch die Politik, den Kindsvater oder die
Kindsmutter oder gar die Gesellschaft – zu warten. Um für dein
Kind beziehungsweise deine Kinder ein liebevoller und zugewandter
Elternteil sein zu können, wirst du in den folgenden Kapiteln viele
verschiedene Wege kennenlernen, wie ein neuer Umgang mit der
Situation als Alleinerziehende/r aussehen kann.

Sei stolz und glaube an dich!

Deine Alexandra

Teil I:

Alleinerziehend –
und nun?

Wie schaffe ich das bloß alles?

Ich werde von einem kleinen Fuß im Gesicht schlagartig geweckt. Der Blick auf den Wecker verrät mir, dass es 05:45 Uhr ist. »Mamaaaaaaaa!« – bis ich in der Praxis bin, werde ich dieses Wort sicher fünfzigmal gehört haben. Es ist noch dunkel draußen, als meine Töchter sich in meinem 140 Zentimeter breiten Bett neben mir herumwälzen. Die Nacht war kurz. Oft kommen sie zu mir und kuscheln sich an mich. Dann schlafen sie selig und ich kann mich aufgrund des Platzmangels kaum rühren. Ich versuche, sie anzuziehen, während sie parallel das Kinderzimmer auf den Kopf stellen und Teddys, Puppen und Klamotten in der Wohnung verteilen. Danach versuche ich mich selbst anzukleiden und mich bis zur Ankunft im Institut nicht von kleinen Marmeladenfingern zu sehr bekleckern zu lassen. Schnell noch ihr Frühstück für den Kindergarten vorbereiten. An mein eigenes Frühstück denke ich in dem Moment nicht. Plötzlich höre ich lautes Geschrei aus dem Kinderzimmer. Typische Streitigkeiten zwischen Geschwistern. »Das ist mein Haarband!« Ich unterbreche meine Tätigkeit in der Küche und schaue nach ihnen. Diese Lautstärke am Morgen macht mich wahnsinnig. Also versuche ich sie zu beruhigen. Und plötzlich geht es gar nicht mehr um das Haarband, das die eine der anderen weggenommen hat, sondern um viel Grundlegenderes …

»Ich vermisse Papa. Papa soll nach Hause!«, und dann bitterliches Weinen. Ich atme tief durch, umarme mein Kind und sage: »Ja, ich weiß, dass du dir das wünscht, und ich sehe, dass du traurig bist. Doch ändern können wir es nicht.«

In mir ist eine Mischung aus Wut, Trauer und Hilflosigkeit. Wie kann ich ihr helfen und was kann ich bloß tun? Einer von vielen Momenten, in denen ich mich verlassen fühle. Wie so oft spüre ich den Drang, dem Kindsvater den ganzen Mist mitzuteilen und ihm unzählige SMS und Mails zu schreiben. Innerlich koche ich. Als ich endlich meine Töchter in der Kita abgegeben habe, brummt mir der Kopf. Eigentlich könnte ich jetzt wieder nach Hause fahren und mich ins Bett verkriechen.

In der Praxis angekommen fühle ich mich endlich wieder erwachsen. Ich liebe meine Arbeit mit meinen Patienten und kann für ein paar Stunden da sein, wo ich mich kompetent fühle. Gegen 15:30 Uhr verlasse ich die Ambulanz. Die Wohnung hatten wir drei am Morgen im Chaos hinterlassen. Genug Lebensmittel habe ich auch nicht mehr da, geschweige denn, dass ich schon etwas Vernünftiges gegessen hätte. Ich bin hin und her gerissen, ob ich sie nun noch länger in der Betreuung lassen und alleine einkaufen fahren soll oder mit ihnen gemeinsam den Einkauf erledige ... Ich entscheide mich für die erste Variante. Gegen 16:45 Uhr kommen wir schließlich in der Wohnung an, ich trage die Einkaufstüten und Wasserflaschen rein und bin völlig ausgelaugt. Der Weg zum Briefkasten fällt mir schwer. Ich mag keine Rechnungen und schon gar keine Briefe vom Anwalt mehr sehen. Mir ist alles zu viel. Außerdem kann ich mir die Wohnung mitten in Hamburg allein nicht mehr leisten. Als mir meine Tochter die obligatorische Frage stellt: »Mama, was machen wir heute?«, schaue ich sie nur mit großen Augen an und reagiere nicht wirklich. Die restliche Zeit bis zum Abendbrot versuche ich, die wichtigsten Dinge im Haushalt zu erledigen. Die Wäsche türmt sich seit Tagen. Es bleibt bei dem Versuch, mit meinen zwei kleinen Mädchen das Spielzeug aus den anderen Zimmern der Wohnung zurück ins Kinderzimmer zu räumen. Draußen ist es schon wieder dunkel. Während die zwei das Sandmännchen anschauen, bin ich weiterhin am Organisieren. Ich fühle mich wie eine Maschine, die gerade noch funktioniert, aber schon bald den Geist aufgibt. Keine Minute an diesem Tag hatte ich einen Moment Zeit für mich.

Während wir kurz nach 19:00 Uhr unser schönes Abendritual machen, merke ich, wie ich unruhig werde. Ich kann nicht mehr. Ich will meine Ruhe und möchte, dass die zwei ganz schnell einschlafen. Das spüren sie natürlich und die Größere weint wieder. Dieses Mal, weil ihr die Turnschuhe zu klein geworden sind und ich diese auf dem Flohmarkt verkaufen möchte. Alles, was nicht mehr ist, was Abschied bedeutet, löst Trauer aus. Ich mache mir Vorwürfe und frage mich, wie ich das alles hätte verhindern können. Was habe ich falsch gemacht? Ich mache mir Sorgen, meinen Kindern nicht alles geben zu können. Bis beide schlafen und endlich Ruhe einkehrt, ist es 20:30 Uhr. Ich bin erschöpft und meine Rückenmuskulatur ist total verspannt. In der Dusche lasse ich heißes Wasser über mich laufen und versuche, mich zu spüren. Eigentlich hatte ich noch vor, eine Freundin anzurufen. Aber irgendwie mag ich nicht mehr reden, um doch nur wieder zu sagen: »Alles blöd.« Ich möchte eigentlich nur noch meine Ruhe, Licht aus und nicht mehr denken. Denn morgen früh um 05:45 Uhr habe ich wieder einen Fuß im Gesicht. Mit diesen Gedanken schlafe ich erschöpft ein.

Ich bin sicher, den oben beschriebenen Tagesablauf kennst du so oder zumindest so ähnlich aus deinem eigenen Leben. Bei Alleinerziehenden gibt es täglich viele Faktoren, die zur Erschöpfung führen. Dafür gibt es mehrere Gründe. Welche das genau sind, das sehen wir uns nun genauer an.

Warum wir Alleinerziehende erschöpft sind

DRUCK VON AUSSEN

Mit dem Druck von außen sind die Umstände gemeint, die uns unter Stress setzen:

- Konflikte – mit dem Kindsvater oder der Kindsmutter, mit dem Kind, der Familie, den Freunden, dem Anwalt, dem Richter oder dem Jugendamt
- Druck vom Arbeitgeber
- Geldmangel, Schulden
- Wenig bis keine Zeit für sich selbst
- Keine bis wenig soziale Unterstützung
- Ungünstige politische, rechtliche und gesellschaftliche Bedingungen für Alleinerziehende
- Unzureichende oder unflexible Betreuungszeiten, die für den Beruf unpassend sein können

DRUCK VON INNEN

Mit den inneren Umständen, die uns Alleinerziehende belasten können, sind unsere eigenen Selbstgespräche, Einstellungen und Überzeugungen gemeint. Also all das, womit wir uns selbst stressen. Je nachdem, wie wir eine Situation bewerten, fühlen wir uns mehr oder weniger angestrengt. Die wichtigste Frage lautet: Durch welche Brille schauen wir auf unser Leben? Die »Ich glaube an mich und meistere die Zeit«-Brille oder die »Jetzt bin ich alleinerziehend und damit wird alles schwierig bleiben«-Brille? Welche Gedanken gehen uns durch den Kopf? Aufbauende und stärkende Gedanken oder eher Ängste und Sorgen? Welchen Einfluss hat das »Kopfkino« auf unser tägliches Handeln? Negative Selbstgespräche und das sich daraus ergebende Gefühlschaos sind die größten Energieräuber.

Die Kombination aus diesen beiden umfassenden Faktoren führt zu einer permanenten, andauernden Stressreaktion, die du auf vier Ebenen wahrnehmen kannst:

1. An deinem Körper: Anspannung, Kopfschmerzen, Übelkeit, Herzrasen, Magenschmerzen, innere Unruhe, mangelnde Konzentration oder vermehrtes Vergessen.

2. An deinem Verhalten: Flucht in die Arbeit, Schreien, Ruhelosigkeit, keine Pausen einlegen, Rückzug von Menschen, Nervosität und Hektik, viel oder zu wenig und unregelmäßiges Essen, Alkohol trinken, Zurückstellen der eigenen Wünsche und Bedürfnisse.

3. An deinen Gedanken: »Ich muss es allein schaffen«, »Ich muss es perfekt machen«, »Ich muss alle Risiken für die Zukunft ausschließen«, »Ich schaffe es nicht«, »Ich bin keine gute Mutter«, »Ich kann meinem Kind nicht genug bieten«, »Ich bin schuld«, »Er/Sie ist schuld«, »Wenn sich mein Ex doch endlich so oder so verhalten würde, dann ginge es mir gut«, »Wenn die anderen mich seit der Trennung endlich anders behandeln würden, dann wäre alles einfacher« oder »Wenn das Steuersystem, das Sorgerecht und so weiter besser geregelt wären, dann könnte ich ein neues Leben mit meinem Kind beginnen«. Kennst du diese oder ähnliche Gedanken?

4. An deinen Gefühlen: Angst, Wut, Hilflosigkeit, Einsamkeit, Trauer, Schuld, Neid, Eifersucht.

Ich möchte dir dazu drei Fallbeispiele schildern, die dir das Zusammenspiel von äußerem und innerem Druck noch besser verdeutlichen.

FALLBEISPIEL 1: SONJA

Sonja ist 42 Jahre alt, Grafik-Designerin und seit vier Jahren alleinerziehend.
Sonja und ihr Mann hatten über viele Jahre versucht, mithilfe einer Kinderwunschklinik ein Kind zu bekommen. Kurz nachdem es dann vor vier Jahren endlich geklappt hatte, verließ er sie von einem auf den anderen Tag

für eine andere Frau. Dieses Erlebnis hatte bei Sonja tiefe Wunden hinterlassen und seither hat sie kein Vertrauen mehr in nichts und niemanden – wie sie selbst sagte. Als Reaktion auf ihre Trauer und Kränkung entwickelte Sonja immer mehr den Wunsch nach Kontrolle und Sicherheit. Obwohl sie einen unbefristeten Arbeitsvertrag hatte, grübelte sie jede Nacht – aus Angst, ihren Arbeitsplatz zu verlieren. Sie hatte Sorge, es nicht zu schaffen und in der Zukunft Sozialleistungen beziehen zu müssen. Sie beobachtete das bei einer Freundin, die ebenfalls alleinerziehend war und schon an die hundert Bewerbungen geschrieben hatte, aber einfach keine positive Antwort bekam. Im Laufe der Zeit nahmen Sonjas Ängste immer mehr zu. Sie fürchtete, aufgrund einer eigenen Erkrankung nicht mehr für ihr Kind da sein zu können. Hinzu kam, dass sich der Vater gar nicht mehr um das Kind kümmerte und 800 Kilometer weit weg lebte. Sonjas Eltern waren zu alt und sonst hatte sie auch niemanden, der ihr einmal wenigstens für eine Nacht das Kind abnehmen konnte. Sie fühlte sich dauerhaft im Hamsterrad, zog sich immer mehr zurück und fühlte sich zunehmend isolierter und ausgebrannter. Erst nachdem Sonja gesehen hatte, dass die Freundin – mit viel Willensstärke und auch Unterstützung durch eine Beratungsstelle für alleinerziehende Mütter und Väter – einen Job gefunden hatte, war sie bereit, selbst dort auch einen Termin zu vereinbaren. Vor Ort wurde Sonja dann von einer erfahrenen Psychotherapeutin empfangen und konnte mit dieser vertrauensvoll sprechen.

FALLBEISPIEL 2: MARIE

Marie ist 28 Jahre alt, Arzthelferin und seit sechs Jahren mit ihren Söhnen alleinerziehend.
Marie hatte sich vom Kindsvater getrennt, nachdem dieser im Laufe der Beziehung immer häufiger emotional und körperlich übergriffig geworden war. Um ihre Kinder zu schützen, schaffte sie es nach mehreren Anläufen, sich endgültig von ihm zu trennen. Es kam zu mehreren Gerichtsverhandlungen bezüglich eines möglichen Umgangs mit den Kindern. Währenddessen spitzten sich die Konflikte mit dem Vater zu, der sich nicht an die Vereinbarungen hielt. Marie hatte immer mehr das Gefühl, eine Marionette im Spiel zwischen Jugendamt, Gericht und Mediatoren zu sein. Sie wartete täglich auf eine neue Hiobs-Botschaft und hatte Angst um das Wohl ihrer Kinder. Ihr ganzes Denken und Handeln drehte sich um diese Thematik. An den Abenden saß sie stundenlang vor dem Computer, durchsuchte Foren

im Internet nach Rechtsurteilen und Antworten. Marie verlor an Gewicht, hatte Konzentrationsstörungen, eine niedergedrückte Stimmung und konnte immer weniger auf ihre Söhne eingehen. Sie fühlte sich, wie sie selbst sagte, »wie in einem schlechten Film, der einfach nicht enden will« und musste natürlich trotzdem weiterhin unbedingt stark sein und kämpfen. »Schließlich geht es um Leben und Tod!« – das waren ihre Aussagen und auch ihre täglichen Gedanken. Diese »Brille« führte dazu, dass Marie sich immer mehr zurückzog und zunehmend den Eindruck hatte, sie müsse allein gegen die feindliche Außenwelt kämpfen. Dadurch wurde ihr Leben noch anstrengender und erschöpfender. Als sie eines Morgens einfach nicht mehr aus dem Bett aufstehen wollte, rief sie aus Verzweiflung eine Freundin an, die sie zum Arzt brachte, bei dem die Diagnose »Depression« gestellt wurde. Marie glaubte, dass sich eine solche Diagnose – auch heutzutage noch! – nachteilig im Prozess auswirken würde, und das wollte sie unbedingt verhindern. Der Arzt bot ihr Hilfe an und konnte ihr Vertrauen gewinnen.

FALLBEISPIEL 3: MARKUS

Markus ist 34 Jahre alt, Teamleiter und seit zwei Jahren alleinerziehend mit seiner Tochter.
Kurz nach der Geburt seiner Tochter erkrankte die Mutter an einer schweren Psychose und durfte keinen Umgang mehr mit ihrem Kind haben. Markus konnte nicht offen über die Situation sprechen, es war ihm extrem unangenehm. Da es ihm ohnehin sehr schwerfiel, auch mal »Nein« zu sagen, machte er viele Überstunden im Büro. Seine vorwiegenden Gedanken waren: »Ich muss jetzt erst recht beweisen und zeigen, dass ich es kann.« Das führte dazu, dass Markus immer reizbarer gegenüber seiner kleinen Tochter wurde. Er selbst bemerkte es und verurteilte sich dafür, wenn er sich ihr gegenüber ungerecht benahm. Schon immer hatte sich Markus für Politik interessiert und so konnte er sich stundenlang über die Bedingungen von Alleinerziehenden in Deutschland aufregen, ohne etwas konkret zu tun. Dies führte jedoch dazu, dass er noch unzufriedener und frustrierter wurde und sich zunehmend von seinen Freunden und Bekannten unverstanden fühlte. Nach zweieinhalb Jahren ging er wegen Schlafstörungen, Bauchschmerzen und starker innerer Unruhe erstmals zu seinem Hausarzt. Nach Ausschluss körperlicher Ursachen, vermittelte dieser ihn an einen befreundeten männlichen Therapeuten.

Diese drei Fallbeispiele zeigen ganz deutlich, wie durch das Zusammenwirken äußerer Stressfaktoren mit inneren, negativen Bewertungen eine anhaltende Erschöpfung entsteht.

Die gute Nachricht ist: Wir können hier selbst positiv entgegenwirken! Und zwar, indem wir die eigenen Selbstgespräche, Bewertungen und Einstellungen ändern und somit auch unsere Gefühle positiv beeinflussen. Damit unsere psychische und körperliche Gesundheit stabil bleiben.

So war es auch an mir, den Blick auf meinem damaligen Tagesablauf zu verändern. Mich wieder darüber zu freuen, wenn meine Töchter sich an mich kuschelten. Dem Chaos in der Wohnung mit einem milden Lächeln zu begegnen. Darauf zu vertrauen, dass ich als Mutter genau richtig bin und ich meine Kinder auch im größten Kummer schützen und trösten kann. Und zu wissen, dass ich eben nicht alles allein schaffen muss und das vollkommen in Ordnung ist.

Den Schuldzuweisungen ein Ende setzen

Wir sind oder werden in der Tat, was wir denken. Deswegen möchte ich dir nun von dem Teufelskreis berichten, in dem ich in den letzten Jahren steckte, der gleichzeitig auch meine »größte Lernerfahrung« für mich bereithielt. Und zwar die Erkenntnis, dass ich dem Kindsvater die Schuld »an allem« anlastete und dass hier eine mögliche Lösung ansetzen musste. Täglich quälte ich mich mit den folgenden Gedanken:

- *»Er darf doch eine Frau mit zwei kleinen Kindern nicht einfach im Stich lassen …«*
- *»Er hat gar nicht gekämpft …«*
- *»Er und das soziale System sind schuld, dass ich weniger arbeiten kann und kaum Rente bekomme …«*
- *»Er fängt wieder bei Null an mit einer anderen Frau. Und ich bin hier allein, mit all dem Stress.«*
- *»Wenn es mir schlecht geht, soll er auch leiden.«*
- *»Ich werde für Gerechtigkeit sorgen. Das wird er schon sehen.«*
- *»Er ist schuld daran, dass ich so unfrei bin.«*

Aus diesem Gedankenkarussell resultierten Gefühle wie:
- Wut und Hass
- Hilflosigkeit
- Ohnmacht
- Traurigkeit

Und das hatte folgendes Verhalten zur Folge:
- Jammern
- Vorwürfe in vielen SMS
- Forderungen stellen
- Frust-Schokolade essen

Kurzum: Ich suhlte mich in meiner Opferrolle. Mein Körper reagierte darauf mit Muskelverspannungen, einigen Kilos mehr, vermehrter Müdigkeit, innerer Unruhe und Kopfschmerzen. Meine oben genannten Gedanken, Gefühle und auch Taten erinnerten mich ehrlich gesagt immer mehr an meine große Tochter, die täglich absolute Gerechtigkeit gegenüber ihrer kleinen Schwester einforderte. Ich fühlte mich weder erwachsen noch der Situation gewachsen. Also fing ich an, mir die Konsequenzen meines Jammerns aufzuschreiben.

Die positiven Effekte meines Jammerns waren, dass mich – zumindest noch zu Beginn – einige andere Menschen bemitleideten. Ich konnte ja nichts für die Trennung. Ein weiterer Vorteil war, dass ich an meinem eigenen Verhalten nichts ändern musste. SMS schreiben, Vorwürfe machen und danach etwas Süßes essen war kurzfristig wunderbar entlastend. Doch nach einer gewissen Zeit, und das dauerte nicht lange, war nicht nur mein Umfeld von mir genervt. Ich selbst war auch von mir genervt.

Die negativen Folgen meines Jammerns waren, dass ich jeden Tag von Neuem die Führung und Macht über mein Leben abgab und innerlich mit dem »Ist«-Zustand kämpfte. Und ohne, dass der Kindsvater überhaupt vor Ort war, war er dauernd in meinem Leben – weil ich gedanklich mehr bei ihm, als bei mir beziehungsweise meinen Kindern war. Das kostete mich meine gesamte Kraft, mein Selbstvertrauen, viel zu viel Energie und Zeit. Wie sollte ich so genug Power für den Alltag, meine Kinder und mich selbst finden?
Meine Energie wanderte in destruktive Gedanken und dumme Verhaltensweisen und bremste meine Weiterentwicklung. Kennst du

das? Dann möchte ich dich einladen, aus diesem Hamsterrad auszusteigen. Für mich waren die Schlüssel dazu:
- meine negativen Selbstgespräche zu erkennen,
- die Situation anzunehmen, wie sie ist und
- einen neuen Umgang mit meinen Gefühlen zu erlernen.

Die Basis, um Energie, Selbstvertrauen und Mut zu gewinnen, ist die eigene Bereitschaft, zu 100 Prozent Eigenverantwortung für alle weiteren Handlungen, Gedanken und somit die Zukunft zu übernehmen.

Die Vergangenheit können wir nicht mehr verändern, wohl aber die Gegenwart, in der wir täglich leben, sowie unsere Zukunft – und damit auch die unserer Kinder! Die Zeit, in der du mit deinem Kind oder deinen Kindern allein lebst, ist die Chance, dich wirklich selbst kennenzulernen und weiterzuentwickeln.

Eine nicht ganz ernst gemeinte Anleitung zum Burn-out

1. Sei immer stark und zeig keine Schwäche.
2. Mach alles allein und hol dir keine Hilfe.
3. Mach dein Selbstwertgefühl von deiner Leistung abhängig.
4. Jammere jeden Tag mindestens zehnmal.
5. Gib dir und anderen Menschen die Schuld, dass es so ist, wie es ist.
6. Umgib dich mit Menschen, die dir Kraft rauben und dir sagen, wie du zu leben hast.
7. Glaub daran, dass du der einzige Mensch auf Erden bist, den dein Kind braucht beziehungsweise deine Kinder brauchen.
8. Verbiete dir deine Wünsche und Bedürfnisse. Du hast ja sowieso keine Zeit dafür.
9. Streiche die Wörter Pause, Erholung und Entspannung sofort aus deinem Wortschatz.

10. Streite dich weiter mit dem Kindsvater oder der Kindsmutter, weil du recht behalten willst.

11. Kritisiere und verurteile deine Gefühle, deine Gedanken und dein Verhalten.

12. Lenk dich von deinen Gefühlen mit Essen, Alkohol, Fernsehen, Tabletten ab und sei immer beschäftigt.

13. Stürze dich unbedacht von einer in die nächste Beziehung oder aber habe nie wieder eine partnerschaftliche Beziehung. Das Vertrauen ist sowieso für immer dahin.

14. Verurteile den neuen Partner/die neue Partnerin des Kindsvaters/der Kindsmutter vor deinen Kindern. Nutze Neid und Eifersucht als dein Lebenselixier.

15. Strebe rechtliche Auseinandersetzungen an (psychische und körperliche Gewalt sind von dieser Ironie deutlich ausgenommen!) und investiere unbedingt viel Geld dafür, anstatt in dich selbst, dein inneres Wachstum oder dein/e Kind/er.

16. Trete die Macht über dein Leben an andere ab. Gib dich deinem Schicksal passiv hin.

Jetzt fragst du dich vermutlich, was das soll? Ich habe vor Jahren im Rahmen einer Weiterbildung eine solche Liste zu lesen bekommen und sie für dieses Buch und die Lebenssituation als Alleinerziehende/r erweitert. Denn durch die Umkehr von »Du sollst nicht« in »Du musst unbedingt« wird klar, womit wir uns selbst das Leben schwer machen. Versteh es als ironische Anleitung zum Unglücklichsein und negatives Paradebeispiel. Womöglich bist du jetzt empört oder ärgerst dich sogar darüber, was in dem einen oder anderen Punkt steht? Das kann ich gut nachvollziehen. Vielleicht kommt dir auch der Gedanke: »Wenn das alles so einfach wäre …«? Es ging mir nicht anders. Dennoch ist der Satz, der dich am meisten »piekst«, genau der Punkt, in dem du dein größtes Entwicklungspotenzial finden wirst. Also nimm diese Gefühle bewusst wahr und bleib neugierig, es wartet eine spannende Lernaufgabe auf dich.

Mach dich selbst zur wichtigsten Person in deinem Leben!

Egal, ob frisch getrennt oder nicht, oft höre ich das Argument: »Alexandra, ich habe im Hamsterrad des Alltags gar keine Zeit mich zu entdecken. Geschweige denn, etwas nur für mich zu tun.« Was das betrifft, erlaube ich mir, dir eine Frage zu stellen:

Was ist wichtiger im Leben als du selbst?

»Mein Kind natürlich!«, wirst du jetzt vermutlich laut rufen. Ja klar sind unsere Kinder wichtig. Sehr wichtig sogar. Doch davor kommst du! Du stehst an allererster Stelle! Das hat nichts mit Egoismus zu tun, sondern mit Verantwortung und Bewusstsein für dich und dein eigenes Leben – und letztendlich damit auch für dein Kind beziehungsweise deine Kinder. Denn wenn du nicht für dich sorgst, kannst du dich auch nicht ausreichend um deinen Nachwuchs kümmern.

Nur wenn es dir selbst gut geht, bist du stark!
Wenn du Spaß hast, sind alle glücklich.

Teil II:

Lerne dein inneres
Drehbuch kennen

Was dich als Alleinerziehende/r alles beeinflusst

Es ist das erste oder zweite Gespräch beim Jugendamt. Als ich die Treppe hochhetze, wartet mein ehemaliger Partner und Vater meiner Kinder schon im Vorraum. Ein kurzer Blick und dann erlöst uns auch schon die junge Frau, die den zukünftigen Umgang und Wohnort unserer Kinder klären soll.

Wir sitzen an einem runden Tisch. Mein Herz klopft wie wild und es dauert nicht lange, bis mir die Tränen über die Wangen laufen, aus Angst alles zu verlieren. Bis ich schließlich unkontrolliert meine Stimme erhebe. Verteidigungen und Vorwürfe schießen aus meinem Mund und durch den Raum. Ich kann nicht mehr klar denken, bin gefangen im Nebel aus schmerzhaften Gefühlen und Erinnerungen – fast wie in einer Art Trance.

Egal, was die Dame oder mein Ex-Partner sagt, es dringt nicht mehr wirklich zu mir durch. Irgendwie ist da nur noch Angst. Ich fühle mich wie ein kleines unfähiges Kind, dem gedroht wurde, ihm alles wegzunehmen, was es liebt. Zu Hause verkrieche ich mich ins Bett und gehe nicht mehr ans Telefon. Erst am nächsten Tag komme ich wieder zu mir und bin erstaunt, was am Vortag mit mir passiert war.

Dieses Erlebnis war der Auslöser, mich intensiver mit der Schematherapie[3] nach Jeffrey Young zu beschäftigen. Ich wollte meine enorme emotionale Reaktion verstehen. Die Schematherapie ist eine Form der Psychotherapie und wird der Verhaltenstherapie zugeordnet. Sie vereinigt verschiedene Techniken aus unterschiedlichen Therapieverfahren. Ihr Ziel ist es, dass wir Erlebnisse besser verstehen und einordnen können, um so den »gesunden« (also förderlichen) Anteil in uns zu stärken, uns erwachsen zu verhalten und unsere eigenen Bedürfnisse angemessen zu erfüllen. Mein Anspruch ist es

---

3 Jeffrey E. Young: Schematherapie: Ein praxisorientiertes Handbuch. Junfermann Verlag, 2005. Gitta Jacob/Arnoud Arntz: Schematherapie in der Praxis. Beltz Verlag, 2015.

nicht, diesen Therapieansatz vollständig wiederzugeben und zu erklären. Sondern ich möchte das Modell von Young vereinfacht anwenden, um Alleinerziehenden in der individuellen Lebenssituation mehr Bewusstsein, Mut und Selbstvertrauen zu vermitteln. Denn vielen anderen Alleinerziehenden ist es schon ähnlich ergangen wie mir an diesem, oben beschriebenen, besagten Tag im Jugendamt. Mit dem vereinfachten Modell der Schematherapie lernst du, dich selbst und auch dein Gegenüber besser zu verstehen und kannst dich dadurch angemessen verhalten und dementsprechend handeln. Es wird dir helfen, mit mehr Gelassenheit und Energie mutig nach vorne zu schauen, um aktiv für dich und deine Kinder die Zukunft zu gestalten.

Die sieben Rollen in deinem Drehbuch

Wir alle erfüllen verschiedene Rollen in unserem Leben. Wir sind alleinerziehende Mutter oder alleinerziehender Vater, Freundin, Geliebte und oft noch so vieles mehr … All diese Rollen sind uns – mehr oder weniger – bewusst. Es gibt jedoch auch innere Rollen, die unbewusst in uns aktiv sind und automatisch ablaufen. Um diese unbewussten Rollen soll es in diesem Kapitel gehen.
Sicherlich kennst du das auch, dass du in bestimmten Momenten so emotional bist, dass du einfach nur reagierst. Wie auf Autopilot oder in Trance. Das sind die Augenblicke, über die du später vielleicht schon gedacht hast: »Hätte ich mich doch nur anders verhalten!« Nun stell dir einmal vor, was wäre, wenn du dein Verhalten in solchen Situationen zukünftig bewusster steuern könntest? Wenn du selbst erkennen und mitkriegen würdest, wie du die Hauptrolle und somit auch die Kontrolle wieder übernehmen kannst? Denn Tatsache ist, dass du in jedem Moment deines Lebens dein Drehbuch umschreiben kannst. Der erste und auch wichtigste Schritt dafür ist, dass du die inneren Rollen kennenlernst, die in solchen Situationen unbewusst in dir aktiv sind. Sobald du das weißt, kannst du dein Verhalten anpassen und zum Positiven hin verändern. Ich kann dir versprechen (aus eigener Erfahrung), dass dir das Vieles erleichtern wird.
Ich möchte dich jetzt einladen, die sieben Rollen in deinem Leben anhand verschiedener Fallbeispiele näher kennenzulernen und bei

dir selbst zu identifizieren. Das ist sehr hilfreich, weil du mit diesem Hintergrundwissen auch wahrnehmen kannst, welche Rolle bei deinem Gegenüber gerade aktiv ist und was du selbst tun kannst, um die Situation zu »entschärfen«. Welche Bedürfnisse hast du und welche hat dein Gegenüber?

Bevor ich dir deine Hauptrolle, die gesunde Große vorstelle, ist es wichtig, dass du auch eine Vorstellung von den »problematischen« Rollen bekommst. Das Wiedererkennen eigener Verhaltensweisen kann im ersten Moment verunsichernd sein. Ich möchte dich dennoch bitten, dranzubleiben und weiterzulesen. Es lohnt sich garantiert und wird zum Ende des Kapitels motivierend und verständlich. Beginnen möchte ich mit der Rolle der Kleinen …

ROLLE 1: DIE BEDÜRFTIGE KLEINE – UND IHRE UNTERROLLEN

Wie du in der Einleitung zu diesem Kapitel schon gelesen hast, gibt es immer wieder Situationen, in denen wir uns auch als Erwachsene plötzlich klein und unbeholfen fühlen und uns womöglich ebenso klein und unbeholfen verhalten. Momente, in denen wir in unserer Angst, Wut, Traurigkeit, Hilflosigkeit gefangen sind und auf Autopilot umschalten, agieren und reagieren. In diesem Zustand sind weder ein klarer Gedanke noch ein konstruktives, lösungsorientiertes Gespräch möglich. Ob mit dem Kindsvater, der Kindsmutter, dem Anwalt oder dem Chef. Der Kontakt mit diesen Personen in angespannten Situationen ist häufig ein Auslöser intensiver Gefühle, welche die »bedürftige Kleine« in uns aktivieren. Und diese bedürftige Kleine fühlt sich nicht ernst genommen, sondern eher bedroht und ungeliebt. Zum besseren Verständnis werde ich dir jetzt die drei Unterrollen und das Verhalten der bedürftigen Kleinen vorstellen, jeweils anhand eines eigenen Fallbeispiels.

Rolle 1: Die traurige Kleine

Die Überzeugung der traurigen Kleinen ist: Das Leben ist unsicher und keiner ist für mich da.

Ella ist 38 Jahre alt, Lehrerin und seit drei Monaten von ihrem Mann Thomas getrennt.

Ohne eine Erklärung war er aus dem gemeinsamen Haus ausgezogen. Ella verstand die Welt nicht mehr und Thomas war zunächst zu einem Gespräch unter vier Augen nicht bereit.

Schließlich konnten sie sich aber zumindest einigen, ein erstes Gespräch mithilfe des Kinderschutzbundes zu führen, um zukünftige Umgangsregelungen für ihre vier Kinder zu vereinbaren. Als sie zu dritt dort saßen und die Familientherapeutin noch vier leere Stühle für ihre Kinder aufstellte, liefen bei Ella schon die Tränen.

Als sie dann ihren Noch-Ehemann das erste Mal sagen hörte, dass er sie nicht mehr liebe, bekam sie keine Luft mehr. Es war, als täte sich ein schwarzes Loch unter ihr auf. Herzrasen, Tränen und das Gefühl, gleich brechen zu müssen, überkamen sie. Sie fühlte sich winzig klein. Angst, Verletzung, Traurigkeit und Hilflosigkeit ließen sie erstarren. Sie saß da und konnte sich nicht mehr rühren und fühlte sich »wie in Watte gepackt«.

Die Rolle der Kleinen, die traurig und verletzt ist, haben wir früher vielleicht als Kind erlebt, wenn wichtige Grundbedürfnisse wie Liebe, Anerkennung, Geborgenheit und Sicherheit nicht ausreichend befriedigt wurden. Das Resultat solcher Situationen sind ausgeprägte Gefühle von Hilflosigkeit, Trauer, Angst, Einsamkeit, Verlassensein, Scham und Misstrauen in andere Menschen.

Rolle 1: Die wütende Kleine

Natürlich ist die bedürftige Kleine kein frauenspezifisches Phänomen. Auch Männer kennen diese unbewusste Rolle.

Die Überzeugung der wütenden Kleinen (beziehungsweise des wütenden Kleinen, wie hier im Fallbeispiel): Auch wenn ich ungerecht behandelt werde, darf ich meine Wut nicht zeigen. Ich muss sie unterdrücken und mich zurückhalten, bis ich irgendwann platze.

Lars ist 45 Jahre alt und seit einem Jahr alleinerziehender Vater von Zwillingen im Alter von zehn Jahren.
Die Mutter der Kinder war schon von jeher beruflich viel im Ausland. Die letzten Jahre hatten sie ein Au-pair in Anspruch genommen. Vor eineinhalb Jahren hatte sich seine Frau in einen amerikanischen Geschäftspartner verliebt und daraufhin beschlossen, ihre Zukunft mit den Kindern im Ausland fortzusetzen. Es kam zu einem heftigen Rechtsstreit und Lars fühlte sich von seinem Anwalt, den Richtern und dem ganzen Rechtssystem in Deutschland im Stich gelassen und ungerecht behandelt. Im Anschluss an die letzte Gerichtsverhandlung, bei der seine Ex-Frau anwesend war, hatte Lars sich nicht mehr unter Kontrolle. Er fühlte sich, als sei er wieder sechs Jahre alt und vollkommen vor den Kopf gestoßen. Damals hatte er sich oft unter dem Bett im Kinderzimmer versteckt, um sich vor dem frustrierten Vater zu schützen. Sein Bruder war immer bevorzugt behandelt worden. Seine Wut über diese Ungerechtigkeit hatte Lars heruntergeschluckt, nachdem er mehrere Male von seinem Vater eins auf die Finger bekommen hatte. Aber nun stand er im Gerichtssaal und machte seiner Wut lauthals Luft in Form von Forderungen und Vorwürfen an seine Ex-Frau.

Die Rolle der Kleinen, die wütend ist, erleben wir oft, wenn wir das Gefühl haben, in unseren Bedürfnissen nicht gesehen zu werden. Wir fühlen uns ungerecht behandelt und schlucken die Wut darüber herunter, bis sie sich in einem Wutanfall entlädt. Häufig steckt hinter der wütenden Kleinen eigentlich eine verletzte und traurige Kleine oder in diesem Beispiel ein verletzter, trauriger Kleiner.

Rolle 1: Die impulsive Kleine

Die Überzeugung der impulsiven Kleinen ist: Ich mache das, was mir Spaß macht, an den Rest und die unangenehmen Dinge mag ich nicht denken. Das ist mir sonst alles zu viel.

Andrea, 27 Jahre alt und Bürokauffrau, muss seit ihrer Trennung von Hartz IV-Bezügen leben.
Die Mutter von zwei Kindern kann in der ländlichen Gegend keinen passenden Arbeitsplatz finden. In ihrem Umfeld gibt es keine anderen, getrennt lebenden Eltern und sie fühlt sich isoliert. Der Kindsvater sieht seine Kinder sehr selten, weil er als Stahlbauer in den Arabischen Emiraten arbeitet. Andrea hat das Gefühl, sie kommt zu kurz und fühlt sich vom Leben bestraft. Besonders an den stillen, dunklen Winterabenden verfällt die sonst quirlige Frau in eine trotzige Haltung. Den Gedanken: »Jetzt bin ich auch mal dran!« befriedigt sie durch unnütze Käufe im Internet. Für die fälligen Rechnungen fühlt sie sich nicht zuständig und will keine Verantwortung übernehmen. Deshalb hat sie bereits etliche Schulden auf ihrem Konto.

Die impulsive Kleine blickt weder nach rechts noch nach links. Sie ist von ihren eigenen Bedürfnissen gesteuert und versucht, ihren Willen ohne Rücksicht auf Verluste durchzusetzen. Dabei vergisst sie, auch an mittel- bis langfristige Konsequenzen zu denken. Aufgaben, die ihr keinen Spaß machen, schiebt sie vor sich her und erreicht so selten ein Ziel.

Die Rolle der (traurigen, wütenden, impulsiven) bedürftigen Kleinen erkennst du an diesen Aussagen:
- *Ich bin allein, keiner kümmert sich um mich.*
- *Es ist alles so unsicher.*
- *Mir wird alles weggenommen.*
- *Keiner sieht, was ich alles leiste.*
- *Ich komme viel zu kurz.*
- *Ich bin an allem schuld.*
- *Keiner liebt mich.*
- *Ich kann mich auf niemanden verlassen.*
- *Ich kann nichts ändern.*

- *Warum haben die anderen alles und ich nichts?*
- *Warum passiert das ausgerechnet mir?*
- *Meine Meinung interessiert ja doch keinen.*
- *Ich habe so eine Angst.*
- *Ich fühle mich allein und einsam.*
- *Ich bin so traurig.*
- *Ich bin so wütend.*
- *Ich schäme mich.*
- *Ich fühle mich hilflos.*
- *Ich habe Angst, nicht dazuzugehören.*
- *Wenn ich etwas falsch mache, hat mich keiner mehr lieb.*
- *Ich bin doch eh allen scheißegal.*
- *Keiner ist für mich da.*
- *Ich schaffe es nicht.*
- *Was soll ich bloß tun?*
- *Jetzt will ich auch mal dran sein.*
- *Ich kann nicht mehr.*

Deine Aufgabe: Lerne deine Rolle besser kennen. Welche sind deine drei häufigsten Sätze? Schreibe sie dir auf einem separaten Zettel auf.

Das alles können Gedanken und Aussagen der traurigen, wütenden oder impulsiven bedürftigen Kleinen sein. Nicht nur unser ehemaliger Partner, der Richter, die Familie oder Freunde können die Rolle der bedürftigen Kleinen in uns aktivieren, sondern auch Botschaften der eigenen strengen Richterin, die vielen unter der inneren Kritikerin bekannt ist.

Rolle 2: Die strenge Richterin

Die Überzeugung der strengen Richterin ist: Nimm dich bloß nicht so wichtig und stell dich nicht so an. Wenn du einen Fehler machst, ist es gerechtfertigt, dass du bestraft wirst. Andere Menschen gehen vor!

»Ich muss noch …!«, »Wie kann ich nur so blöd sein …?«, »Ich sollte …!« – Es gibt eine Rolle in uns, die uns heftig kritisiert. In vielen Büchern wird diese Stimme »die innere Kritikerin« genannt. Bei mir heißt sie »die strenge Richterin«. Die strenge Richterin setzt dich unter Druck und wertet alles, was du denkst, tust und fühlst, ab, weil es sowieso albern ist und keine Berechtigung hat. Die strenge Richterin plappert ununterbrochen! Zum Beispiel, wenn wir vor dem Spiegel stehen: »Wie sehe ich denn aus? So werde ich doch niemals jemanden finden …« und so weiter … Diese Rolle entwickelt sich im Laufe unseres Lebens und ist oft ein Abbild der Kritik, die wir in den ersten Lebensjahren von Eltern, Lehrern, Mitschülern oder anderen Bezugspersonen erfahren und dann übernommen haben. Oder auch von der Gesellschaft und durch deren Vorstellungen und Bewertungen. Nicht selten übernimmt die strenge Richterin auch Aussagen vom Ex-Partner oder der Ex-Partnerin in ihr Repertoire.

Emma ist 28 Jahre, wissenschaftliche Mitarbeiterin, und hat sich während ihres Tiermedizin-Studiums gemeinsam mit ihrer ersten großen Liebe, Paul, bewusst für eine Familie entschieden.
Sie haben zusammen eine kleine Tochter bekommen, die mittlerweile vier Jahre alt ist. Als Emma sich kurz vor Ende des Studiums in einen ihrer Professoren verliebt, trennt sie sich von Paul. Leider folgt ein großes Drama rund um die Trennung. Sie zieht mit der Tochter zu ihrem neuen Partner und drei Monate später ist sie wieder schwanger. Aber auch diese Beziehung zu dem 17 Jahre älteren Mann scheitert, sodass Emma, nur eineinhalb Jahre später, mit ihren zwei kleinen Töchtern in eine Zweizimmerwohnung ziehen muss. Tag und Nacht drehen sich ihre Gedanken nur noch um die Dinge, die sie falsch gemacht hat: Ich bin ein schlechter Mensch, weil ich alle Beziehungen in den Sand setze. Meine Kinder können nicht mit ihren Vätern

aufwachsen, das ist alles meine Schuld. Ich bin zu egoistisch gewesen.
Meine Eltern hatten recht, ich denke wirklich immer nur an meinen Vorteil.
Ich habe es nicht mehr verdient, glücklich zu sein, nach diesem ganzen
Drama. So viele Menschen müssen wegen mir leiden. Ich muss jetzt beson-
ders hart arbeiten und darf mir gar keine Fehler mehr erlauben. In meinem
Beruf kann ich auf keinen Fall versagen. Es ist absolut gerechtfertigt, dass
ich mich schäme und ein schlechtes Gewissen habe. Ab sofort muss ich
mich vor allem um meine Kinder kümmern. Ich selbst bin nicht so wichtig.

Bei diesen Grübeleien und Selbstvorwürfen war es nicht verwunderlich, dass Emma sich allein und erschöpft fühlte. Ihre massiven
Schlafstörungen führten sie erst zum Hausarzt, der sie dann an eine
Beratungsstelle für Alleinerziehende weitervermittelte, wo sie die
ersten psychologischen Beratungsgespräche begann.
Hier kommen einige weitere Beispielsätze, wie unsere strenge Richterin zu uns sprechen kann. Natürlich sind selten alle Aussagen zu-
treffend, aber die hier im Folgenden aufgeführten sind die häufigsten.

Die Rolle der strengen Richterin erkennst du an diesen Aussagen:
- *Du machst alles falsch.*
- *Du wirst nie wieder einen Mann kennenlernen.*
- *Du bist total egoistisch, weil du die Familie verlassen hast.*
- *Du bist eine Versagerin. Wehe, dir passiert noch ein Fehler.*
- *Du bist ja gar keine richtige Mutter, du bist alleinerziehend. Eine Fa-*
  milie sieht anders aus.
- *Du bist eine schlechte Mutter, wenn du dich nicht genügend küm-*
  merst. Dein Kind geht immer vor.
- *Mit dir will doch niemand etwas zu tun haben.*
- *Du musst dafür sorgen, dass es allen gut geht.*
- *Schlafen, Ausruhen und Spaß haben kannst du vergessen. Nur*
  Schwache bitten um Hilfe.
- *Du bist selbst an allem schuld, was aktuell in deinem Leben passiert.*
- *Du hast es nicht anders verdient. Glück und Freude stehen dir nicht*
  zu.
- *Andere bekommen ihr Leben geregelt und es läuft rund. Du bist zu*
  blöd dafür.
- *Du darfst dich nicht so in den Mittelpunkt stellen.*
- *Du hast dich getrennt, jetzt lebe mit den Konsequenzen! Dann musst*
  du eben alles allein hinbekommen.

- *Du musst dich 150 Prozent anstrengen, sonst bist du nichts wert.*
- *Du bist zu dick, zu klein, zu groß, zu dünn.*
- *Kein Wunder, dass du verlassen worden bist, so kompliziert wie du bist.*
- *Du glaubst nicht an den Quatsch, den du hier liest.*
- *Du wirst es nie schaffen.*

Deine Aufgabe: Lerne deine Rolle besser kennen. Welche dieser Aussagen sind deine drei häufigsten Sätze? Schreibe sie dir separat auf einen Zettel.

Das alles können Gedanken und Aussagen der strengen Richterin sein, die uns das Leben schwer machten. Nicht umsonst gibt es etliche Bücher, die sich nur mit dieser Rolle auseinandersetzen. Die strenge Richterin versucht, mit ihrem Verhalten die bedürftige Kleine in dir zu aktivieren. Ich möchte dieser Rolle in meinem Buch mit Absicht nicht so viel Aufmerksamkeit schenken. Weißt du warum? Sie wird dir sowieso dazwischenplappern: »Was schreibt Alexandra denn da für einen Mist? Ich soll jetzt der Dreh- und Angelpunkt sein? Damit macht sie es sich ja einfach! Die anderen Alleinerziehenden schaffen das vielleicht, in meinem Fall wird das aber garantiert nicht klappen.« Na? Kennst du diese Gedanken? Nimm sie wahr und lass sie vorüberziehen. Jetzt weißt du ja, aus welcher Rolle sie kommen. Wir machen hier trotzdem weiter und widersprechen der strengen Richterin. Unser Ziel ist es zu lernen, genau das Gegenteil dessen zu tun, was die strenge Richterin uns einreden will, und ihr einfach nicht mehr zu glauben.

DIE DREI HELFERROLLEN

Neben der bedürftigen Kleinen und der strengen Richterin gibt es noch drei weitere Rollen, die ich »Helferrollen« nenne. Wir entwickeln sie im Laufe unseres Lebens, um schwierige Situationen zu bewältigen. Die Helferrollen sind: die Kämpferin, die Flüchtende und die Dienerin. Wir alle haben uns diese »Bewältigungsstrategien« angeeignet und nutzen sie (meist unbewusst) im unterschiedlichen Ausmaß in der einen oder anderen Situation. Doch gerade in stressigen Lebensphasen passiert es häufig, dass wir sie »zu viel« nutzen und dadurch in eine Erschöpfung geraten. Jede dieser Rollen versucht auf ihre Art und Weise, mit Gefühlen – wie zum Beispiel Angst, Wut, Einsamkeit, Schuld und Hoffnungslosigkeit – umzugehen. Das Blöde ist nur: Die Helferrollen lenken dich von deiner Hauptrolle, der gesunden Großen ab, auf die ich noch eingehen werde. Dadurch reduzieren die Helferrollen deine Chance, zu lernen, wie du mit deinen intensiven Gefühlen umgehen und deinen eigenen Bedürfnissen gerecht werden kannst. Die Kämpferin, die Flüchtende und die Dienerin übernehmen besonders gern die Hauptrolle, wenn es um Konflikte mit dem Kindsvater, der Kindsmutter, der Familie, mit Freunden oder Behörden geht. Ich werde dir die drei Helferrollen nun anhand von Fallbeispielen im Detail vorstellen.

Rolle 3: Die Kämpferin

Die Überzeugung der Kämpferin ist: Nur wenn ich kämpfe, kann ich mich vor Misserfolgen und weiteren Verletzungen schützen.

Dana ist 29 Jahre alt, Steuerfachangestellte, und hat einen dreijährigen Sohn, Benjamin.
Ein Jahr zuvor fand Dana heraus, dass der Kindsvater eine Affäre mit ihrer besten Freundin hat. Schockiert und verletzt trennt sie sich von ihm und zieht mit ihrem Sohn übergangsweise in eine Einliegerwohnung bei ihren Eltern. Sie kann es kaum ertragen, ihren Sohn für ein paar Stunden beim Vater zu lassen. Die Vorstellung, dass dort ihre ehemalige beste Freundin dabei ist, macht sie rasend. Außerdem passt es ihr nicht, wie ihr Ex mit Benjamin umgeht. Er ist schon einmal mit einem wunden Popo zurückgekommen und sah aus, als ob der Vater ihn tagelang nicht gewaschen hätte. Ein anderes Mal sprach der Kleine nur von den aktuellen Kinderfilmen, sodass Dana den Eindruck gewann, der Vater hätte Benjamin vor dem Fernseher geparkt. Ihr Misstrauen wird deshalb immer größer und sie verordnet ihrem Ex in langen Mails und SMS den richtigen Umgang mit dem gemeinsamen Kind. Gegenüber Freunden beginnt Dana, alles, was der Vater tut, zu kritisieren und abzuwerten. Sie drängt sich vermehrt in den Vordergrund und versucht,

Aufmerksamkeit von anderen zu bekommen. Dabei ist sie immer auf der Hut, um bei einem möglichen Angriff gleich zurückzuschlagen. Und natürlich passiert das dann auch. Eines Tages findet sie einen Brief von einem Anwalt im Briefkasten, in dem der Vater Themen rund um das Sorge- und Aufenthaltsbestimmungsrecht neu verhandeln will. In diesem Moment tritt Dana 100 Prozent in die Rolle der Kämpferin ein, informiert sich bei etlichen Anwälten, plant jeden Schritt detailliert und macht in ihrem Job Überstunden, um sich die ganzen Anwaltskosten leisten zu können. Obwohl sogar ihre Anwältin sie ausdrücklich bittet, die heftigen Gefühlsausbrüche zu bändigen, schafft Dana es nicht. Vor ihren Arbeitskollegen und der Familie legt sie eine »Maske« auf und spielt die Souveräne und Selbstbewusste. Tief in ihrem Inneren weiß Dana aber, dass es nicht gut ist, vor ihrem Sohn über den Vater und ihre ehemalige beste Freundin herzuziehen. Sie erfindet sogar immer öfter Ausreden, um den Sohn nicht zum vereinbarten Zeitpunkt an ihren Ex übergeben zu müssen. Innerlich fühlt sich Dana erschöpft, müde und verlassen – sie will das Chaos in ihrem Leben einfach nicht akzeptieren, das in ihren Augen der Kindsvater und seine neue Partnerin ausgelöst haben.

Vielleicht hast du in diesem Fallbeispiel Punkte entdeckt, die du auch von dir selbst oder von anderen kennst? Oder womöglich nicht in diesem, aber in den anderen Fallbeispielen? Fast jeder Mensch zeigt, mal mehr oder weniger stark ausgeprägt, eine dieser Verhaltensweisen. Das ist vollkommen normal und menschlich. Aber wie bei allem im Leben kommt es auch hierbei auf die Häufigkeit und das Ausmaß an.

Die Rolle der Kämpferin erkennst du an diesen Aussagen:
- *Ich muss 100 bis 150 Prozent geben, damit mir niemand etwas anhaben kann.*
- *Ich werde öfters laut und auch aggressiv. Damit verschrecke ich andere Menschen.*
- *Ich traue niemandem.*
- *Angriff ist die beste Verteidigung.*
- *Andere sagen, ich wirke arrogant.*
- *Ich bin ständig auf der Hut und grüble viel.*
- *Manchmal lüge ich auch, um mein Ziel zu erreichen.*
- *Einige sagen, ich sei ein Arbeitstier und drehe mich im Hamsterrad.*
- *Ich brauche immer die totale Kontrolle über das, was um mich herum passiert.*

- *Ich mache anderen Vorwürfe.*
- *Ich werde auch hin und wieder beleidigend.*
- *Ich kann gut schauspielern und so tun, als ob alles toll wäre und ich super gut drauf wäre.*
- *Ich glaube, dass man um Liebe kämpfen muss.*
- *Nichts wird einem im Leben geschenkt.*
- *Ich trage eine »Maske«. Keiner weiß, wie es dahinter aussieht. Nur so bin ich sicher.*

Deine Aufgabe: Lerne deine Rolle besser kennen. Bitte wähle jetzt deine drei häufigsten Sätze und schreibe diese separat auf einen Zettel.

Die Kämpferin versucht, mit ihrem Verhalten
- den Aussagen der strengen Richterin zu widersprechen,
- die intensiven Gefühle der bedürftigen Kleinen zu reduzieren.

Eine zweite Strategie, um die Aussagen der strengen Richterin nicht zu hören und unangenehmen Gefühlen und Problemen der Kleinen aus dem Weg zu gehen, ist: Flüchten und Vermeiden – in der Rolle der Flüchtenden.

Rolle 4: Die Flüchtende

Die Überzeugung der Flüchtenden ist: Nur wenn ich mich zurückziehe und Konflikte vermeide, kann ich mich vor Misserfolgen und weiteren Verletzungen schützen.

Lisa ist 41, Sozialpädagogin und seit fünf Jahren mit ihren zwei Kindern im Alter von zwölf und neun Jahren alleinerziehend.
Bei einem der beiden Kinder wurde vor sechs Jahren Autismus diagnostiziert, und an den damit verbundenen Herausforderungen ist die Beziehung

mit ihrem Ehemann gescheitert. Mithilfe von Dritten (zum Beispiel der Er-
ziehungsberatungsstelle) haben beide auf der Elternebene wieder gut zu-
einander gefunden. Lisa arbeitet, seit die Kinder da sind, nicht mehr in ih-
rem Beruf als wissenschaftliche Mitarbeiterin an der Universität und so
dreht sich jetzt 24 Stunden alles um die Kinder. An den Tagen, wenn die
Kinder bei ihrem Vater sind, weiß Lisa nichts mit sich anzufangen. Sie liegt
auf dem Sofa, starrt an die Decke und fühlt sich häufig sehr erschöpft,
müde, verlassen und nicht dazugehörig. Meistens schaut sie dann fern
oder putzt stundenlang. Dieses ganze Gerede, dass sie doch einmal etwas
für sich selbst tun soll, wenn sie endlich frei hat, geht ihr gehörig auf die
Nerven. Ans Telefon geht sie selten, wenn es denn überhaupt einmal klin-
gelt. Lisa hat kein Interesse, mit irgendeiner Freundin über ihre Gefühle und
Gedanken zu quatschen. Die haben ja alle selbst genug um die Ohren mit
ihren Familien. Eine andere Mutter aus der Klasse ihrer Tochter hat sie vor
Kurzem gefragt, wieso sie immer so böse schaut. An den Samstagabenden,
wenn sie eigentlich endlich einmal ausgehen könnte, macht sie sich lieber
alleine daheim einen Wein auf, isst ihre Lieblingsschokolade und sieht sich
einen Krimi an. Sie ist der festen Überzeugung, sowieso niemanden zum
Ausgehen zu finden, und außerdem ist ihr auch ihre Kleidung viel zu eng
geworden. Und den Glauben daran, jemals wieder einen Mann kennenzu-
lernen, den hat sie längst begraben.

Kommt dir das bekannt vor? Fast jeder Mensch kennt die eine oder
andere Verhaltensweise von sich selbst. Wenn wir hin und wieder
einmal flüchten, ist das vollkommen in Ordnung, wenn wir es aber
täglich tun, dann kann diese Art von Selbstschutz in eine Isolation
führen. So wie im Fallbeispiel hier bei Lisa beschrieben.

Die Rolle der Flüchtenden erkennst du an diesen Aussagen:
- *Unangenehme Themen, wie beispielsweise dem Anwalt zu antworten*
  und Überweisungen zu tätigen, schiebe ich oft vor mir her.
- *Ich ziehe mich von anderen Menschen zurück.*
- *Ich traue mir selbst nichts mehr zu und plane besser auch nichts.*
  Dann bin ich wenigstens nicht enttäuscht, wenn es dann doch nicht
  klappt.
- *Ich fühle mich leer und habe das Gefühl für meinen Körper verloren.*
- *Von meinen Gefühlen (Wut, Angst, Trauer, Enttäuschung, Verletzt-*
  sein, Einsamkeit …) lenke ich mich mit Alkohol, Tabletten, Essen,
  Spielen, Putzen und Internet ab.

- *Ich habe Angst, mich auf eine neue Partnerschaft ein- und wieder Nähe zuzulassen.*
- *Konflikten gehe ich lieber aus dem Weg.*
- *Wenn ich jammere, halte ich andere Menschen auf Distanz.*
- *Mein Klagen und Schimpfen hilft mir, meinen verletzten Gefühlen Luft zu machen.*
- *Ich begegne oft Männern, die vergeben sind, denn mit denen wird es ja sowieso nichts.*
- *Manchmal kann ich nicht so wirklich auf mein Kind eingehen. Ich bin zwar anwesend, doch mein Herz ist wie verpanzert.*

Deine Aufgabe: Lerne deine Rolle besser kennen. Bitte suche dir jetzt deine drei häufigsten Sätze heraus und notiere sie dir auf einem separaten Zettel.

Die Flüchtende hat die folgenden zwei Motivationen für ihr Verhalten: vor den Aussagen der strengen Richterin zu fliehen und vor den intensiven Gefühlen der bedürftigen Kleinen zu fliehen.

Die dritte und letzte Strategie, um die Aussagen der strengen Richterin nicht zu hören und unangenehmen Gefühlen sowie Problemen der Kleinen aus dem Weg zu gehen, ist die Anpassung in der Rolle der Dienerin.

Rolle 5: Die Dienerin

Die Überzeugung der Dienerin ist: Nur wenn ich mich anderen anpasse, meine Bedürfnisse und Wünsche hintanstelle und unter allen Umständen Harmonie erzeuge, dann kann ich mich vor Misserfolgen und weiteren Verletzungen schützen.

Mirja ist 35 Jahre alt, Zahntechnikerin und lebt mit ihren zwei Söhnen (sechs Monate und vier Jahre) seit der Trennung vor zehn Monaten allein.

Schon während der zweiten Schwangerschaft ist der Kindsvater ausgezogen. Dabei hat Mirja sich in den letzten Jahren so viel Mühe gegeben, um ihm alles recht zu machen. Sie scheut Auseinandersetzungen und will immer Harmonie. Auch als ihr Ex-Mann sie schlecht behandelt, beschimpft und das eine oder andere Mal grob angefasst hat, ist es ihr schwergefallen, sich abzugrenzen. Seit sie denken kann, versucht sie es den Menschen in ihrer Umgebung recht zu machen – allen, egal ob dem Kindsvater oder anderen. Und jetzt, seit der Trennung, kümmert sie sich neben dem sehr stressigen Alltag und den zwei kleinen Kindern zusätzlich um ihre kranken Eltern. Ihre Geschwister haben sich aus der Betreuung der Eltern zurückgezogen. Sie kennen es nicht anders und verlassen sich darauf, dass ihre Schwester zu allem »Ja« sagt und unangenehme Aufgaben übernimmt. Ihre kranke Mutter schafft es trotzdem, sich in Mirjas Erziehung ihrer Söhne einzumischen und kritisiert jedes Verhalten. Mittlerweile traut Mirja sich gar nicht mehr zu sagen, was sie wirklich will. Sie hat es schlichtweg nie gelernt. Als sie eines Tages auf dem Spielplatz einen Familienvater kennenlernt und sich in ihn verliebt, verbleibt sie zwei Jahre in der Rolle seiner Geliebten, obwohl sie sich eigentlich eine neue Partnerschaft mit ihm wünscht. Aber ihr Gedanke ist: lieber eine Affäre, als gar keinen Mann ... Nachdem sich an der gesamten Lebenssituation auch nach Jahren nichts ändert, wird Mirja depressiv. Sie kann sich nicht mehr freuen, ist antriebslos, fühlt sich für alles verantwortlich, schuldig und minderwertig.

Wir Eltern können das ja sehr gut, uns in unseren Bedürfnissen und Wünschen eine gewisse Zeit zurückzunehmen. Doch wenn es dazu führt, sich selbst total aufzugeben, dann endet es in der Selbstaufgabe und Erschöpfung.

Die Rolle der Dienerin erkennst du an diesen Aussagen:
- *Ich kann schwer »Nein« sagen.*
- *Ich mag es am liebsten harmonisch.*
- *Ich möchte niemanden enttäuschen.*
- *Ich möchte mich nicht schuldig fühlen.*
- *So richtig weiß ich gar nicht, was ich vom Leben will und was meine Wünsche und Bedürfnisse sind.*
- *Ich fühle mich oft wie ein Chamäleon, das sich der Umgebung und den Menschen anpasst, damit ich nicht anecke.*
- *Obwohl ich von meinem Ex-Partner getrennt bin, lasse ich mich noch so behandeln wie in der Partnerschaft. Es gibt keine neue Ebene.*

- *Ich gehe Konflikten, Auseinandersetzungen und Streit gerne aus dem Weg.*
- *Wenn andere mich kritisieren und schlecht behandeln, habe ich oft nichts dagegenzusetzen.*
- *Ich glaube, ich habe es nicht besser verdient und dass es sowieso hoffnungslos ist, für mich selbst einzustehen.*
- *Viele sagen zu mir, dass ohne mich vieles gar nicht mehr liefe, und sind dankbar, dass ich immer aushelfe.*
- *Ich möchte nicht, dass mein Kind noch mehr leidet, und deswegen lasse ich auch Dinge durchgehen, die ich eigentlich nicht in Ordnung finde.*
- *Ich sage zu oft »Ja« und setze nicht genug Grenzen.*

Deine Aufgabe: Lerne deine Rolle besser kennen. Bitte lege jetzt deine drei häufigsten Sätze fest und schreibe sie dir separat auf einen Zettel.

Die Dienerin zeigt mit ihrem Verhalten, dass sie den Aussagen der strengen Richterin glaubt und die unangenehmen Gefühle der bedürftigen Kleinen für gerechtfertigt hält.

Nun hast du fünf deiner sieben inneren Rollen kennengelernt. Vielleicht kommt dir nicht jede der hier genannten Helferrollen und ihr Verhalten bekannt vor, das kann durchaus sein. Denn in der Regel tendieren wir dazu, schwerpunktmäßig ein bis zwei Helferrollen zu nutzen.

Rolle 6:
Die glückliche Kleine

Kinder bringen uns immer wieder in Kontakt mit unserer glücklichen Kleinen. Durch ihr spielerisches Verhalten und ihre Unbedarftheit werden wir daran zurückerinnert, wie unbeschwert wir selbst früher auch einmal waren. Selbst wenn es zwischendurch Zeiten gab, die vielleicht schwierig waren, die meisten Menschen verbinden viele Momente der Zufriedenheit, der Freude und der Zugehörigkeit mit ihrer Kindheit. Kinder (egal, ob unsere eigenen oder die anderer) verbinden uns Erwachsene mit schönen Erinnerungen an vergangene Zeiten, in denen unsere wichtigsten Bedürfnisse erfüllt waren und es viele gute Gründe gab, zu lachen.

Die Überzeugung der glücklichen Kleinen in uns ist:
Ich darf Spaß, Spiel und Freude erleben und ausgelassen sein.

Ziel ist es, die Rolle der glücklichen Kleinen zu stärken und ihr wieder mehr Raum zu geben. Sie kann dann die anderen Rollen, die wütende, die traurige und die impulsive Kleine, ablösen. Hast du vielleicht das Gefühl, den Kontakt zu dieser Rolle, der glücklichen Kleinen, etwas verloren zu haben? Durch gemeinsame Unternehmungen mit deinem Kind kannst du dich deiner glücklichen Kleinen langsam wieder nähern. So bildest du gleichzeitig auch eine Art Schutz vor einer Erschöpfung.

Die Rolle der glücklichen Kleinen erkennst du an solchen Begebenheiten:
• *Wenn Martina mit ihren drei Kindern zusammen in den Zirkus geht und den Artisten und Clowns zuschaut, vergisst sie alle Sorgen und Probleme.*
• *Wenn Jörg mit seinem Sohn auf dem Fußballplatz kickt, ausrutscht und sie beide herzhaft lachen, dann ist er überglücklich.*

- *Wenn Katleen mit ihrer Tochter in der Adventszeit Plätzchen backt, erfüllt sie kindliche Freude.*
- *Wenn Johanna ihrer Tochter den Bademantel auf der Heizung anwärmt, so wie es ihre Großmutter früher für sie selbst schon getan hat, fühlt sie sich sicher, geliebt und geborgen.*
- *Wenn sich Nicole im Freibad mit ihren Zwillingen trotz Mohrrüben in der Dose spontan eine Riesenportion Pommes frites mit Ketchup und Mayo teilt, dann genießt sie gelöst und heiter diesen Augenblick.*

Deine Aufgabe: Lerne deine Rolle besser kennen. Bitte schreibe dir jetzt eine eigene Situation auf einen Zettel: Welche Momente bedeuten für dich kindliches Glück?

Nun kennst du sechs der inneren sieben wichtigsten unbewussten Rollen, die in deinem alltäglichen inneren Drehbuch auftreten. Wenn das nächste Mal eine der Rollen bei dir aktiv ist, wird sie dir schon »bewusster« sein und du wirst immer öfter und schneller erkennen, wer gerade die Hauptrolle übernommen hat. Manchmal erfolgt der Rollentausch in Millisekunden.

Abschließend möchte ich dir deine Starbesetzung, deine Favoriten-Hauptrolle, vorstellen: *die gesunde Große.*
Alles, was du in diesem Buch erfährst, hat den Sinn, die Rolle der gesunden Großen in dir zu stärken und dir zu zeigen, wie du trotz vieler Herausforderungen in der aktuellen Lebenssituation deinen eigenen, neuen und friedvollen Weg findest. Lass mich dir vorweg sagen: Ich kenne kaum einen Menschen, der sich immer in der Rolle der gesunden Großen befindet. Manche mehr, manche weniger. Zu wissen, was deine Hauptrolle ausmacht, wird dich stärken, um psychisch gesund zu bleiben. Vielleicht notierst du dir, wenn du dieses Kapitel ganz gelesen hast, die »Überzeugungen« aller sieben Rollen auf einem Zettel und hängst ihn dir irgendwo bei dir zuhause gut sichtbar auf? Das unterstützt dich dabei, die einzelnen Rollen bei dir schneller zu identifizieren. Viel Spaß beim Kennenlernen der gesunden Großen, der Starbesetzung, anhand eines Praxisbeispiels.

Rolle 7: Die gesunde Große

Die Überzeugung der gesunden Großen ist: *Was* mir im Leben passiert, das kann ich nicht immer beeinflussen. Aber *wie* ich darauf reagiere, das ist *meine* Entscheidung.

Katharina ist 37 Jahre alt, Projektleiterin und alleinerziehende Mutter von zwei Kindern (fünf und acht Jahre alt).

Sie und ihr Ex-Mann Andreas haben sich im Laufe der Jahre immer mehr entfremdet. Bedingt durch seinen Beruf ist er kaum zu Hause und Katharina hat seit der Geburt ihres jüngsten Sohnes nicht mehr das Gefühl, dass ein Miteinander herrscht. Als Andreas zunehmend mehr Nächte auf dem Sofa im Wohnzimmer verbringt und auch Gespräche ins Leere führen, zieht er aus. Es folgt eine chaotische Zeit und Katharina bekommt deutlich zu spüren, dass mit dieser Veränderung eine komplette Neuausrichtung ihres Lebens ansteht. Die Scheidung, der Alltag und die finanziellen Engpässe stressen sie enorm, deshalb schreibt sie regelmäßig Tagebuch. Jeder Gedanke findet seinen Weg in ihr Tagebuch. Beim Schreiben wird ihr bewusst, dass sie ihre wichtigsten Werte – Familie, Freundschaft und Respekt – seit der Trennung gar nicht mehr wirklich lebt, obwohl diese ihr eigentlich so wichtig sind. Aus diesem Grund sucht Katharina Hilfe. Sie durchstöbert das Internet nach jeder Möglichkeit von sozialer, rechtlicher und auch insbesondere psychischer Unterstützung. Da sie schon immer Schwierigkeiten hat, ihre Gefühle auszudrücken, entscheidet sie sich, für einige Stunden zu einer Psychotherapeutin zu gehen. Dort wird Katharina sich bewusst, dass sie den vielen Wünschen ihrer zwei Kinder nur gerecht werden kann, wenn sie auch ihren eigenen Bedürfnissen nach Nähe, Wertschätzung, Sinn und Gemeinschaft einen Raum gibt. Andreas hat sich nach der Trennung immer mehr zurückgezogen und auch die Umgangsvereinbarungen nicht regelmäßig eingehalten. Katharina bemüht sich, mit diesem Konflikt offen umzugehen und ihren Ex-Mann zu überzeugen, sich an die Umgangsregelungen zu halten. Weil dieser Versuch – auch mithilfe einer externen Mediation – erfolglos bleibt, beschließt sie, ihre Energie umzulenken. Nach und nach baut sie sich ein Netzwerk auf, zu dem zwei andere alleinerziehende Frauen, ihre Großtante, drei Paten für die Kinder und ein kostengünstiger Babysitter im Alter von 16 Jahren gehört. Sobald sie ein paar Stunden Zeit für sich hat, *geht sie wieder ihrem früheren Hobby, dem Klettern, nach. Die Tatsache, dass ihre Kinder nicht mit dem Vater aufwachsen können, bedauert sie zutiefst. Mittlerweile sieht Katharina auch die Fehler, die sie gemacht hat, und kann dazu stehen. Sie hat aus den Erfahrungen gelernt und ist nachsichtig mit sich selbst. Sie weiß, wie wichtig es ist, gut für sich zu sorgen. Nur so kann sie als Frau und Mutter ihre Liebe spürbar an ihre Kinder und vielleicht eines Tages auch an einen zukünftigen Partner weitergeben.*

In der Rolle der gesunden Großen hast du eine wohlwollende innere Einstellung zu dir selbst und zu deiner Umwelt. Du erlaubst dir alle Gefühle und kannst behutsam damit umgehen. Nach deinen Werten zu leben, ist dir wichtig. Du verfolgst und kennst deine Ziele und versuchst unter Berücksichtigung anderer (zum Beispiel deines Kindes, aber auch deiner Umwelt), dich um deine eigenen Bedürfnisse zu kümmern. Du akzeptierst, dass du das Verhalten anderer Menschen nicht ändern kannst. Unterlaufen dir Fehler, bist du verzeihend und nachsichtig mit dir selbst. Du sorgst dafür, dich nur mit Menschen zu umgeben, die dir guttun. Bei ihnen traust du dich, offen deine Wünsche und Bedürfnisse auszusprechen. Sobald Konflikte und Probleme entstehen, suchst du aktiv nach Lösungen. Wenn du nicht mehr weiterweißt, bittest du andere Menschen um Hilfe. Sich zu offenbaren, ist ein Zeichen von Stärke. Du übernimmst wirklich Verantwortung für dein Leben, gönnst dir aber auch regelmäßig Pausen, in denen du dich erholst und Spaß hast. Du weißt, dass es zum Leben dazugehört, auch Fehler zu machen, und betrachtest diese als Chance, weiter zu lernen, zu wachsen und stetig besser zu werden.

Die Rolle der gesunden Großen erkennst du an diesen Aussagen:
- *Ich frage um Hilfe und Unterstützung, wenn ich nicht mehr weiterweiß. Ein Blick von außen ist oft sehr klärend.*
- *Ich halte Kontakt zu Menschen, die mir wichtig sind.*
- *Ich übernehme die volle Verantwortung für mein Handeln.*
- *Ich weiß, was mir Spaß und Freude bereitet, und versuche, dem im Rahmen meiner aktuellen Möglichkeiten nachzugehen.*
- *Ich stelle mich Problemen und überlege, was eine machbare Lösung sein könnte.*
- *Ich stehe zu meiner Meinung, auch wenn es anderen nicht passt.*
- *Ich kann unangenehme Gefühle wie Wut, Ärger, Angst, Einsamkeit und Trauer bewusst wahrnehmen, sie annehmen und damit umgehen.*

- *Ich verstehe meine unangenehmen Gefühle als eine Art Botschafter meiner unerfüllten Bedürfnisse und versuche, mir diese so gut es geht zu erfüllen.*
- *Ich weiß, was ich will, und kann das gegenüber anderen Menschen zum Ausdruck bringen. Wenn es notwendig ist oder mir zu viel wird, auch mit einem freundlichen »Nein«.*
- *Ich kann die Kontrolle abgeben und traue es auch anderen Menschen zu, gut mit meinem Kind umzugehen.*
- *Ich treffe Entscheidungen und stehe dazu.*
- *Ich kenne meine Schwächen, nehme diese freundlich an und manage sie.*
- *Ich kenne meine Stärken und konzentriere mich auf diese.*
- *Ich weiß, was in meinem Leben wichtig ist, und lebe nach meinen Werten.*
- *Trotz der Tatsache, dass ich nun alleinerziehend bin, stecke ich mir mutig neue Ziele und verfolge diese schrittweise. Ich habe ein erfülltes und tolles Leben verdient.*
- *Ich umgebe mich mit Menschen, die mich inspirieren, denen ich vertraue und die mir Kraft geben.*
- *Auch wenn es schmerzhaft ist, nehme ich die Realität so an, wie sie ist, und akzeptiere die Dinge, die ich nicht ändern kann. Zum Beispiel, wenn der andere Elternteil kein Interesse am gemeinsamen Kind zeigt.*
- *Ich sorge, auch wenn die Organisation nicht leicht ist, regelmäßig für Erholung und Entspannung – sowohl für den Geist als auch für den Körper.*
- *Ich verändere Ungerechtigkeiten, die ich verändern kann.*
- *Ich mache Fehler und lerne daraus, ohne mich zu verurteilen.*
- *Ich begegne dem Kindsvater auf der Elternebene und schaffe es, die verletzten Gefühle aus der Beziehungsebene auszublenden.*
- *Ich stelle mich Konflikten und versuche, sie notfalls mit einer dritten Person zu lösen.*

Deine Aufgabe: Lerne deine Rolle besser kennen. Bitte sage dir die obigen Sätze laut auf. Am besten kopierst du sie dir aus dem Buch heraus und hängst dir den Zettel an deinen Spiegel. Oder du schreibst sie dir auf einen separaten Zettel. Diese Rolle darf die Hauptrolle in deinem inneren Drehbuch spielen!

Das Ziel dieses Buches ist es, wie schon an anderer Stelle erwähnt, deine gesunde Große zu stärken. Je bewusster du dir bist, was sie im Vergleich zu den anderen Rollen ausmacht, desto mehr Selbstvertrauen, Mut und Zuversicht wirst du haben, diese Lebensphase – trotz nicht einfacher Umstände für Alleinerziehende – zu meistern.

Die sieben Rollen, Stress und Erschöpfung

Gibt es einen Zusammenhang zwischen deinen sieben Rollen und deinem Stress? Ja! Wie du vermutlich schon beim Lesen geahnt oder was du womöglich sogar am eigenen Leib bereits erfahren hast, kann fast jede der Rollen aus deinem Drehbuch zu einem stressigen Film führen, wenn sie zur dominanten Hauptrolle wird. Nur für die glückliche Kleine und die gesunde Große gilt das nicht. Jetzt hast du die einzelnen Rollen besser kennengelernt und kannst identifizieren, in welcher du häufiger »feststeckst«. Auf den folgenden Seiten steht nun im Fokus, zu lernen, wie du in der jeweiligen Situation am besten handelst, damit sich dein Stress reduziert. Unser Ziel ist es, die Rollen der gesunden Großen und der glücklichen Kleinen in dir maximal zu stärken und die bedürftige Kleine in dir zu schützen.

Die Helferrollen, die Kämpferin, Flüchtende und Dienerin, führen auf Dauer zu enorm viel Stress und in die Erschöpfung, es gilt deshalb, sie so gut es geht zu reduzieren. Die strenge Richterin zum Beispiel hat nichts mehr in deinem Leben zu suchen! Ihr darfst du jegliche Macht und Aufmerksamkeit entziehen.

Für jeden von uns gibt es bestimmte Auslöser, durch die wir innerhalb von Millisekunden in eine andere Rolle verfallen. Das kann eine bestimmte Person, ein falsches Wort, ein gewisser Tonfall, eine Verhaltensweise oder eine Geste sein.

Ziele für dein inneres Drehbuch

Die gesunde Große Stärken und fördern
Die glückliche Kleine Stärken und fördern
Die bedürftige Kleine Bedürfnisse verstehen, schützen, versorgen und trösten
Die strenge Richterin Bekämpfen, den Mund verbieten und genau das Gegenteil von dem tun, was sie sagt
Die Kämpferin Funktion sowie Vor- und Nachteile verstehen, dann reduzieren und der gesunden Großen vertrauen
Die Flüchtende Funktion sowie Vor- und Nachteile verstehen, dann reduzieren und der gesunden Großen vertrauen
Die Dienerin Funktion sowie Vor- und Nachteile verstehen, dann reduzieren und der gesunden Großen vertrauen

UNSERE WICHTIGSTEN GRUNDBEDÜRFNISSE

1. **Anerkennung und Bindung** – durch Freunde, Partner, Kollegen, Kinder
2. **Sicherheit und Kontrolle** – durch einen verfügbaren Arbeitsplatz, passende Betreuungszeiten, gesicherten Unterhalt, steuerliche Erleichterungen, Kooperation mit dem anderen Elternteil
3. **Ein stabiles Selbstwertgefühl** – durch Wertschätzung, Lob und Akzeptanz
4. **Autonomie und Freiheit** – dadurch, dass wir unsere Gefühle, Gedanken und Wünsche äußern und leben können
5. **Raum und Zeit** – um ausgelassen, fröhlich und spontan Freude erleben zu können. Dazu braucht es feste Umgangsregelungen, Netzwerke, Babysitter, Familie.

Vielleicht schüttelst du jetzt den Kopf und denkst: Von der Erfüllung meiner Grundbedürfnisse bin ich sehr weit entfernt! Umso wichtiger ist es, dich und deine eigene Person unbedingt zur Priorität zu erklären. Natürlich können wir uns nicht immer alle Grundbedürfnisse erfüllen, obwohl das durchaus sinnvoll wäre. Und wir können auch eine gewisse Zeit lang für unsere Kinder zurückstecken, doch langfristig solltest du dir mindestens drei deiner fünf Grundbedürfnisse erfüllen. Es wird auch leider kein anderer kommen, um diesen Job zu erledigen. Dafür musst du selbst sorgen. Denn nur dann kannst du auch wirklich präsent und voller Energie für dein/e Kind/er da sein. Du schaffst das!

TAGESPROFILE: IN WELCHEN ROLLEN SIND WIR DEN GANZEN TAG?

Als ich anfing, mich mit dem Modell der Schematherapie und den einzelnen Rollen zu befassen, war ich überrascht. Manchmal sprang ich innerhalb von Sekunden von der kompetenten Frau in die »kleine Alexandra«, die traurig, wütend und trotzig war, weil nichts nach ihrem Plan lief. Und dann sprangen entweder meine Kämpferin, meine Flüchtende oder auch die Dienerin zur Hilfe bei. Oder meine strenge Richterin schimpfte, ich hätte es verdient, mit zwei kleinen Kindern sitzen gelassen zu werden.

Wie viel Anteil welche Rolle jeweils in deinem Leben haben kann, das möchte ich dir anhand des Tagesprofils meiner Klientin Dana zeigen.

Danas Tagesprofil:

1. *Situation, 7:00 Uhr:* Ich bereite das Frühstück für mich und meinen Sohn vor und fühle mich kompetent, zu 100 Prozent in der Rolle meiner gesunden Großen.

2. *Situation, 8:00 Uhr:* In der Kita stehen einige Mütter zusammen und sprechen über das vergangene Wochenende, an dem sie mit der ganzen Familie etwas unternommen haben. In dem Moment würde ich mich am liebsten verkriechen und bin am ehesten in der Rolle der Flüchtenden (zu 70 Prozent).

3. *Situation, 9:30 Uhr:* Im Büro angekommen finde ich eine lange Mail von meinem Chef in meinem Postfach. Er möchte morgen etwas persönlich mit mir besprechen. Ich bin ängstlich und fühle mich zu 80 Prozent wie eine bedürftige Kleine. Nach einer gewissen Zeit bin ich zurück in der gesunden Großen und erledige meine Arbeit.

4. *Situation, 13.00 Uhr:* Am Wochenende soll der Sohn beim Vater sein. Ich habe Bedenken, dass es wieder in die Hose geht und er alles falsch macht. Das regt mich auf und ich schreibe ihm einige SMS. In dem Moment bin ich eindeutig in der Kämpferin (zu 60 Prozent).

5. *Situation, 15:00 Uhr:* Er ruft zurück und sagt, dass mich das alles nichts mehr angeht. Erst fühle ich mich klein und hilflos (90 Prozent die bedürftige Kleine) und zeige das natürlich nicht. Ich antworte mit einer scharfen Stimme und werde ihm gegenüber zynisch. In dem Moment bin ich 100 Prozent die Kämpferin.

6. *Situation, 16:15 Uhr:* Ich begleite meinen Sohn zum Kinderturnen. Hier bin ich in der gesunden Großen.

7. *Situation, 20:00 Uhr:* Mein Sohn liegt endlich im Bett. Die Küche ist noch nicht aufgeräumt. Ich ertrage das nicht und muss aufräumen, auch wenn ich schon so erschöpft bin von diesem Tag. Die Kämpferin hilft mir, jetzt noch Ordnung zu machen, statt mich auszuruhen, was sinnvoller wäre.

8. Situation, 21:00 Uhr: Meine Stimmung ist mies. Aufgrund der Ungewissheit, wie alles weitergeht und wie ich es durchhalten soll die ganzen Jahre, fühle ich mich wieder klein (zu 90 Prozent). Ich fühle mich einsam, als ich allein den Fernseher anschalte und mich die nächsten zwei Stunden berieseln lasse. In dem Moment bin ich die Flüchtende, die nichts mehr spüren will.

9. Situation, 23:00 Uhr: Im Bett liegend beginne ich zu grübeln und bin der Meinung, dass ich es nicht besser verdient habe. Ich bin zu blöd und mein Chef wird mir sicher kündigen, da ich mit meinem Sohn aufgrund seiner Krankheit schon etliche Male zu Hause bleiben musste. Ich muss mich noch mehr anstrengen und hart arbeiten, damit ich meinen Job behalte, uns ernähren kann und irgendwann wenigstens eine Mini-Rente bekomme. Wahrscheinlich hat mein Ex mich mit meiner Freundin betrogen, weil sie viel attraktiver ist als ich. In diesem Moment ist die Rolle der strengen Richterin in mir zu 100 Prozent aktiv.

Je stabiler wir sind, desto mehr sind wir in der Rolle der gesunden Großen. Je erschöpfter und verletzter wir sind, desto mehr nutzen wir auch alle anderen Rollen. Das Spannende ist, wenn wir es erst mal geschafft haben, uns selbst besser und achtsamer zu beobachten, umso klarer werden wir uns auch über das Verhalten des Kindsvaters oder der Kindsmutter in angespannten Phasen. Nicht selten bewegen wir uns zusammen in unseren Kämpferrollen und versuchen so, Konflikte zu lösen. Oder wir begegnen uns zeitgleich in den Rollen der »bedürftigen Kleinen«. Wenn zwei »bedürftige Kleine« sich um das Wohl ihres realen Kindes kümmern sollen, kann das nichts werden. Dann sind Lösungen für unsere Herausforderungen und Probleme in weite Ferne gerückt.

ERSTELLE EIN EIGENES TAGESPROFIL DEINER ROLLEN

Ich möchte dich zu einem Experiment einladen: In welchen Rollen verbringst du deinen Alltag? Notiere dir dein eigenes typisches Tagesprofil. Was sind deine bevorzugten Rollen und wann sind sie jeweils aktiv? Möglicherweise fällt es dir noch nicht so leicht, deine

Rollen wirklich zu identifizieren? Das macht gar nichts. Schlage einfach noch einmal in diesem Buch nach oder werfe einen Blick auf deine Notizzettel, welche Aussagen du dir zu den jeweiligen Rollen rausgesucht und separat aufgeschrieben hast. Dann erkennst du es schnell auf einen Blick. Du kannst dein Tagesprofil ansonsten natürlich auch zu einem anderen Zeitpunkt erstellen! Ich möchte dir auf alle Fälle Mut machen, dranzubleiben. Es lohnt sich für dich selbst und im Übrigen ebenso im Umgang mit anderen Menschen. Dir wird so manches Verhalten viel klarer werden und auch, wie du einen klaren Kopf behalten und angemessen reagieren kannst.

Ein vorgefertigtes Tagesprofil und eine erweiterte Übung, deine Rollen zu erkennen, kannst du dir kostenlos auf meiner Website herunterladen!

www.starkundalleinerziehend.de/buchdownload

WERDE ZUR ROLLENTAUSCH-EXPERTIN!

Wenn du weißt, in welcher der sieben Rollen du gerade steckst, kannst du von einer Rolle (zum Beispiel der bedürftigen Kleinen oder der Dienerin) in die Rolle der gesunden Großen wechseln. Auf den folgenden Seiten werde ich dir – anhand praktischer Beispiele – zeigen, wie du so dein eigenes inneres Drehbuch schreiben und es in deinem Leben konkret anwenden kannst. Mal ganz ehrlich: Wir alle wissen, dass es völlig unangemessen und auch kontraproduktiv ist, energieraubende Streitereien anzuzetteln. Auch, dass es unnötig ist, alles perfekt machen zu wollen und sich selbst Vorwürfe zu machen. Genauso, dass es unser gutes Recht ist, auch einmal »Nein« zu sagen beziehungsweise sich Hilfe von Dritten zu holen. Und trotzdem haben wir sie, die Kämpfe mit dem Kindsvater oder der Kindsmutter, und benehmen uns als Erwachsene kindisch und hochemotional. Die Frage ist: Was genau hält uns eigentlich davon ab, in die Rolle der gesunden Großen zu schlüpfen und uns angemessen zu verhalten?
Es gibt da zwei Herausforderungen, die wir meistern müssen:
• Wir dürfen unsere destruktiven Selbstgespräche in den verschiedenen Rollen erkennen und überwinden – mehr dazu in Kapitel 3.

• Wir dürfen unsere unangenehmen Gefühle, die wir nicht haben wollen, zulassen. Anstatt zu versuchen, sie »loszuwerden« – dazu mehr in Kapitel 4.

In den nächsten beiden Kapiteln erfährst du, wie du einen neuen Zugang zu deinen Selbstgesprächen sowie zu deinen Gefühlen bekommst.

Nur wenn du deine Rollen kennst, annimmst und verstehst, führst du wirklich Regie in deinem Leben und kannst dein eigenes inneres Drehbuch schreiben: das einer starken und alleinerziehenden gesunden Großen!

Teil III:

Führe Selbstgespräche, aber mal ganz anders!

Wie sprichst du mit dir selbst?

Ich bin 16 Jahre alt, Schülerin und bei den Bundesjugendspielen. Zusammen mit meinem Lehrer stehe ich an der Rennbahn, als er mich fragt, was ich nach dem Abitur denn so vorhätte. »Ich möchte gern Medizin studieren!«, antworte ich wie aus der Pistole geschossen. Und blicke in skeptische Augen: »Alexandra, das schaffst du doch nie.«

Autsch! Der Satz trifft mich hart. Ich fühle mich klein, unfähig und verunsichert. Gleichzeitig ist meine Kämpferin hellwach und rebelliert: Nein, ich werde stark sein und es ihm und überhaupt der ganzen Welt beweisen! Selbst wenn das auch bedeutet, dass ich bis zum Umfallen alles geben muss. Obwohl die Kämpferin alles daran setzen wird, diese »Überzeugung« zu entkräften, wird die strenge Richterin vielerlei Gründe finden, warum ich dieses oder jenes nicht schaffen werde, Zweifel in mir schüren und mir zuflüstern: »Wenn die anderen nur wüssten, dass du in Wahrheit gar nichts kannst …«. Meine strenge Richterin hat sich natürlich den Satz des Deutschlehrers genauestens gemerkt und ihn in ihr Repertoire aufgenommen …

Eine völlig neue Bedeutung bekam diese Thematik, als sich der Vater meiner Kinder von mir trennte und einen ganz ähnlichen Satz sagte: »Alexandra, ohne Familie vor Ort und mit den zwei Kindern allein, das schaffst du doch nie.« Kaum hatte er diese Aussage gemacht, fühlte ich mich wieder wie damals, mit 16 Jahren. Unsicher. Um die bedürftige Kleine in mir zu schützen, zog meine Kämpferin alle Register: »Du bist stark und schaffst alles allein, jetzt erst recht. Dem zeigst du es!« Aber in Wahrheit ging irgendwann gar nichts mehr. Ich war erschöpft, gestresst und fühlte mich von allem in dieser Welt abgetrennt. Mir wurde bewusst, dass ich meine Selbstgespräche oder anders ausgedrückt, die Gespräche zwischen meinen verschiedenen inneren Rollen, ändern musste. Viel zu sehr griff ich auf meine Helferrollen, die Kämpferin, die Flüchtende und die Dienerin, zurück, um meinen Alltag allein mit den Kindern zu bewältigen. Meine gesunde Große erlebte ich – außer in meiner Arbeit – sonst viel zu selten. Und das wollte ich ändern. Ich wollte die konstruktiven, guten Selbstgespräche fördern und die destruktiven Selbstgespräche der anderen Rollen reduzieren.

Wie mir das gelungen ist und wie auch dir das möglich ist, das möchte ich dir in diesem Kapitel aufzeigen. Ziel ist zunächst, dass du beginnst, deine eigenen destruktiven Selbstgespräche in den verschiedenen Rollen bewusst wahrzunehmen und zu hinterfragen, um sie schließlich durch neue innere Dialoge aus der Rolle deiner gesunden Großen zu ersetzen. Oft beinhalten die Selbstgespräche in jeder Rolle bestimmte Überzeugungen und Bewertungen, die deinen Stresslevel ansteigen lassen. Wenn du dir deiner Selbstgespräche beziehungsweise inneren Dialoge bewusst wirst, kannst du dein inneres Drehbuch nach deinen Vorstellungen umschreiben.

In diesem Kapitel wirst du lernen, deine eigenen destruktiven Selbstgespräche zu erkennen, zu verstehen und zu hinterfragen. Du wirst auch lernen, wie du gute, hilfreiche und konstruktive Selbstgespräche entwickeln, üben und umsetzen kannst, um damit deine gesunde Große zu fördern.

Warum Selbstgespräche dein Leben verändern können

Wir alle kennen das, wenn uns etwas nahegeht, ob eine Situation, eine Aussage, eine Erinnerung oder eine Begegnung, dann überkommen uns manchmal Gefühle, die wir nicht kontrollieren können, und der Autopilot übernimmt die Führung. Oft bereuen wir hinterher, wie wir uns verhalten haben. Oder schämen uns für unsere Gedanken und Taten. Interessant daran ist, dass ich in meiner langjährigen Praxistätigkeit – und im Übrigen auch bei mir selbst – feststellen durfte, dass jeder Mensch anders reagiert. Selbst wenn mehrere alleinerziehende Frauen sehr ähnliche oder sogar identische äußere Umstände und Situationen erleben, fühlen sie sich nicht alle gleich enttäuscht, erschöpft oder gestresst. Warum das so ist? Nun ja, nicht nur, dass wir alle sehr individuell ticken und anders sind, wir führen auch unterschiedliche Selbstgespräche! Es ist *nicht* die Situation an sich, sondern es sind unsere Bewertungen – die Art, wie unsere inneren Selbstgespräche ablaufen –, die bestimmte Gefühle und Verhaltensweisen in uns auslösen. Als mein Ex-Partner zu mir sagte, dass ich es nicht schaffen würde, ohne Familie für die Kinder da zu sein, fühlte ich mich gekränkt. Und ich machte ihn für mein Lebensglück verantwortlich. Gefühlt war er der alleinige Verursacher meiner unangenehmen Gefühle. Das kostete mich sehr viel Kraft. Viele Jahre meines Lebens glaubte ich, eine Situation, Aussage oder ein anderer Mensch bestimmen, wie es mir geht. Der Weg in die persönliche Freiheit und die einzige Lösung ist, zu erkennen, dass wir nicht fremd-, sondern selbstbestimmt reagieren können und sollten! Wir sind keine Opfer, sondern können unsere Lebenswirklichkeit eigenverantwortlich gestalten. Der Haken ist: Selbstgespräche laufen so schnell und unbewusst ab, sodass wir sie oft gar nicht registrieren. Sie sind im Grunde genommen nichts anderes als eine Bewertung der aktuellen Situation, in der wir uns befinden, und sie bestimmen, wie es dir geht.

Es sind nicht die Dinge oder die Ereignisse an sich, die uns beunruhigen, sondern die Einstellungen und Meinungen, die wir zu ihnen haben.

EPIKTET

Oder anders gesagt: Wir sehen die Dinge nicht, wie sie sind, sondern wie wir sind. Die folgenden Fallbeispiele werden dir das noch genauer verdeutlichen.

SITUATION 1: SONJA

Sonja ist 33 Jahre und hochschwanger, als sie von ihrem Partner wegen einer anderen Frau verlassen wird. Ein Jahr später will dieser mit der kleinen Tochter und seiner neuen Freundin ein gemeinsames Wochenende verbringen.

Sonjas Selbstgespräche
Das ist ja wohl eine Unverschämtheit. Mich lässt er hier sitzen und mit der neuen Frau lebt er ein neues Familienleben. Ich muss noch härter werden und kämpfen = Die Kämpferin.

Sonjas Reaktion

Gefühle: Wut und Trauer = Die bedürftige Kleine
Körper: Magenschmerzen, innere Unruhe
Verhalten: Sie schreibt wütende SMS und verbietet ihm den Kontakt mit dem Kind = Die Kämpferin.

SITUATION 2: KATJA

Katja ist 29 Jahre und wurde von ihrem Partner wegen einer anderen Frau verlassen. Ein Jahr später will dieser mit den beiden gemeinsamen kleinen Söhnen und seiner neuen Freundin ein gemeinsames Wochenende verbringen.

Katjas Selbstgespräche

Das kann er doch nicht machen. Wir wollten eine Familie sein. Warum tut er mir das an?
Ich bin es wohl nicht wert, er übergeht mich einfach. Was habe ich bloß falsch gemacht? = Die bedürftige Kleine.

Katjas Reaktion

Gefühle: Trauer, Hilflosigkeit = Die bedürftige Kleine
Körper: Kopfschmerzen, Herzklopfen
Verhalten: Sie weint, als sie mit ihm telefoniert, und lenkt sich danach mit Essen ab = Die Flüchtende.

SITUATION 3: NICOLA

Nicola ist 43 Jahre, ihr Mann hat sie und die drei Kinder wegen einer anderen Frau verlassen. Ein Jahr später will er mit den Kindern und seiner neuen Freundin ein gemeinsames Wochenende verbringen.

Nicolas Selbstgespräche

Die haben jetzt ein tolles Wochenende zu viert. Wo bleibe ich denn jetzt?
Ich möchte das Gleiche haben = Die bedürftige Kleine.

Nicolas Reaktion

Gefühle: Eifersucht, Neid = Die bedürftige Kleine
Körper: Angespanntheit, Übelkeit
Verhalten: Sie klammert sich an die Kinder, will sie ihm nicht geben und versucht, dem Ex-Partner das Wochenende auszureden = Die Kämpferin.

SITUATION 4: ANNA

Anna ist 39 Jahre, wurde von ihrem Freund wegen einer anderen Frau verlassen. Ein Jahr später will dieser mit der Tochter und seiner neuen Freundin ein gemeinsames Wochenende verbringen.

Annas Selbstgespräche

Es macht mich schon sehr traurig, dass nicht wir das Wochenende miteinander verbringen. Es trifft mich, dass es einfach nicht gepasst hat mit uns und das darf auch so sein. Jetzt liegt es in seiner Verantwortung, dass das gut mit unserem Kind läuft. So habe ich auch einmal frei und werde mir etwas Schönes gönnen. Früher oder später werde ich auch wieder einen Partner finden. In der Zwischenzeit kümmere ich mich gut um mich selbst und genieße die freie Zeit = Die gesunde Große.

Annas Reaktion

Gefühle: Traurigkeit, Gelassenheit = Die gesunde Große
Körper: angespanntes Gesicht
Verhalten: Anna ruft ihre Freundin an und plant mit ihr einen Nachmittag an einem See = Die gesunde Große.

SITUATION 5: ALEXANDRA (JA, ICH!)

Mein Ex-Partner sagt: »Du schaffst das nicht allein mit den Kindern in der Stadt. Ohne Familie in der Nähe.«

Alexandras Selbstgespräche

Wie kann er das bloß behaupten. Woher will er das denn wissen. Diese Aussage erinnert mich an früher. Nicht noch mal! Ich werde alles dafür tun, das Gegenteil zu beweisen. Für meine Kinder werde ich tun, was ich kann. Ich darf auf keinen Fall scheitern und Fehler machen. Denn die schmiert er mir dann aufs Brot, nach dem Motto: »Siehst du, habe ich doch gleich gesagt!«

Alexandras Reaktion

Gefühle: Angst zu versagen, Traurigkeit und viel Wut = Die bedürftige Kleine
Körper: Nackenverspannungen, Magenschmerzen
Verhalten: Ich wiederhole mein Mantra, dass ich es allein schaffe und lehne jegliche Diskussion mit meinem Ex-Partner ab, verteidige mich laut und knalle die Türen = Die Kämpferin.

Ehrlich gesagt, wenn du mit einem fiebernden Kind in der Nacht allein bist, oder wenn Vereinbarungen mit dem Vater, der sich aus dem Staub macht, dem Gericht usw. nicht eingehalten werden oder du nicht weißt, wie es finanziell weitergeht, oder dir plötzlich eine neue Freundin vorgesetzt wird, dann bist du nun mal wütend, ärgerlich, traurig und so weiter … Auch die gesunde Große in uns empfindet diese Gefühle. Und das ist auch bis zu einem gewissen Punkt gesund und wichtig, wenn wir mit diesen Gefühlen angemessen umgehen können. Doch genau das ist zu Beginn selten der Fall.

Dennoch möchte ich dich ermuntern, in dieser Tatsache auch *deine Chance* zu erkennen.

Ab sofort weißt du, dass es *immer* zu 100 Prozent in deiner Hand liegt, *wie* du in Zukunft auf eine Situation reagieren möchtest. Dieses Bewusstsein schenkt dir die Kontrolle über deine Selbstgespräche und gleichzeitig die Möglichkeit, sie zu verändern. Denn unser gemeinsames Ziel in diesem Kapitel ist es, deine destruktiven Selbstgespräche – die der strengen Richterin und der Helferrollen – zu reduzieren und *gute* Selbstgespräche – die der gesunden Großen – zu fördern, damit du weniger Gefühlschaos und wieder mehr Selbstvertrauen, Mut und Energie für dich und deine Kinder im Alltag hast.

Damit hast du sozusagen den Schlüssel in der Hand, deinen Stress zu reduzieren. Veränderst du deine Bewertungen und Einstellungen, ändern sich deine Wahrnehmung und auch dein Stresslevel.

Die Reaktion auf eine Situation *bestimmst* immer DU!

Alleinerziehend zu sein, das kann eine Katastrophe sein oder aber auch eine Chance, zu wachsen. Wenn der Kindsvater oder die Kindsmutter sich nicht an Vereinbarungen hält, bestimmst du, ob dich das in deinem Leben behindert oder nicht. Ob die Tatsache, dass du alleinerziehend bist, bedeutet, dass du keinen beruflichen Erfolg mehr haben wirst oder nicht, bestimmst auch du. Ebenso, ob es schwierig sein wird, einen neuen Partner zu finden oder nicht. Oder ob du dich als eine inkomplette oder komplette Familie siehst.

Erkenne deine destruktiven Selbstgespräche

Deine Selbstgespräche zu ändern, ist ein Prozess, der nicht von heute auf morgen geht. Aber der definitiv zu schaffen ist und sich lohnt. Ich möchte dir verdeutlichen, was genau zu destruktiven Selbstgesprächen führt. Denn das Verstehen ist der erste Schritt ins Verändern. Und es ist auch längst nicht so kompliziert, wie es vielleicht klingt. Destruktive Selbstgespräche sind nämlich nichts anderes als Denkfehler.

DENKFEHLER

Ich möchte dir hier die häufigsten Denkfehler als Auslöser von destruktiven Selbstgesprächen nennen, die zu einer Menge Stress und Anspannung bei Alleinerziehenden führen können.

Katastrophisieren oder Wahrsagen

Dadurch, dass ich jetzt alleinerziehend bin, werde ich immer zu wenig Geld haben.
Weil ich jetzt mit meinem Kind allein lebe, werde ich wohl keine/n Partner/in mehr finden.
Mein Kind wird es garantiert im Leben immer schwerer haben als andere Kinder, die in einer intakten Familie aufwachsen. Aufgrund der Trennung wird mein Kind auf jeden Fall viele Nachteile im Leben haben. Garantiert wird mir dieses Beziehungsdrama beim nächsten Mal wieder passieren. Als

Alleinerziehende finde ich auf keinen Fall einen passenden Job und lande sicher in der Altersarmut. Wenn ich mein Kind mit dem Vater/der Mutter allein lasse, dann läuft alles schief.

Vermutlich ist es dir beim Lesen schon selbst aufgefallen und klar geworden: Der isolierte Blick auf die negativen möglichen Folgen führt dazu, dass du nur darauf wartest, dass es tatsächlich so kommen wird. Das bedeutet, du schaffst dir damit eine selbsterfüllende Prophezeiung.

Die oben beschriebenen destruktiven Selbstgespräche führen vorwiegend die Rollen der strengen Richterin, der Kämpferin und der bedürftigen Kleinen.
Die gesunde Große sagt dazu: »Nur weil ich jetzt alleinerziehend bin, bedeutet es nicht, dass mein Kind benachteiligt wird.«

Schwarz-Weiß-Denken

Mein Kind hat sich so danebenbenommen, ganz offensichtlich taugt meine Erziehung gar nichts. Am Nachmittag hatte ich nicht mehr genug Energie, um mit meinem Kind zu spielen, ich bin so eine schlechte Mutter. Ich bin nicht liebenswert, sonst hätte mein Ex-Partner mich und unsere Familie nicht verlassen. Weil ich jetzt alleinerziehend bin, will mich nie wieder jemand anstellen. Weil ich mich getrennt habe, muss ich nun dafür büßen und darf nicht mehr glücklich sein.

Das sind vorwiegend die destruktiven Selbstgespräche der strengen Richterin, der Dienerin und der bedürftigen Kleinen. Die gesunde Große würde zum Beispiel sagen: »Nur weil mein Ex-Partner mich verlassen hat, bedeutet es nicht, dass ich nicht liebenswert bin. Mein Wert als Mensch hängt doch nicht nur von dieser einen Person ab.«

Übergeneralisieren

Es war klar, dass ich die Beziehung wieder nicht halten kann. Das passiert mir immer. Ich mache immer den Fehler, den falschen Menschen zu vertrauen. Jetzt zeigt sich ja, was ich davon habe. Nun sitze ich jeden Abend allein und einsam im Wohnzimmer und kann nicht raus, weil mein Kind schläft. Das wird immer so weitergehen.

Dir passiert etwas Unangenehmes und du nimmst es zum Anlass, eine »Serie« daraus zu machen – das zeigt sich deutlich auch an deinem Lieblingswort »immer«.

Dies sind überwiegend die destruktiven Selbstgespräche der strengen Richterin und der bedürftigen Kleinen. Die gesunde Große sagt dazu: »Nur weil dieses Mal mein Vertrauen missbraucht wurde, bedeutet es nicht, dass es immer so weitergehen wird.«

»Labeling«

Nur wenn ich einen Partner habe, bin ich vollkommen. Ich bin schuld an allem, da ich gegangen bin, weil ich es nicht mehr ausgehalten habe. Da ich jetzt alleinerziehend bin, bin ich weniger wert und muss mich doppelt anstrengen. Egal, wie sehr ich mich bemühe, es reicht nie aus. Ich habe ein schlechtes Gewissen, da ich meinem Kind nur eine Mutter bieten kann und keine »richtige« Familie. Ich trage die Schuld an der ganzen Misere, schließlich habe ich mich getrennt. Ich bin schwach. Ich bin weniger wert und gehöre nicht dazu, denn ich bin alleinerziehend.

Labeling meint eine Haltung von: »Ich bin es nicht wert. Mit mir ist etwas falsch.« Wenn bereits das Wort »alleinerziehend« selbst negativ besetzt ist und bewertet wird, kostet das eine Menge Energie. Es führt dazu, dass wir nur unsere Fehler und Schwächen sehen. Und meistens führt es auch noch dazu, dass wir unseren Wert als Mensch von unserem Beziehungsstatus abhängig machen. Häufig ist es die strenge Richterin, die dir aufzählt, was du alles nicht schaffst, warum du beziehungsunfähig bist, wieso du egoistisch bist. Die Folge ist, dass die bedürftige Kleine in dir wieder aktiviert ist, mit allen unangenehmen Gefühlen und dem quälenden Gedanken, einfach nicht gut genug zu sein. Deshalb ist es wichtig, die Kleine in dir zu schützen. Die strenge Richterin hat nichts mehr in deinem Leben zu melden, und es ist an der Zeit, das Gegenteil von dem zu tun, was sie dir einredet. Konkrete Hinweise dazu, wie du die Kleine in dir schützt, erfährst du in Kapitel 5.

Das sind vorwiegend die destruktiven Selbstgespräche der strengen Richterin, der Dienerin und der bedürftigen Kleinen. Die gesunde Große sagt dazu: »Zwar gelte ich als alleinerziehend, doch alle damit verbundenen Vorurteile beziehe ich nicht auf mich.«

Gedankenlesen

Die anderen denken sicherlich, nur weil ich jetzt alleinerziehend bin, müssen sie Angst um ihre Ehemänner haben. Ich stelle für die verheirateten Paare eine Bedrohung da. Dann melde ich mich gleich lieber nicht mehr. Paare verhalten sich mir gegenüber jetzt zurückhaltend, weil ich alleinerziehend bin. Meine Freunde wenden sich garantiert ab, weil ich nicht mehr dazu passe, schließlich bin ich jetzt nicht mehr so flexibel – und noch dazu allein ohne Partner.

Du beziehst alles auf dich und glaubst, dass sich dein Umfeld dir gegenüber ablehnend verhält, *ohne* dass du es überprüft hast, indem du offen und ehrlich nachgefragt hast. Oder du sagst von vornherein jede Verabredung prophylaktisch ab. Ein anderes Beispiel:
Dein engster Freund oder deine beste Freundin hat seit deiner Trennung nicht mehr angerufen. Du fühlst dich verletzt, abgewiesen und denkst, es liegt daran, dass man mit dir nichts mehr anfangen kann. Durch Zufall hörst du von einer anderen Freundin, dass diese Freundin selbst in einer großen Krise steckt und sich von allen Freunden ebenfalls zurückgezogen hat.

**Das sind die destruktiven Selbstgespräche aller Rollen, außer der gesunden Großen.
Die gesunde Große sagt dazu: »Wenn sich ein Freund mir gegenüber merkwürdig verhält, frage ich nach und interpretiere nicht**

irgendetwas in sein Verhalten hinein. Wer weiß, woran es wirklich liegt. Und denkt dieser wirklich ›merkwürdig‹, ist das sein Ding. Ich hab damit nichts zu tun. Die Bewertung ist *seine*, die muss ich mir nicht überstülpen.«

Fokussieren auf das Negative

Ich bin auf ganzer Linie in meinem Leben gescheitert. Das kann nichts mehr werden.
Ich bin ruiniert und habe es versaut. Das war es. Wenn ich es nicht einmal schaffe, eine Beziehung und eine Familie zusammenzuhalten, dann steht mir auch sonst im Leben nichts mehr zu. Wie konnte ich so blind sein und mit so jemandem ein Kind bekommen? Auch wenn meine Freunde mich bewundern, wie ich das alles bewältige, ich weiß doch ganz genau, dass ich viele Dinge einfach nicht gut mache.

Du siehst das Glas nur noch halb leer und bewertest viele Situationen negativer, als sie eigentlich sind. Du hast die Woche mit deinem Kind wunderbar gemeistert und könntest eigentlich stolz auf dich sein. Stattdessen bleibst du an der einen Sache hängen, die schwierig war.

Das sind vorwiegend die destruktiven Selbstgespräche der strengen Richterin und der bedürftigen Kleinen. Die gesunde Große sagt dazu: »Ich bin stolz auf mich und das, was ich jeden Tag mit meinem Kind erlebe. Jemand, der das nicht selbst erlebt hat, kann die Situation nicht einschätzen. Ich vertraue mir.«

Auslassen positiver Seiten

Dass ich in meiner Lebenslage diesen Job bekommen habe, lag daran, dass der Chef so sozial ist und Mitleid mit mir hatte. Dass meine Kinder sich so gut entwickeln, liegt nur daran, dass ich familiäre Unterstützung habe. Dass ich die Wohnung bekommen habe, war purer Zufall und einfach Glück und hat nichts mit mir zu tun. Da habe ich einfach ausnahmsweise mal kein Pech gehabt.

Wenn dir etwas Gutes widerfährt, denkst du, der andere sei einfach zu dumm, weil er deine ganzen Schwächen nicht sieht. Dass es echte Anerkennung ist, die tatsächlich etwas mit deinem Können und deinen Fähigkeiten zu tun hat, blockst du total ab.

Dies sind vorwiegend die destruktiven Selbstgespräche der Rollen der strengen Richterin und der bedürftigen Kleinen. Die gesunde Große sagt dazu: »Dass mein Kind sich so gut entwickelt, liegt unter anderem mit daran, dass ich ihm Schutz, Trost und Liebe schenke. Das ist überwiegend mein Verdienst und macht mich glücklich.«

Alles persönlich nehmen

Der Kindsvater greift mich immer wieder an, dann muss mit mir ja offensichtlich etwas nicht stimmen. Ich werde jetzt von vornherein in eine Schublade gesteckt. Nur weil ich nicht alles gegeben habe, ist die Beziehung kaputt. Ich bin verantwortlich dafür, dass der Kindsvater/die Kindsmutter keinen Kontakt zu unseren Kindern haben möchte.
Weil ich alleinerziehend bin, werden meine Kinder immer benachteiligt sein und es wird ihnen etwas fehlen.

Du beschuldigst dich für etwas, wofür du gar nicht allein verantwortlich bist. Du fühlst dich schnell angegriffen, schuldig oder verantwortlich – und beziehst das Verhalten anderer auf dich.

Diese destruktiven Selbstgespräche führen vorwiegend die strenge Richterin, die Dienerin und die bedürftige Kleine. Die gesunde Große sagt dazu: »Nicht nur ich trage die Verantwortung dafür, dass die Kommunikation so schwierig ist. Wir haben beide unseren Anteil. Dennoch weiß ich, dass ich bei mir selbst mit der Veränderung beginnen muss. Den anderen kann ich nicht ändern.«

»Das darf nicht sein!«-Haltung

Ich kann und will es einfach nicht so hinnehmen, dass ich mit dem ganzen Mist hier allein gelassen werde. Sie muss sich unbedingt beteiligen. Schließlich ist sie die Mutter. Das darf nicht sein!
Es hat sie nie gekümmert, was mit ihrem Kind ist, und nun will sie auch noch Ansprüche anmelden. Das geht gar nicht. Sie kann echt einfach gar nicht mit Kindern umgehen. Sie macht sich ein schönes Leben und meldet sich bei ihrem Kind, wie sie gerade lustig ist. Das darf nicht sein.

Dein Kampf mit der Realität und dem, was ist, verstärkt deinen Stress und kostet dich sehr viel Kraft. Es macht dich wütend, ohnmächtig und hilflos. Du fühlst dich als Opfer der Umstände.

Dies sind die bevorzugten destruktiven Selbstgespräche der Kämpferin, der strengen Richterin und der bedürftigen Kleinen. Die gesunde Große sagt dazu: »Ich sehe, dass das, was passiert, ›Mist‹ ist und ich finde es gar nicht toll. Ich darf wütend sein und akzeptiere, dass ich mich jetzt hilflos und ohnmächtig fühle.«

»So muss es sein, so sollte es sein!«-Haltung

Ich muss jetzt mit meinem Kind allein alles richtig machen, sonst habe ich versagt.
Ich sollte niemanden enttäuschen, sonst gehöre ich nicht mehr dazu.
Ich muss alles perfekt machen und hart dafür arbeiten, dann kann mir nichts passieren.
Ich muss mich ständig ablenken, sonst halte ich das Drama nicht aus.
Ich sollte bloß keinen Streit anzetteln, sonst stehe ich bald ganz allein da.

Du hast bestimmte Normen und Regeln im Laufe deines Lebens verinnerlicht, die auf alle Fälle erfüllt werden müssen, damit es dir gut geht. Jede deiner Rollen glaubt, dass das Leben nur auf die eine bestimmte Art und Weise funktioniert, und versucht dir ständig Beweise zu liefern, warum es genau so sein muss. Oder anders gesagt: Stell dir jede deiner Rollen mit einer Brille auf der Nase vor, die einen bestimmten Titel trägt. Keine von ihnen möchte ihre Brille abnehmen und durch eine neue Brille schauen. Diese Haltung führt langfristig zu viel Stress und in die Erschöpfung.

So verlaufen die destruktiven Selbstgespräche in allen Rollen, außer bei der gesunden Großen. Die gesunde Große sagt dazu: »Das Leben ist ständige Veränderung. Bestimmte Regeln und Vorstellungen, die ich einmal hatte, funktionieren jetzt einfach nicht mehr. Ich bin bereit, mich zu hinterfragen, und überprüfe eigenverantwortlich, was zu mir passt und was nicht.«

Die Verurteilung deiner Gefühle

Nun reiß dich mal zusammen und heul nicht rum vor deinem Kind!
Jetzt hast du lange genug Trübsal geblasen!
Das Leben geht weiter!
Stell dich nicht so an!
Sei kein Angsthase, du bist schließlich erwachsen!
Du hast gefälligst nicht wütend zu sein!

Wenn deine strenge Richterin dir sagt, du darfst jetzt nicht wütend sein, keine Angst haben oder dich hilflos fühlen, und du beginnst, es als »unangebracht«, »peinlich« oder »schlimm« zu bewerten, verstärkt das deinen Stress und aktiviert deine bedürftige Kleine. Deine Kämpferin, die Flüchtende oder die Dienerin werden versuchen, mit ihren Hilfsstrategien dafür zu sorgen, dass du »nichts falsch machen kannst« und »gar nichts mehr fühlst«. Ihre Aufgabe ist es, die bedürftige Kleine vor der strengen Richterin zu beschützen. Die Kämpferin lenkt sich mit übermäßiger Arbeit ab, die Flüchtende vernachlässigt immer mehr ihre Freunde und verkriecht sich im Bett, die Dienerin verstummt und vertritt ihre Meinung gar nicht mehr, um bloß weitere Konflikte zu vermeiden.

So verlaufen die destruktiven Selbstgespräche in allen Rollen, außer bei der gesunden Großen. Die gesunde Große sagt dazu: »Jedes Gefühl gehört zu mir und hat seine Berechtigung. Ich nehme mich ernst und unterdrücke es nicht. Stattdessen sorge ich dafür, zu verstehen, was ich in dem Moment wirklich brauche.«

Emotionale Beweisführung

Ich bin wütend, weil mich der andere unfair behandelt.
Ich habe Angst vor der Zukunft und deswegen wird sie auch gefährlich sein.
Ich fühle mich schuldig. Deswegen muss ich auch etwas Schlimmes getan haben.
Ich fühle mich minderwertig, also bin ich es auch.

Du gehst davon aus, dass das, was du fühlst, *genau* der Realität entspricht. Das ist das Spezialgebiet der bedürftigen Kleinen. Und, meiner Meinung nach, eine der größten Fallen, die es gibt. Die gesunde Große sagt dazu: »Auch wenn ich mich gerade wütend oder ängstlich fühle, so sind das einfach nur meine Gefühle in diesem Moment. Es bedeutet noch lange nicht, dass es tatsächlich der Realität entspricht. Meine Gefühle dürfen da sein, aber sie bestimmen nicht mein Leben und meine Entscheidungen.«

Das war nun eine ganze Menge an Denkfehlern, die dir Energie rauben können. Lass dir Zeit, erst mal ein wenig darüber nachzudenken, um dir dann in deinem Tempo deine eigenen Denkfehler zu notieren.

IDENTIFIZIERE DEINE ENERGIERAUBENDEN DENKFEHLER

Hast du dich in den eben genannten Denkfehlern wiedererkannt? Dann werde dir dieser energieraubenden Gedanken noch einmal bewusst, indem du dir – als kleine Übung – jetzt noch mal deine fünf häufigsten Denkfehler notierst. Du kannst sie hier im Buch oder gerne auch auf einem separaten Blatt Papier aufschreiben.

1. _____

2. _____

3. _____

4. _____

5. _____

Diese kleine Übung findest Du auch zum Download auf meiner Website:
www.starkundalleinerziehend.de/buchdownload/

Was du in dieser Lebensphase wirklich brauchst

Eine weitere Möglichkeit, die destruktiven Selbstgespräche zu identifizieren, ist, den eigenen Bedürfnissen auf den Grund zu gehen
und zu erforschen, inwieweit du dir diese wirklich erfüllst. Wenn
ich eine alleinerziehende Mutter oder einen alleinerziehenden Vater
frage, was er oder sie sich wünscht, folgt meist zunächst eine zöger-
liche Stille und dann Schulterzucken. Wenn dann doch so etwas wie
eine Antwort kommt, lautet sie meist so oder so ähnlich: »Ich habe
keine Zeit, mir darüber Gedanken zu machen. Mein Kind braucht
meine volle Aufmerksamkeit und von irgendetwas müssen wir ja
schließlich leben. Ich habe genug um die Ohren und am Abend bin
ich zu erschöpft.« Es ist paradox, ich weiß, aber gerade weil du dir
deiner Bedürfnisse nicht bewusst bist, bist Du erschöpft und gestresst.

**Es gibt nur eine Lösung für dieses Dilemma: Wir können nichts
ändern, was wir nicht erkennen! Also erforsche und erkenne
deine Bedürfnisse, um sie dir zu erfüllen!
Dann hast du mehr Energie!**

Ich bin mir sicher, dir fallen jetzt wieder eine Menge Gründe ein,
warum genau das bei dir nicht klappen kann. Zum Beispiel, weil
du selten oder nie kinderfrei hast. Ja, und ich weiß auch, dass es
sicherlich einfachere Bedingungen und Umstände (als die von uns

Alleinerziehenden) gibt, den eigenen Wünschen nachzugehen. Gerade deswegen möchte ich dich einladen, dir die nachfolgenden Aussagen in den fünf Kästen in Ruhe durchzulesen und ein Häkchen zu setzen, falls du das ein oder andere destruktive Selbstgespräch kennst.

Destruktive Selbstgespräche kosten sehr viel Kraft. Das Gemeine daran ist, dass sie bei den meisten von uns so unbewusst ablaufen, dass wir sie gar nicht mehr bemerken. Die nachfolgenden Aussagen in den Kästen sollen dir, unter Berücksichtigung deiner Bedürfnisse, deine destruktiven Selbstgespräche bewusst machen. Diese kommen meistens aus allen Rollen, außer der gesunden Großen. Erst wenn du sie in dein Bewusstsein geholt hast, besteht die Chance, sie zu hinterfragen und dann zu verändern.

ENTDECKE DEINE GRUNDBEDÜRFNISSE

Aus den stressigen Selbstgesprächen lässt sich ableiten, welche unserer psychischen Grundbedürfnisse nicht erfüllt sind. Abhängig davon wirst du noch heute versuchen, dir bestimmte Grundbedürfnisse zu erfüllen. Jeder von uns kennt den einen oder anderen Gedanken, der Energie raubt. Es kommt – wie so häufig – auf das Ausmaß an. Hin und wieder einmal zu denken »Ich schaffe es nicht!«, das kennt jeder. Drehen sich jedoch deine Selbstgespräche zu einem Großteil nur darum, dann könnte das der Auslöser für deinen hohen Stresslevel sein. Aufgrund deiner häufigen Selbstgespräche ist erkennbar, welche deiner Grundbedürfnisse dir besonders wichtig sind. Je mehr du die Aussagen mit »Ja« beantworten kannst, desto relevanter ist es für dich, dieses Bedürfnis gut zu versorgen.

Bedürfnis 1: Selbstwertgefühl durch Leistung und Erfolg

> ❏ Als Alleinerziehende darf ich erst recht keine Fehler machen und muss ganz besonders darauf achten, alles richtig zu machen
>
> ❏ Ich muss für mein Kind alles richtig machen.
>
> ❏ Nur wenn ich etwas leiste, dann bin ich etwas wert.
>
> ❏ Ich muss mindestens 100 Prozent geben.
>
> ❏ Ich habe mich getrennt und muss jetzt alles richtig machen. Sonst gibt es Vorwürfe.

Wenn die Trennung der Familie und der Verlust der Partnerschaft zu sehr als Misserfolg, Versagen oder als Fehler wahrgenommen werden, kann es sein, dass man alles andere besonders gut machen möchte. Dahinter steht das Bedürfnis, das verminderte Selbstwertgefühl durch Leistung und Erfolg zu kompensieren.

Ninas Mann verließ die Familie, nachdem er herausgefunden hatte, dass seine Frau über mehrere Monate eine Affäre mit einem seiner Freunde hatte. Seitdem denkt Nina: »Ich habe in allem versagt und darf keine Fehler mehr machen!« Sie bemüht sich, dieses Versagensgefühl dadurch zu kompensieren, dass sie in ihrem Beruf Zusatzaufgaben übernimmt und mit ihrer kleinen Tochter jeden Nachmittag ein Top-Spielprogramm absolviert. Sie setzt sich dabei selbst so unter Druck, dass Stress und Erschöpfung die Folge sind.

Die Aussage der gesunden Großen: »Ich bin als Mensch wertvoll – unabhängig von Leistung und Beziehungsstatus. Wie ich lebe und was für mich Familie ist, bestimme ich selbst.«

Bedürfnis 2: Autonomie und Unabhängigkeit

> ❏ Stark und alleinerziehend bedeutet, dass ich keine Hilfe brauche.
>
> ❏ Am besten mache ich alles allein.
>
> ❏ Es ist nicht meine Art, andere um Hilfe zu bitten.
>
> ❏ Ohne mich kann mein Kind nicht sein.
>
> ❏ Ich muss jetzt immer stark sein.

Dir ist es besonders wichtig, auch als Alleinerziehende/r nicht auf die Hilfe anderer angewiesen zu sein. Es gibt viele Alleinerziehende, für die es unvorstellbar ist, jemanden um Hilfe zu bitten oder sich Unterstützung zu suchen. Auch wenn es ihnen wirklich schlecht geht, sie zum Beispiel krank sind, machen sie alles mit sich selbst aus. Sobald sie auf andere angewiesen sind und sich selbst als »schwach« wahrnehmen, steigt der Stresspegel.

Susann, seit zwei Jahren alleinerziehend mit einem Sohn, hat in ihrem Leben mehrfach die Erfahrung gemacht, dass es nicht gut ist, sich auf andere zu verlassen. Der Kindsvater kann keinen Unterhalt zahlen und hat seit der Geburt des Sohnes nur noch ein einziges Mal zum Geburtstag angerufen. Nachfragen und Briefe lässt er unbeantwortet. Susann schlussfolgert daraus, sie selbst müsse »immer stark sein«. Dieser Anspruch löst Magenschmerzen, Schlafstörungen und Reizbarkeit aus, weil Susann es sich nicht mehr erlaubt, auch einmal »schwach« zu sein.

Die Aussage der gesunden Großen: »Auch wenn ich andere um Unterstützung bitte, bin ich ein selbstbestimmter Mensch. Es ist stark, um Hilfe zu bitten!«

Bedürfnis 3: Sicherheit und Kontrolle

> ❏ Wenn mein Alltag aktuell nicht so läuft wie früher, halte ich es schlecht aus.
>
> ❏ Es macht mir Angst, dass ich nicht weiß, wie es in Zukunft weitergeht.
>
> ❏ Ich grüble viel darüber, was noch alles passieren kann.
>
> ❏ Wenn ich alles unter Kontrolle habe, dann geht es mir besser.
>
> ❏ Ich bin allein verantwortlich und muss auf alles aufpassen.

Dir ist es besonders wichtig, die Ereignisse in deinem Leben kontrollieren und einschätzen zu können. In meinen Podcast-Interviews haben sehr viele Alleinerziehende erzählt, dass der Gedanke, ganz allein die Verantwortung tragen zu müssen und quasi die Kontrolle zu verlieren, sie am meisten stresst. Die Mehrzahl der Betroffenen erlebt die Trennung der Familie und die nachfolgenden Konsequenzen als eine große Unsicherheit. Bei manchen ist dadurch bedingt das Bedürfnis nach Sicherheit und Kontrolle sehr ausgeprägt und sie versuchen, alle Risiken zu vermeiden.

Carola, Mutter von zwei Kindern und seit drei Jahren alleinerziehend, fällt es – obwohl auch der Vater und Ex-Partner mithilft und die Kinder mit erzieht und sich kümmert – sehr schwer, die Kinder loszulassen. Sie hat trotzdem das Gefühl, die Verantwortung ganz alleine tragen zu müssen. Und sie macht sich ständig Sorgen, wie der Vater die Tage mit ihnen verbringt, ob sie zu viel fernsehen, ob sie gesund essen und rechtzeitig ins Bett gehen. Als Konsequenz daraus ergeben sich regelmäßig angespannte Gespräche mit dem Ex-Partner.

Die Aussage der gesunden Großen: »Ich halte die Unsicherheit aus, nicht zu wissen, was in der ›Papa-Zeit‹ passiert, und übergebe ihm die väterliche Verantwortung.« (Natürlich nur, wenn in meinen Augen keine psychische und körperliche Bedrohung oder Gewalt im Spiel ist!)

Bedürfnis 4: Ein lustvolles Leben ohne Hürden führen

❏ Ich schaffe es nicht. Mir ist alles zu viel.

❏ Das ist klar, dass ich versagen werde.

❏ Diese Angst, Wut und Ohnmacht halte ich nicht aus.

❏ Diese ganzen Probleme, seitdem ich alleinerziehend bin, packe ich nicht.

❏ Ich fühle mich überfordert und brauche Unterstützung.

Dir ist es besonders wichtig, frei von Schwierigkeiten durch das Leben zu kommen und Hürden überfordern dich? Vielleicht hast du nie genug Vertrauen in deine eigenen Fähigkeiten entwickeln können, mit schwierigen Situationen umzugehen.

Xenia ist seit sechs Monaten mit ihren Zwillingen allein und hatte zuvor ein unbeschwertes Leben geführt. Früher war ihr in der eigenen Familie viel abgenommen worden und auch ihr Ex-Mann hatte für sie diese Rolle übernommen. Dadurch hat Xenia wenig Zutrauen in sich ausgebildet. In der Regel hatte sie sich in der Vergangenheit vor unangenehmen Aufgaben gedrückt und war in die Rolle der »hilflosen Flüchtenden« geschlüpft. Seit der Trennung ist ihr Bedürfnis nach einem unbeschwerten Leben ohne Hürden und Komplikationen nicht mehr erfüllt. Xenia glaubt, sie schaffe das alles nicht allein. Sie fühlt sich hilflos und ohnmächtig. Dieses Misstrauen in sich selbst hat zahlreiche negative Folgen: Mit übermäßigem Essen versucht sie, jedes Gefühl zu betäuben. In sechs Monaten nimmt sie zehn Kilogramm zu und schämt sich dafür, weshalb sie sich immer mehr zurückzieht von allem, vor allem aus ihrem Sozialleben.

Die Aussage der gesunden Großen: »Ich löse alle Aufgaben und Probleme Schritt für Schritt.«

Bedürfnis 5: Anerkennung und Bindung

❏ Ich will meine Kinder/Arbeitskollegen/Familie/Freunde nicht enttäuschen.

❏ Als Alleinerziehende muss ich mich anpassen, damit ich überhaupt noch dazugehöre.

❏ Mit Kritik kann ich nicht gut umgehen.

❏ Ich mag es, wenn es harmonisch ist.

❏ Ich will auf keinen Fall anecken.

Dir ist es besonders wichtig, gut mit allen anderen zurechtzukommen, Kontakt zu halten und beachtet zu werden. Mit der Trennung der »klassischen Familie« wird, unabhängig davon, wer den letzten Schritt gegangen ist, bei allen Beteiligten das Bedürfnis nach Anerkennung und Bindung zum großen Teil kaum erfüllt. Aus Angst vor Kritik oder Ablehnung glauben viele, sich jetzt erst recht zurücknehmen zu müssen. Die Lösung ist hier, den eigenen Wunsch nach Liebe und Anerkennung nicht nur von dem Verhalten anderer Menschen abhängig zu machen.

Tatjana, die von ihrem Mann betrogen worden ist, kann Konflikte kaum noch ertragen. Deswegen stellt sie ihre eigenen Wünsche gegenüber ihren Kindern, der Familie und auch Freunden komplett hinten an. Sie wird immer aufopfernder und trägt ein »Ja« auf der Stirn, sodass alle Menschen zu ihr kommen, wenn sie etwas brauchen, weil sie sich sicher sein können, dass Tatjana auf jeden Fall helfen wird. Bis Tatjana schließlich mit innerer Unruhe, reizbarer Stimmung und einem Tinnitus zum Arzt geht und kurz vor dem Burn-out steht.

Die Aussage der gesunden Großen: »Ich mache die Erfüllung dieses Bedürfnisses nicht ausschließlich abhängig von anderen Menschen. Ich schenke mir selbst Liebe und Aufmerksamkeit.«

WELCHES BEDÜRFNIS IST DEIN FAVORIT?

1. Schritt: Welchen Aussagen konntest du in den Kästen bezüglich der Nichterfüllung der Grundbedürfnisse am meisten zustimmen? An welchen Stellen hast du sofort »Ja, das kenne ich gut!« gedacht oder gesagt?

2. Schritt: Bitte notiere dir hier deine drei wichtigsten Aussagen, die du mit »Ja, das kenne ich gut!« markiert hast.

_____

_____

_____

3. Schritt: Welches Bedürfnis erfüllst du dir momentan am wenigsten?

4. Schritt: Welches Bedürfnis erfüllst du dir momentan am meisten?

5. Schritt: Wie würde deine gesunde Große versuchen dich zu unterstützen, dein Bedürfnis mehr zu erfüllen?

Diese Übung gibt es übrigens auch wieder zum Download auf meiner Website: www.starkundalleinerziehend.de/buchdownload/

Wie du ab sofort besser mit dir selbst sprichst

Deine destruktiven Selbstgespräche mit deinen Bewertungen und Überzeugungen in deinen verschiedenen inneren Rollen sind über Jahrzehnte durch deine Familie, Freunde und dein Umfeld geprägt worden. Konntest du anhand deiner Denkfehler und deiner Bedürfnisse erkennen, welche Art von destruktiven Selbstgesprächen du führst? Welche inneren Rollen nutzt du, die dich Kraft kosten?

Mir persönlich wurden meine destruktiven Selbstgespräche erst in meiner allergrößten Krise bewusst. Damals tobten alle Rollen – außer meiner gesunden Großen – in mir. Ab dem Moment, als ich den Alltag mit meinen Kindern zum größten Teil allein bewältigte, passten viele Überzeugungen und Bewertungen, die ich bis dato vom Leben hatte, nicht mehr zur Realität. Da ich die Realität leider nicht ändern konnte, musste ich beginnen, meine Überzeugungen und Bewertungen über das Leben zu hinterfragen. Oder anders gesagt, ich wollte endlich verstehen, wie ich mit all meinen Rollen ein Leben führen kann, welches voller Selbstvertrauen, Mut und Energie ist. Ich war es leid, nur darauf zu warten, dass sich der Kindsvater, die Politik, die Gesellschaft oder das Rechtssystem langsam ändern. Stattdessen wollte ich lieber selbst aktiv handeln und etwas tun.

Was heißt das jetzt für dich konkret?

Du kannst dich entscheiden! Es ist deine Entscheidung, ob du die Umstände oder die anderen Menschen für dein psychisches Wohlbefinden verantwortlich machen möchtest. Wenn du dir bewusst wirst, wie du in einer Situation mit dir selbst redest, bist du ab sofort kein Opfer mehr. Du übernimmst wieder die Verantwortung für dich – und zwar zu 100 Prozent!
Auch als Alleinerziehende mit vielen Belastungen entscheidest du, ob es so bleibt, wie es ist, oder ob du beginnst, etwas zu verändern. Kein anderer Mensch kann dir das abnehmen!

Wichtig: **Für unsere Selbstgespräche, unabhängig davon, ob diese gut oder destruktiv sind, ist nie eine andere Person oder eine Situation verantwortlich, sondern nur unsere eigenen Bewertungen und Überzeugungen, die wir teils unbewusst gefällt haben.**

Nun bist du womöglich erschlagen von so vielen Aussagen. Möglicherweise wirst du dich an dieser Stelle des Buches eher schlechter fühlen als zuvor, da dir mehr bewusst geworden ist. Vielleicht fühlst du dich überwältigt oder sogar ein wenig ernüchtert aufgrund deiner neuen Erkenntnisse. Doch damit wir die destruktiven Selbstgespräche ändern können, müssen wir wissen, wie wir sie erkennen und welche wir führen. Wenn du allerdings auf dieser Stufe des Erkennens bleiben würdest, würde sich nichts verändern. Das heißt, du musst auch verstehen lernen, *wie* du diese Selbstgespräche ändern kannst. Denn das geht!

An unseren destruktiven Selbstgesprächen sind meist die strenge Richterin, die bedürftige Kleine, die Kämpferin, die Flüchtende und die Dienerin beteiligt. Und diese Rollen wollen auch sehr hartnäckig an ihren energieraubenden Aussagen festhalten. Die gute Nachricht ist: Mithilfe kluger Fragen kannst du neue hilfreiche Selbstgespräche der gesunden Großen entwickeln. Die folgenden Fallbeispiele werden dir zeigen, wie, und dir die Anwendung bei dir selbst erleichtern.

HINTERFRAGE DEINE DESTRUKTIVEN SELBSTGESPRÄCHE

Bevor wir nach guten, hilfreichen Selbstgesprächen aus Sicht deiner gesunden Großen suchen, ist es wichtig, dass du dein bisheriges Selbstgespräch hinterfragst.

Wenn ich dir jetzt sage: »Liebe Leserin, lieber Leser, natürlich darfst du um Hilfe bitten!«, ist in dir aber der Satz: »Um Hilfe bitten bedeutet schwach sein« abgespeichert, dann wird sich wenig oder gar nichts verändern. Doch es gibt Fragen, mit denen du dieses Selbstgespräch überprüfen kannst – und das werde ich dir wieder anhand von Fallbeispielen aufzeigen.

Fallbeispiel 1: Susann – die Kämpferin

Susann ist der Überzeugung, dass es eine Schwäche ist, um Hilfe zu bitten. Sie glaubt, dass sie immer stark sein muss.

Frage 1: Gibt es dafür einen Beweis? Entspricht deine Überzeugung einer Tatsache oder ist es eine Meinung, die du von deinen Eltern oder anderen übernommen hast?

In Susanns Fall entspricht diese Überzeugung einer Tatsache, da sie die Erfahrung gemacht hat, dass sie belächelt wurde, als sie um Hilfe gebeten hat.

Frage 2: Gibt es einen Gegenbeweis?
Susann: Ja, bei meinem Umzug haben mir, ohne zu zögern, vier Freunde gern geholfen und das war toll.

Frage 3: Was ist der Vorteil, wenn du weiterhin denkst, dass es eine Schwäche ist, um Hilfe zu bitten?
Susann: Na ja, ich bin niemandem etwas schuldig. Und ich bleibe selbstständig. Es kann mir niemand vorwerfen, dass ich es alleinerziehend nicht geschafft habe. Sonst würde ich ja die allgemeingültige Annahme bestätigen, dass Alleinerziehende es nicht schaffen. Nein, ich bin durch und durch eine fähige Mutter und es kann mir keiner etwas vorwerfen. Ich kann guten Gewissens weiterhin in den Spiegel sehen – so habe ich das zumindest bislang gesehen.

Frage 4: Was könnte im schlimmsten Fall passieren? Wie wahrscheinlich ist das? Was würdest du in fünf Jahren darüber denken?
Susann: Schlimm wäre, dass ich dem Klischee der gestressten und überforderten armen Alleinerziehenden entspreche, die es einfach nicht schafft, gut für ihr Kind zu sorgen. Das allerschlimmste, was passieren könnte, wäre, dass mein Kind in eine Pflegefamilie muss. Die Wahrscheinlichkeit ist aber eher sehr gering, denn es wird ja niemandem das Kind weggenommen, nur weil er oder sie um Hilfe bittet. In fünf Jahren sehe ich das sicherlich entspannter und betrachte es als Stärke statt als Schwäche, um Hilfe zu bitten.

Frage 5: Was ist der Nachteil, wenn du weiterhin denkst, dass es eine Schwäche ist, um Hilfe zu bitten?
Susann: Allein und ohne Unterstützung bin ich inzwischen absolut am Limit. Mir wurde schon von einer Freundin geraten, dass ich mir Hilfe holen soll, weil ich so erschöpft bin. Nie habe ich frei. Ich bin 24 Stunden am Tag für meine Kleine da, an 365 Tagen im Jahr. Wenn ich an meiner alten Überzeugung festhalte, werde ich wohl irgendwann krank und das würde alles noch schlimmer machen anstatt es zu lösen.

Frage 6: Hilft dir das destruktive Selbstgespräch: »Um Hilfe bitten ist eine Schwäche«, dich so zu fühlen, wie du dich fühlen möchtest?
Susann: Natürlich hilft es mir gar nicht, wenn ich mir einrede, dass nach Hilfe fragen eine Schwäche ist, die ich unbedingt vermeiden

sollte … Ehrlich gesagt, fühle ich mich mit diesem destruktiven Satz und Selbstgespräch noch mehr gestresst und erschöpft.

Frage 7: Was könnte ein sinnvolleres, positives Selbstgespräch sein? Was wäre die Aussage der gesunden Großen?
Susann: Ich erlaube es anderen, mich zu unterstützen.
Mit diesem Satz kann Susann ihre destruktiven Selbstgespräche wandeln. Dieser Schritt ist immens wichtig. Denn wenn wir noch immer mehr Vorteile in unserem kräftezehrenden Selbstgespräch sehen als Nachteile, wird sich nichts ändern.
Susanns alte Überzeugung: »Um Hilfe bitten ist eine Schwäche« ist eine typische Aussage der strengen Richterin. Dadurch bekommt die bedürftige Kleine Angst. Um sie zu schützen, springt die Kämpferin ein und treibt Susann dazu an, jeden Tag alleine zu »kämpfen« und unbedingt alles selbst zu schaffen.

Susann im Gespräch mit ihrer Helferrolle, der Kämpferin

In einem Rollenspiel bat ich Susann, die Position der Kämpferin einzunehmen und mir aus dieser Rolle heraus erneut die folgenden Fragen zu beantworten.

1. Liebe Kämpferin, welche Vorteile hat es, wenn Susann nicht um Hilfe bittet?
Kämpferin: Ich beschütze die bedürftige Kleine, sie hat Angst, ausgegrenzt zu werden und blöd dazustehen. Die strenge Richterin redet ja permanent auf sie ein. Aber ich passe auf sie auf und beschütze sie.

2. Liebe Kämpferin, ich verstehe, dass du es wirklich gut mit der bedürftigen Kleinen meinst und sie schützen möchtest. Doch mit deiner Helferrolle ist Susann an ihre Grenzen gekommen und immer mehr erschöpft. Was müsste passieren, damit du dich zurücknimmst und wir neue Lösungen finden und die gesunde Große in Susanns Leben die Führung übernimmt?
Kämpferin: Ich müsste mir sicher sein, dass wirklich nichts Schlimmes passiert, sobald Susann um Hilfe bittet. Ich bräuchte positive Beispiele und Beweise aus Susanns Alltag und von der gesunden Großen.

Erstmals empfand Susann ein wenig Mitgefühl für sich selbst und auch ihre Kämpferin, die sie nur unterstützen wollte. Im nächsten Schritt war sie nun bereit, gute Selbstgespräche aus der Rolle der gesunden Großen zu entwickeln. Erst wenn du die Funktion und Aufgabe deiner Helferrolle verstanden hast, kannst du neue Selbstgespräche mit deiner gesunden Großen entwickeln und später auch umsetzen. Wenn das Verständnis nicht vorhanden ist, wirst du von deiner Kämpferin, deiner Flüchtenden oder deiner Dienerin immer wieder daran gehindert werden und zwischen den Rollen hin und her springen.

Fallbeispiel 2: Xenia – die Flüchtende

Xenia ist felsenfest überzeugt, »das alles« ist auf keinen Fall zu schaffen und zu bewältigen.

Frage 1: Gibt es dafür einen Beweis? Oder entspringt deine Überzeugung einer Tatsache oder Meinung, die du von deinen Eltern oder anderen übernommen hast?

Xenia: Es fühlt sich an wie eine Tatsache, die real ist, doch wahrscheinlich ist es eher ein Irrglaube. Meine Mutter hat mir früher immer viel abgenommen und mir gesagt: »Lass mich mal machen, das schaffst du nicht, Xenia!« Ich glaube, sie hat es nicht böse gemeint, doch so konnte ich wenig Vertrauen in meine eigenen Fähigkeiten entwickeln. Unter den aktuellen Belastungen habe ich jetzt tatsächlich das Gefühl, es nicht mehr zu schaffen, und dass meine Mutter recht hatte …

Frage 2: Gibt es einen Gegenbeweis?

Xenia: Ja, natürlich habe ich bereits Dinge geschafft. Zum Beispiel meine Ausbildung zu machen und über die Trennung von meiner großen Liebe hinwegzukommen. Aber das bedeutet doch nichts, oder?

Frage 3: Was ist der Vorteil, wenn du weiterhin denkst, dass du »alles« nicht schaffst?

Xenia: Du meinst, was der Vorteil ist, an der Überzeugung festzuhalten, dass ich es nicht schaffe? Schwierige Frage. Habe ich noch nie drüber nachgedacht. Es war halt immer so. Irgendwie schütze ich mich wohl damit. So bleibt alles, wie es ist, und vielleicht kümmert sich dann mal jemand um mich. Obwohl da aktuell ja niemand ist, der meine Angelegenheiten regeln würde.

Frage 4: Wenn es so wäre, wie du denkst, was wäre so schlimm daran? Was würde im schlimmsten Fall passieren? Wie wahrscheinlich ist das? Was würdest du in fünf Jahren darüber denken?
Xenia: Im schlimmsten Fall ziehen meine Zwillinge zu meinem Ex-Mann und ich verliere den Kontakt. Das wäre für mich schrecklich. Ich denke, dieses Szenario ist auch gar nicht so unwahrscheinlich, wenn ich weiterhin einfach nur untätig darauf warte, dass eine andere Person mir mein Leben regelt. In fünf Jahren hoffe ich, dass meine Kinder immer noch bei mir sind. Doch ich müsste wirklich beginnen, jetzt etwas zu verändern, denke ich.

Frage 5: Was ist der Nachteil, wenn du weiterhin denkst, dass du »alles« nicht schaffst?
Xenia: Ich habe das Gefühl, dass ich nie wirklich selbstbewusst war und auch nicht an mich glaube. Wenn es so weitergeht, verliere ich noch mehr den Glauben an mich. Ich gebe immer noch die Macht über mein Leben ab und in die Hände anderer. Auch wenn ich und mein Ex jetzt getrennt sind, mache ich ihn für alles Mögliche verantwortlich. Ständig haben wir Stress und Ärger, und das kostet mich noch mehr Kraft. Oft erledige ich auch wichtige Dinge nicht, da ich der Meinung bin, es sowieso nicht zu können. Das hat mich schon einige Mahngebühren gekostet. Deshalb habe ich jetzt Schulden.

Frage 6: Hilft dir das destruktive Selbstgespräch nach dem Motto: »Ich schaffe es nicht«, dich so zu fühlen, wie du dich fühlen möchtest?
Xenia: Niemals. Es macht alles nur noch schlimmer. Ich habe Frust, Angst und bin verzweifelt.

Frage 7: Was könnte ein sinnvolleres Selbstgespräch sein? Was wäre die Aussage der gesunden Großen?
Xenia: Ich glaube an mich und schaffe es.

Der Satz: »Ich schaffe es nicht« ist eine typische Aussage der bedürftigen Kleinen. Um die Kleine zu schützen, springt die Flüchtende ein und sorgt dafür, dass Xenia sich zurückzieht und gar keine Verantwortung für sich und anstehende Aufgaben übernimmt.

Xenia im Gespräch mit ihrer Helferrolle, der Flüchtenden

In einem Rollenspiel bat ich Xenia, die Position der Flüchtenden einzunehmen und mir aus dieser Rolle heraus erneut die folgenden Fragen zu beantworten.

1. Liebe Flüchtende, was ist der Vorteil, dass du dafür sorgst, dass Xenia keine Aufgaben übernimmt?

Flüchtende: Ich beschütze die Kleine, die Angst hat, es nicht zu schaffen. Von klein auf habe ich die bedürftige Kleine beschützt. Sie hat zu oft gehört, dass sie etwas nicht gut macht und nicht fähig sei. Und dann kam ich. Ich bin wie ein Mantel für sie. Da kommen keine Gefühle mehr rein oder raus. Wenn sie dann zum Beispiel die Post nicht öffnet, geht es ihr besser, weil sie nicht konfrontiert wird. Dafür sorge ich.

2. Liebe Flüchtende, ich verstehe, dass du es wirklich gut mit der bedürftigen Kleinen meinst und sie schützen möchtest. Doch mit deiner Helferrolle ist Xenia allein nicht wirklich lebensfähig, macht Schulden und es gibt Streit mit anderen. Was müsste passieren, damit du dich zurücknimmst und die gesunde Große in Xenias Leben die Führung übernimmt?

Flüchtende: Ich müsste positive Erfahrungen aus Xenias Alltag erleben, und Beweise bekommen, dass wirklich nichts Schlimmes passiert, wenn Xenia aktiv die Dinge selbst angeht und in die Hand nimmt. Die bedürftige Kleine ist damit nämlich total überfordert.

Zum ersten Mal verstand Xenia die Funktion ihrer Rollen und wurde nachdenklich. Das war der erste Schritt, um sinnvollere Selbstgespräche mit der gesunden Großen zu entwickeln.

Fallbeispiel 3: Tatjana – die Dienerin

Tatjana hat die Überzeugung: »Ich muss mich anpassen, um akzeptiert zu werden.«

Frage 1: Entspricht deine Überzeugung: »Ich muss mich anpassen, um akzeptiert zu werden« einer Tatsache oder ist es eine Meinung, die dir von deinen Eltern oder anderen übermittelt wurde? Gibt es einen Beweis?
Tatjana: Ich glaube, es ist eher eine Meinung. In meiner Familie haben sich alle Frauen eher angepasst. Und in der jetzigen Lage muss ich das doch auch. Ich will nicht noch mehr Konflikte, verlassen wurde ich ja schon. Das reicht.

Frage 2: Gibt es einen Gegenbeweis?
Tatjana: Früher, vor der Geburt der Kinder, und auch bei meinem damaligen Partner, habe ich immer gesagt, was ich wollte. Er blieb auch bei mir, obwohl ich zu meiner Meinung stand. Doch das gab es in den letzten Jahren nicht mehr.

Frage 3: Was ist der Vorteil, wenn du weiterhin denkst, du musst dich anpassen, um dazuzugehören?
Tatjana: Ich habe meine Ruhe und bin keinen Konflikten ausgesetzt. Es ist manchmal einfacher, mit dem Strom zu schwimmen, und besser, als noch mal verlassen zu werden. Wenn ich zu allem »Ja« sage, dann ist die Gefahr, wieder allein gelassen zu werden, geringer.

Frage 4: Wenn es so wäre, wie du denkst, was wäre so schlimm daran? Was würde im schlimmsten Fall passieren? Wie wahrscheinlich ist das? Was würdest du in fünf Jahren darüber denken?
Tatjana: Das Schlimmste wäre, komplett allein dazustehen und ins Bodenlose zu fallen. Die Wahrscheinlichkeit besteht immer. In fünf Jahren würde ich wohl denken, dass es gar nicht so schlimm war und ich auch das überlebt habe.

Frage 5: Was ist der Vorteil, wenn du weiterhin denkst, du musst dich anpassen, um dazuzugehören?
Tatjana: Ich bin wie ein Fähnchen im Wind und vertrete meine Meinung nicht. Viele Leute wollen immer etwas von mir und ich mache

es, obwohl ich bereits so am Limit bin. Mich selbst stelle ich total in den Hintergrund. Meine Kinder wachsen doch jetzt schon mit getrennt lebenden Eltern auf, das reicht an Belastung. Deshalb nehme ich mich selbst da einfach lieber nicht so wichtig.

Frage 6: Hilft dir das Selbstgespräch: »Ich muss mich anpassen, um akzeptiert zu werden«, dich so zu fühlen, wie du dich fühlen möchtest?
Tatjana: Nein, natürlich nicht. Ich fühle mich mit diesem Selbstgespräch gestresst und erschöpft.

Frage 7: Was könnte ein sinnvolleres Selbstgespräch sein? Was wäre die Aussage der gesunden Großen?
Tatjana: Ich stehe zu meinen Bedürfnissen und Wünschen.

Nach diesen Fragen war auch Tatjana nachdenklich und merkte, dass es an der Zeit war, ihre destruktiven Selbstgespräche zu verändern. Dieser Schritt ist immens wichtig. Auch für dich! Wenn du nämlich mehr Vorteile als Nachteile in dem kräftezehrenden Selbstgespräch siehst, wird sich nichts ändern.
Um diesen Prozess zu verstärken, schauten wir uns noch Tatjanas Rollen aus ihrem inneren Drehbuch an.
Der Satz: »Ich muss mich anpassen, um akzeptiert zu werden« ist eine typische Aussage der Dienerin. Damit möchte die Dienerin die bedürftige Kleine schützen, die sich aller Wahrscheinlichkeit nach verlassen und einsam fühlt und von der strengen Richterin den Satz hört: »Du bist es nicht wert, dass jemand bei dir bleibt.«

Tatjana im Gespräch mit ihrer Helferrolle, der Dienerin

In einem Rollenspiel bat ich Tatjana, die Position der Dienerin einzunehmen und mir aus dieser Rolle heraus erneut die folgenden Fragen zu beantworten.

1. Liebe Dienerin, was ist der Vorteil daran, wenn Tatjana überzeugt ist, sich anpassen zu müssen, um akzeptiert zu werden?
Dienerin: Ich muss die bedürftige Kleine beschützen, da die sich einsam und verlassen fühlt. Das darf ihr nicht wieder passieren, deshalb sorge ich dafür, dass Tatjana so viel für andere macht.

2. Liebe Dienerin, ich verstehe, dass du es wirklich gut mit der Kleinen meinst und sie schützen möchtest. Doch mit deiner Helferrolle ist Tatjana jetzt an ihre Grenze gekommen und immer mehr erschöpft. Was müsste passieren, damit du dich zurücknimmst und wir neue Lösungen finden?

Dienerin: Ich müsste Tatjanas gesunde Große und ihre guten Selbstgespräche kennenlernen und wissen, dass sie es echt ernst meint. Also, dass sie die bedürftige Kleine beschützt und wirklich nichts Schlimmes passiert, auch dann, wenn Tatjana »Nein« sagt und ihre Wünsche und ihre Meinung vertritt. Ich bräuchte eine Menge Beweise von der gesunden Großen aus Tatjanas Alltag.

Erstmals empfand auch Tatjana ein wenig Mitgefühl für sich selbst und ihre Dienerin, die sie nur unterstützen wollte. Im nächsten Schritt war sie nun bereit, gute Selbstgespräche aus der Rolle der gesunden Großen zu entwickeln.

EIN ZWISCHENFAZIT

Ziel bis hierher war es, deine destruktiven Selbstgespräche zu identifizieren. Einerseits hast du verschiedene, typische energieraubende Denkfehler gesehen. Andererseits hast du fünf wichtige psychische Grundbedürfnisse kennengelernt. Um diese Bedürfnisse zu befriedigen, nutzen wir jedoch häufig Aussagen, die wiederum sehr viel Kraft kosten. Verantwortlich dafür sind überwiegend unsere Helferrollen, die uns auf irgendeine Art und Weise beschützen wollen und der gesunden Großen in dir noch nicht trauen. Ohne Praxisbezug zu dir selbst nutzt alle Theorie jedoch wenig. Weshalb ich dich jetzt einladen möchte, diesen Prozess nun einmal selbst schriftlich zu durchlaufen.

HINTERFRAGE EINES DEINER DESTRUKTIVEN SELBSTGESPRÄCHE

1. Schritt:

Bitte suche dir aus dem vorherigen Kapitel eine destruktive Aussage oder Überzeugung heraus, die du gerne hinterfragen möchtest.

Meine Aussage bzw. Überzeugung ist _____.

Dahinter steckt folgendes Grundbedürfnis: _____.

2. Schritt:

Überprüfe nun deine Aussage bzw. Überzeugung mithilfe der folgenden Fragen, so wie es in den drei Fallbeispielen mit Susann, Xenia und Tatjana geschehen ist.

1. Entspricht deine Überzeugung »_____« einer Tatsache oder ist es eine Meinung, die dir von deinen Eltern oder anderen übermittelt wurde? Gibt es einen Beweis?

Du: _____

2. Gibt es einen Gegenbeweis?

Du: _____

3. Was ist der Vorteil, wenn du weiterhin denkst, du musst _____?

Du: _____

4. Wenn es so wäre, wie du denkst, was wäre so schlimm daran? Was würde im schlimmsten Fall passieren? Wie wahrscheinlich ist das? Was würdest du in fünf Jahren darüber denken?

Du: _____

5. Was ist der Vorteil, wenn du weiterhin denkst, du musst _____?

Du: _____

6. Hilft dir das Selbstgespräch oder die Überzeugung: _____, dich so zu fühlen, wie du dich fühlen möchtest?

Du: _____

7. Was könnte ein sinnvolleres Selbstgespräch sein? Was wäre die
Aussage der gesunden Großen?

Du: _____

3. Schritt:

Um diesen Prozess zu verstärken, schauen wir uns noch deine
Helferrollen aus deinem inneren Drehbuch an. Die Aussage bzw.
Überzeugung: »_____« *ist eine typische*
Aussage der _____.

DU IM GESPRÄCH MIT DEINER HELFERROLLE

Bitte blicke aus den Augen deiner eben identifizierten Helfer-
rolle auf deine Situation und beantworte die folgenden Fragen:

1. Liebe Helferrolle, was ist der Vorteil daran, wenn (dein Name)
überzeugt ist, dass _____?

Helferrolle: _____

2. Liebe Helferrolle, ich verstehe, dass du es wirklich gut mit der
Kleinen (dein Name) meinst und sie schützen möchtest. Doch mit
deiner Helferrolle ist (dein Name) jetzt an ihre Grenze gekom-
men und immer mehr erschöpft. Was müsste passieren, damit du
dich zurücknimmst und die gesunde Große die Führung über-
nimmt?

Ich: _____

Herzlichen Glückwunsch: Jetzt bist du bereit, gute Selbstgesprä-
che aus der Rolle der gesunden Großen zu entwickeln.

Auch diese Übung findest du hier zum Download:
www.starkundalleinerziehend.de/buchdownload/

Diese Selbstgespräche stärken dich – garantiert!

Wie schon in den drei Beispielen mit Susann, Xenia und Tatjana deutlich wurde, geht es zunächst darum, eine sinnvolle, realistische Alternative zu finden. Also das, was die gesunde Große sagen würde. Und dann ist es wichtig, sich innerlich das »Okay« der entsprechenden Helferrolle einzuholen, sodass sie der gesunden Großen vertrauen und ihr das Feld überlassen. Die alles entscheidende Frage ist:

Was macht die gesunde Große anders als die anderen Rollen?

Es ist absolut notwendig, deinen destruktiven Selbstgesprächen hilfreiche, realistische Selbstgespräche aus der Rolle der gesunden Großen gegenüberzustellen. Die Rollen der strengen Richterin, der Kämpferin, der Flüchtenden und der Dienerin bilden sich im Laufe des Lebens aus und sind alte Denkmuster, die automatisch ablaufen. Um neue, hilfreiche Denkmuster beziehungsweise Selbstgespräche zu entwickeln, ist es wichtig, dass wir unsere gesunde Große überhaupt erst mal kennenlernen. Viele Menschen, mit denen ich arbeite, leben so sehr in der Rolle der Kämpferin, der Flüchtenden, der Dienerin, der strengen Richterin oder der Kleinen, dass sie nur noch erahnen können, wie die Rolle der gesunden Großen überhaupt aussieht. Entweder weil sie es kaum gelernt haben oder weil sie im Zuge von Lebensereignissen, wie zum Beispiel einer Trennung mit Kindern, diese Rolle aus den Augen verloren haben. Aber sie ist da. In jedem von uns. Auch in dir!

Vielleicht kennst du das? Eigentlich weißt du, was »vernünftig« wäre, aber da gibt es noch eine Kraft in dir (eine der anderen Rollen), die dich etwas ganz anderes tun lässt. Wie oft habe ich geschimpft, Vorwürfe gemacht und Forderungen gestellt, obwohl ich tief in mir wusste, dass das großer Mist ist. Ich kam einfach nicht aus meiner Haut. Und die Aussagen aus dem Umfeld, wie wir uns »ordentlich« zu verhalten hätten, führen oft noch mehr ins Gegenteil.

Ablassen von Anspannung und Stress durch Jammern, Schreien oder sogar Suchtmittel oder dauerhaftes Ja-Sagen bringt nur kurzfristige Erleichterung. Langfristig führen diese Strategien der Rollen in die Isolation.

Um auch als alleinerziehende Mutter und Frau trotz der Umstände weniger Stress und mehr Gelassenheit zu erleben, ist es deshalb umso wichtiger, deine gesunde Große die Regie übernehmen zu lassen.

DIE FÄHIGKEITEN DER GESUNDEN GROSSEN

1. Innere Distanz bewahren

Die gesunde Große schafft es, ihr Leben und die aktuellen Ereignisse wie auf einer Kinoleinwand zu betrachten. Das folgende Selbstgespräch führt die gesunde Große zum Beispiel folgendermaßen:

Auch wenn mein Ex-Mann mit der Neuen und unseren Kindern das Wochenende verbringt, lasse ich es mir gut gehen. Da ist sicher auch nicht alles rosig. Selbst wenn die politischen und sozialen Bedingungen für Alleinerziehende nicht optimal sind, davon lasse ich mich nicht beeinflussen und glaube an meine Fähigkeiten und Stärken, dennoch ein gutes Leben führen zu können. Das ist zwar aktuell eine meiner größten Herausforderungen in meinem Leben, aber ich vertraue darauf, es zu schaffen. Und wenn ich einmal nicht mehr weiterweiß, dann lasse ich mich von Freunden oder Fachleuten unterstützen. Ich kann mich auf mich verlassen.

2. Ent-Katastrophisieren

Überlege dir, was schlimmstenfalls passieren könnte. Richte deinen Fokus darauf, welche positiven Folgen es haben könnte, dass es so ist, wie es gerade ist. Das positive Selbstgespräch führt deine gesunde Große so:

Nur, weil mein Kind nicht mit beiden Eltern zusammen aufwächst, heißt es noch lange nicht, dass nichts aus ihm wird. Aus meinen bisherigen Beziehungserfahrungen habe ich einiges gelernt und kann es nutzen, um nicht die gleichen Fehler bei meinem neuen Partner zu erleben. Ich kann nur dazugewinnen. Aber das Risiko wird immer bestehen und deswegen für immer auf eine Partnerschaft zu verzichten, sehe ich nicht ein. Ich möchte wieder lieben. Nur weil ich jetzt gerade keinen passenden Job habe, heißt das nicht, dass es die nächsten 20, 30 Jahre so bleiben wird. Schlimmstenfalls brauche ich zeitweise finanzielle Unterstützung. Natürlich habe ich mir ursprünglich vorgestellt, mit meinem Kind und dem Kindsvater/der Kindsmutter zusammenzuleben. Aber es gibt noch andere Lebensmodelle, die auch schön sind.

3. Wahrnehmen, was funktioniert

Richte deinen Blick auf deine Stärken, deine Unterstützung und vertraue deinen Fähigkeiten.
Das positive Selbstgespräch deiner gesunden Großen klingt wie folgt:

Ich habe schon andere schwierige Zeiten in meinem Leben gemeistert und werde es auch jetzt. Ich erinnere mich an meine Fähigkeiten und kann sie jetzt nutzen. Mein Beziehungsstatus sagt nichts über meinen Wert als Mensch aus. Ich darf mir Unterstützung holen.

4. Hinnehmen, dass »es ist, wie es ist«

Die Bereitschaft, die Realität anzunehmen und zu akzeptieren, wie sie ist, ist eines der stärksten hilfreichen Selbstgespräche. Indem du den Kampf aufgibst, fällt eine Riesenlast von deinen Schultern. Es wird immer Dinge geben, die dich belasten werden. Bleib entspannt und akzeptiere Tatsachen, die du nicht ändern kannst.
Die positiven Selbstgespräche der gesunden Großen laufen dann so:

Ich bin zur Zeit alleinerziehend und aktuell erschöpft. Das ist die Realität, die ich akzeptiere. Mein »Ja« zu dem, was gerade ist, bedeutet aber nicht, dass ich alles über mich ergehen lasse und es gut heiße. Statt meine Energie auf das zu richten, was ich nicht ändern kann, widme ich mich lieber dem, was ich jetzt wirklich brauche und will, damit es mir gut geht. Das habe ich verdient, um gesund für mein Kind da zu sein.

Du wirst immer mal wieder Emotionen oder Reaktionen an dir selbst bemerken, die du nicht haben möchtest (zum Beispiel Wut, Angst …). Sag auch »Ja« dazu! Seit mehreren Jahren klebt an meinem Flurspiegel eine Karte mit dem Satz:

Es ist, wie es ist.

Wenn sich ein Elternteil nicht an Vereinbarungen hält, kennt die gesunde Große drei Wege:
1. Sie ändert die Situation. 2. Falls sie die Situation nicht ändern kann, ändert sie ihre Erwartungshaltung. Oder 3.: Sie akzeptiert den Ist-Zustand und hört aktiv auf, sich weiterhin aufzuregen, zu ärgern oder zu beklagen.
Jeder von uns weiß, dass Kinder zu haben bedeutet, die eigenen Bedürfnisse hintanzustellen. Das ist bis zu einem gewissen Punkt wichtig und richtig. Doch gerade als Alleinerziehende/r ist es unsere Pflicht, dafür zu sorgen, unsere eigenen Bedürfnisse wirklich ernstzunehmen und sie regelmäßig zu erfüllen. Wie genau du das umsetzen kannst, das erfährst du im Kapitel 5.

GUTE UND HILFREICHE SELBSTGESPRÄCHE DEINER GESUNDEN GROSSEN

Alles, was du denkst und wie du mit dir sprichst, wird Realität. Wenn du wieder Energie, Selbstvertrauen und Mut für dein weiteres Leben möchtest, geh dazu über, gute, hilfreiche Selbstgespräche mit dir zu führen. Das ist die Basis. Deshalb möchte ich dich einladen, nun deine persönlichen hilfreichen Sätze zu finden, die zu deinen neuen Selbstgesprächen führen werden. Achte darauf, dass sie positiv, persönlich (in »Ich«-Form), kurz und prägnant sowie in der Gegenwart formuliert sind. So kannst du destruktive Sätze ins Konstruktive umwandeln:

Bedürfnis 1: Den Selbstwert schützen

Destruktiv war die Aussage: »Ich darf jetzt, da ich alleinerziehend bin, keine Fehler machen!«
Die gesunde Große hingegen strebt nach Erfüllung und Schutz ihres Selbstwertgefühls durch folgende neue Selbstgespräche:

Mein Wert als Mensch ist unabhängig von meinem Beziehungsstatus.
Fehler sind neue Erfahrungen, aus denen ich viel lernen kann.
Ich darf Fehler machen und bin ein wertvoller Mensch.
Ich darf Dinge ausprobieren, ohne sie perfekt beherrschen zu müssen.
Ich lerne mit jeder Erfahrung und es ist völlig in Ordnung, Umwege zu gehen.
Was ich tue oder nicht tue, kann meinen inneren Wert nicht verändern.

Bedürfnis 2: Autonomie und Unabhängigkeit

Destruktiv war die Aussage: »Ich muss jetzt immer stark sein.«
Die gesunde Große hingegen strebt nach Erfüllung und Schutz ihrer Autonomie durch folgende neue Selbstgespräche:

Stark sein bedeutet, um Hilfe bitten zu können.
Ich darf und kann anderen meine Gefühle zeigen.
Ich darf um Hilfe bitten. Das ist mein Recht.
Ich erlaube es anderen, mich zu unterstützen.
Ich darf Aufgaben delegieren.

Bedürfnis 3: Kontrolle und Sicherheit

Destruktiv war die Aussage: »Ich bin allein verantwortlich und muss auf alles aufpassen.«
Die gesunde Große hingegen strebt nach Erfüllung und Schutz ihrer Kontrolle und Sicherheit durch folgende neue Selbstgespräche:

Ich habe Verantwortung für mich selbst und den mütterlichen Anteil der Verantwortung für meine Kinder.
Ich vertraue wieder anderen Menschen.
Unsicherheit ist ein Bestandteil des Lebens.

Den Ort der größten Sicherheit finde ich in mir.
Ich bin bereit, anzunehmen, was ich nicht ändern kann.
Ich lasse los und halte die Unsicherheit aus. Ich werde es überleben.
Ich bin die beste Mutter/der beste Vater für meine Kinder.

Bedürfnis 4: Lustgewinn und Unlustvermeidung

Destruktiv war die Aussage: »Ich schaffe es nicht. Mir ist alles zu viel.«
Die gesunde Große hingegen strebt nach Befriedigung und Schutz eines lustvollen Lebens durch folgende Selbstgespräche:

Ich glaube an mich und schaffe es.
Ich werde diese Zeit meistern.
Ich kann mir vertrauen und bin bereit, dazuzulernen.
Ich bin verantwortlich für mein Leben und kann Dinge ändern.

Bedürfnis 5: Bindung und Nähe

Destruktiv war die Aussage: »Ich muss mich anpassen.«
Die gesunde Große hingegen strebt nach Erfüllung und Schutz ihrer Bindungen durch folgende Selbstgespräche:

Nicht alle Menschen müssen mich mögen.
Enttäuschungen passieren mir und anderen.
Ein »Ja« zu anderen ist oft ein »Nein« zu mir.
Ich darf ohne eine Rechtfertigung »Nein« sagen.
Ich behandle mich selbst wie meine beste Freundin oder wie mein Kind.
Ich darf meine Meinung vertreten.
Ich wünsche mir körperliche Nähe.
Ich stehe zu meinen Bedürfnissen und Wünschen.
Wenn kein anderer Mensch da ist, umarme ich mich selbst.

Es gibt einen weiteren Trick, wie du die gesunde Große in dir erstens erkennen und zweitens fördern kannst. Das Schöne daran ist, dass dieser automatisch dein Selbstvertrauen stärken wird. Wie das funktioniert, erfährst du jetzt.

DIE GESUNDE GROSSE STELLT
DIE »RICHTIGEN« FRAGEN

Vielleicht ahnst du es schon: Die gesunde Große stellt andere Fragen als alle deine anderen inneren Rollen. Bitte lass die folgenden Fragen einmal auf dich wirken:
Warum kann ich nicht mit allem abschließen und einfach weiterleben?
Warum gibt es so wenig Hilfe?
Warum hat er mich verlassen?
Warum zahlt er nicht?
Warum hält er sich nicht an unsere Vereinbarungen?
Warum interessiert sich der Vater nicht für sein Kind?
Warum ist alles so ungerecht?
Warum finde ich keinen neuen Partner?
Warum hat er/sie es so viel besser als ich?
Warum musste das mir passieren?

> Welche sind deine drei häufigsten Warum-Fragen?
>
> 1. _____
>
> 2. _____
>
> 3. _____

Wie geht es dir, nachdem du diese Fragen gelesen hast? Hast du dich energiegeladen, selbstbewusst und mutig gefühlt? Oder eher hilflos und ohnmächtig und klein?

Diese Fragen nach dem »Warum« oder dem »Wieso etwas so ist« schwächen die gesunde Große in dir. Es sind die Fragen der bedürftigen Kleinen und deiner Helferrollen. Und das ist es, was wir gerade *nicht* bewirken wollen. Aber es gibt auch Fragen, die deine gesunde Erwachsene stärken können, die attraktiv sind und dich unbewusst anregen, neue Lösungen zu finden.
Achte ab jetzt darauf, welche Fragen du dir stellst. Es gibt Fragen, die automatisch zur Stärkung deiner Selbstachtung und deines Selbstvertrauens führen. Stelle dir nur noch Fragen, die mit *Wie* und *Was*

beginnen. Sie dürfen ab sofort in dein tägliches Repertoire gehören!
Ein Beispiel dazu:

Die richtigen Fragen am Fallbeispiel Ava

Ava ist 33 Jahre alt und mit ihrer Tochter, sieben Jahre, und ihrem Sohn, vier Jahre, seit eineinhalb Jahren alleinerziehend. Der Vater muss viel reisen und sieht seine Kinder zwei Tage im Monat. Die beiden haben sich auseinandergelebt und finden trotz einer Paartherapie nicht mehr zueinander. Ava ist mit den Kindern zurzeit sehr erschöpft und stellt sich viel zu viele destruktive Warum-Fragen. In einem langen Gespräch mit mir und vielen Denkpausen und Tränen beantwortet Ava sehr mutig die Fragen, die ihre gesunde Große stärken werden.

Worauf bist du stolz, Ava? Erinnere dich an deine Stärken und Erfolge im Leben!
Ava: Das ist eine schwierige Frage. Ich habe das Gefühl, dass ich Vieles in den Sand gesetzt habe. Also ich bin stolz auf meine zwei Kinder und dass ich nach deren Geburt noch mein Studium abgeschlossen habe. Ich bin stolz darauf, dass ich einigermaßen den Alltag mit ihnen geregelt bekomme. Ich bin stolz darauf, dass ich mich getraut habe, mich trotz meiner Lage bei dieser einen Firma zu bewerben. Ich bin stolz auf mich, dass ich über meinen Schatten gesprungen bin und mir Hilfe geholt habe, als ich nicht mehr konnte. Ich habe mich über ein Jahr therapeutisch begleiten lassen. Das tat sehr gut.

Wie hast du das geschafft?
Ava: Ich habe es einfach gemacht und nicht so viel nachgedacht. Als ich so erschöpft war, war es mir dann auch irgendwann egal, was die anderen denken. Ich habe an meine Kinder und ihre Zukunft gedacht. Das gab mir Kraft.

Worauf kannst du dich verlassen? Was gibt dir Mut und Sicherheit?
Ava: Ich kann mich auf meine Freunde verlassen. Sie sind da und würden mich nie hängen lassen. Das weiß ich jetzt. Anfangs wollte ich sie nicht mit meinen Problemen behelligen. Doch in der Not sind sie immer für mich da. Es gab eine Zeit, da schliefen zwei verschiedene Freundinnen bei mir und den Kindern. Das gab mir Sicherheit. Mut machen

mir andere Alleinerziehende, die nach vorne schauen, und Frauen, die in Patchwork-Familien leben. Da sehe ich, dass das Leben irgendwie weitergeht. Es wird nicht immer so schlimm bleiben wie jetzt.

Welche deiner Stärken hast du in der letzten Zeit genutzt?

Ava: Ich kann lieben und die Liebe zu meinen Kindern trägt mich. Ich bin mutig, mich trotz allem zu bewerben. Ich nehme auch an, dass ich feinfühlig und entscheidungsfreudig bin, da ich mich in letzter Zeit von einigen Menschen verabschiedet habe, die mich nur runterziehen. Das möchte ich nicht mehr. Ich bin sehr verantwortungsbewusst, wobei ich mich zunehmend bemühe, ein Stück der Verantwortlichkeit beim Vater zu lassen, es sind auch seine Kinder. Ich kann und will seine Rolle nicht übernehmen. Auch wenn es bitter ist zu sehen, wie meine große Tochter darunter leidet. Das kann ich ihr leider nicht ersparen. Ich bin nicht er. Ich kann nur dafür sorgen, dass ich die Situation bewusst annehme und positiv nach vorne schaue. Ich bin ihr ja ein Vorbild.

Welche Krisen hast du schon in deinem Leben gemeistert?

Ava: Also ich muss sagen, dass diese Trennung und die Folgen für mich bislang die größte Krise in meinem Leben ist. Als meine Großmutter, die mich mit erzogen hat, vor drei Jahren starb, war das auch sehr schlimm. Mit 15 Jahren musste ich mit meinen Eltern in eine neue Stadt ziehen und verlor all meine Freunde. Damals hatte ich mich sehr abgekapselt. Geholfen hat es mir, in einen Handballverein zu gehen. Doch ich kann ja jetzt nicht in einen Handballverein eintreten. Wer ist denn dann für meine Kinder da am Abend? Aber ich bin damals wieder unter Leute gegangen, auch wenn ich alles ätzend fand. Ich habe mir ein neues Umfeld aufgebaut, was mich stärkt.

Überprüfe die Realität!

Du kannst hilfreiche Selbstgespräche daran erkennen, dass deine Gedanken echten, realen *Tatsachen* in der Wirklichkeit entsprechen. Du erkennst stressverstärkende Selbstgespräche immer daran, dass sie auf einer persönlichen Meinung beruhen.
Ava war zum Beispiel felsenfest davon überzeugt, ihr Ex-Mann wolle die Kinder absichtlich nicht sehen. Dieser Gedanke belastete sie sehr.

Ist es wirklich so?
Ava: Ich finde schon, sonst würde er es ändern und seine Reisen anders legen.

Beruht dein Gedanke auf einer Tatsache? Wo ist der Beweis?
Ava: Also für seine Freundin hat er Zeit, nur für seine Kinder nicht. Aber ich kann nicht beweisen, dass mein Gedanke, er macht es absichtlich, wahr ist.

Gibt es eine andere Erklärung für die Situation?
Ava: Er behauptet, sein Arbeitgeber sei so unflexibel und er könne deswegen seine Kinder nicht zuverlässiger nehmen. Vielleicht ist er es aber auch leid, dass wir immer wieder diskutieren, wenn wir Kontakt haben. Dennoch finde ich es nicht akzeptabel.

Wie beurteilen neutrale Personen die Situation?
Ava: Der Berater in der Erziehungsberatungsstelle sagte zu mir, dass ich mit Tatsachen kämpfe. Das wäre so, als ob ich gegen das Wetter kämpfen würde. Die Annahme, dass mein Ex unsere Kinder nicht wirklich sehen wolle, sei mehr meine persönliche Meinung. Mir fällt es nicht leicht, diesen Gedanken beziehungsweise dieses destruktive Selbstgespräch aufzugeben, doch ich weiß, dass es mich unglaublich viel Energie kostet. In dem Moment bin ich eindeutig in der Rolle der Kämpferin.

Gibt es Ausnahmen? Ist das immer so?
Ava: Ja, es gab eine Ausnahme. Über Silvester waren sie sieben Tage bei ihm. Das spricht schon dagegen, dass er sie nicht sehen will. Trotzdem könnte es doch mehr sein. Und er weiß eigentlich, wie sehr seine Tochter an ihm hängt.

Chancen und die Suche nach dem Sinn

Was ist das Gute daran, jetzt alleinerziehend zu sein?
Ava: Tja, ich weiß nicht. Vielleicht, dass ich merke, was ich doch alles schaffen kann? Ich übernehme mehr Verantwortung für mich. Vorher habe ich ihn doch oft gerne Dinge erledigen lassen. Dennoch hätte ich diese Lernerfahrung lieber anders gemacht.

Wozu ist es gut?

Ava: Vielleicht entdecke ich mich besser. Vor der Trennung bin ich oft mit dem Strom geschwommen und habe Vieles nicht hinterfragt. Jetzt bin ich mir viel bewusster geworden, was ich selbst will.

Wo liegen deine Chancen?

Ava: Innerlich zu wachsen und mir selbst zu vertrauen. Zu wissen, dass ich mich auf mich verlassen kann, auch wenn ich öfter an meine Grenzen komme. Zu sehen, dass ich diese Krise gemeistert habe und so auch zuverlässiger und sicherer meinen Beruf ausüben werde. Mehr auf mein Herz und meinen Bauch zu hören und darauf zu achten, was ich selbst möchte. Das habe ich vorher nicht wahrgenommen.

Was kannst du in dieser Situation lernen?

Ava: Ich glaube ehrlich gesagt, dass ich noch nie so viel in kurzer Zeit gelernt habe. Wenn ich nicht auf mich achte und meinen Stress reduziere, dann kann ich meinen Kindern nicht wirklich zuhören und auf sie eingehen. Das möchte ich natürlich nicht. Und doch passiert es immer mal wieder. Ich bin gnädiger mit mir geworden und verlange keine 100 Prozent Vollgas mehr von mir. Wenn ich einmal erschöpft bin, dann ist das so. Wenn ich weinen muss, dann ist das auch so. Und es gibt eben einfach Tage, da fühle ich mich, als sei ich der einsamste Mensch auf diesem Planeten. Ja, dann ist das so. Früher wollte ich diese unangenehmen Gefühle am liebsten sofort »weghaben«. Versuch missglückt! Nun akzeptiere ich es mehr und mehr und weiß, ich werde es überleben. Vor meinen unangenehmen Gefühlen davonzulaufen, das klappt sowieso gar nicht. Lange Zeit habe ich es ausprobiert, indem ich mich viel abgelenkt habe. Ich hatte immer wieder Affären. Irgendwie brauchte ich das. Hatte unterbewusst die Sehnsucht nach Bestätigung und die Idee, so mein Selbstwertgefühl wieder aufzubessern. Da war ich in der Rolle meiner Flüchtenden. Doch das führte zu nichts. Außer, dass ich mich wie ein Dampfkessel gefühlt habe, der bald überkocht. Heute achte ich genau darauf, was im Kessel ist. Das erfordert viel Disziplin und Mut, doch anders geht es nicht.

Welchen Sinn findest du in dieser Situation?

Ava: Um es kurz zu fassen: mehr ich zu sein und auf mich zu achten. Denn ich habe ein Recht darauf! Schade, dass ich so zu dieser Erkenntnis kommen musste.

Fokus auf die positiven Folgen

Wie wird es sein, wenn du die Anforderungen als Alleinerziehende gut bewältigen wirst?

Ava: Wow. Wenn ich es schaffe, dann werde ich wahnsinnig stolz sein. Aber ich hoffe, dass ich in Zukunft nicht immer alles allein machen muss. Ich wünsche mir, dass es »alleinerziehend« gar nicht mehr gibt und sich die Familienmodelle so öffnen, dass es mehr ein Miteinander gibt, von dem alle profitieren können. Wir Menschen brauchen uns alle gegenseitig und erst recht in der Erziehung unserer Kinder.

Wie wirst du dich damit fühlen?

Ava: Ich bin stolz, zufrieden und freue mich.

Wie reagieren andere Menschen auf dich, wenn sie das wissen?

Ava: Ich denke, dass Frauen und Männer, die auch in der Situation waren/sind, ein großes Verständnis füreinander haben. Allen anderen bleibt, glaube ich, der letzte Zugang für diese Erfahrung versperrt. Deswegen ist es auch so wichtig, dass wir uns miteinander vernetzen, helfen und gemeinsam nach vorne schauen. Es wird immer buntere Familienmodelle geben.

Wie wird das deine Lebenssituation positiv beeinflussen?

Ava: Wenn ich merke, dass ich etwas bewirken kann, wenn ich mich auf mich verlassen kann, dann strahle ich es auch nach außen aus und werde wieder einen neuen Partner finden.

Aber was jetzt noch viel wichtiger ist: ein friedlicher Umgang mit dem Vater meiner Kinder! Nicht nur für unsere Kinder, sondern auch für uns selbst. Groll kostet einfach zu viel Kraft. Als Ausnahme sehe ich in diesem Fall aber beispielsweise Beziehungen, in denen ein psychischer oder körperlicher Missbrauch stattgefunden hat.

Was könnte schlimmstenfalls passieren? Wie wahrscheinlich ist das?

Ava: Das Schlimmste für mich ist es, wenn eines meiner Kinder krank würde. Alles andere ist machbar. Natürlich ist es alles andere als toll, keinen Job zu haben oder ihn zu verlieren. Doch unter der Brücke müssten wir sicher nicht schlafen. Mir würde dann schon etwas einfallen, um die Situation zum Positiven zu verändern.

Distanziere dich

Wie wirst du in fünf Jahren über diese Situation denken?
Ava: Dann sind meine Kinder zwölf und neun Jahre und sicher wird
alles ganz anders sein: Meine Kinder sind selbstständiger, wir haben
uns eingespielt und ich habe mich vielleicht verliebt? Das wäre
schön. Außerdem glaube ich, dass ich mir bewusster bin, was ich
vom Leben will.

**Was würde dir deine beste Freundin raten in der Situation als al-
leinerziehende Frau?**
Ava: Sie sagt, dass ich auf mich aufpassen und sie anrufen soll, wenn
ich ihre Hilfe brauche. Sie sagt mir, dass ich eine tolle Mutter bin und
ich an mich glauben soll.

**Was würdest du einer Frau raten, die erst seit Kurzem alleinerzie-
hend ist?**
Ava: Sei geduldig, gütig und mitfühlend mit dir selbst. Informiere
dich und hole dir alle Hilfen, die es gibt. Unterstützung einzufordern
und zu bekommen, ist dein gutes Recht. Erlaube dir alle deine Gefühle und lerne dich neu kennen. Für dich und dein Kind.

Nach diesen Fragen war Ava verwirrt, erschöpft und zufrieden. So
hatte sie sich selbst noch nie befragt. Ich lade dich jetzt ein, dass auch
du dir all diese Fragen stellst, die deine gesunde Große in dir fördern.
Die richtigen Fragen geben dir Mut, Kraft und Energie in deiner Lebenssituation. Die falschen Fragen fördern deinen Stress und die anderen destruktiven Rollen.
Also nimm dir die Zeit, dir diese Fragen zu beantworten. Schriftlich
oder spreche sie dir mit deiner Sprachmemo-App in dein Handy.
Mach es wirklich. Das wird deine gesunde Große stärken.

Kenne die wichtigste Frage!

Ich möchte noch einmal betonen, dass es normal ist, auch destruktive Selbstgespräche zu führen. Das passiert uns allen, auch mir. Die
Frage ist nur, wie viel Zeit du in bestimmten Rollen verbringst. Denn
erst dann, wenn es keine *Flexibilität* in deinen inneren Überzeugun-

gen beziehungsweise Bewertungen gibt, du es also nicht schaffst, in die Rolle der gesunden Großen zu wechseln, ist das Risiko, sich zu überfordern und gestresst zu sein, deutlich erhöht. Notiere dir deine hilfreichen Selbstgespräche deshalb am besten jetzt gleich auf ein Blatt Papier und hänge es dir irgendwo sichtbar auf. Deine guten, realistischen Sätze darfst du so gut kennen, dass du sie auswendig aufsagen könntest, wenn du in der Nacht wach wirst.

Auch wenn du vom Kopf her verstanden hast, dass dein destruktives Selbstgespräch dir mehr Stress als Freude in deinem Leben bringt, wird dir dein neues, hilfreiches Selbstgespräch zunächst total fremd sein. Es fühlt sich an wie Schauspielerei. Oft bekomme ich dann als Antwort: »Das bin doch gar nicht mehr ich.« Darauf antworte ich dann: »Ja, so fühlt es sich an. Doch das bist du auch. Nur bislang hast du die Rolle der gesunden Großen in der Situation nicht gespürt und hast einer deiner anderen Rollen den Vortritt gelassen.«

Solange die gesunde Große hilfreiche Selbstgespräche formuliert, aber die Kämpferin, die Flüchtende oder die Dienerin eine andere *Absicht* haben, weil sie dich vor der strengen Richterin und der Kleinen mit ihren Gefühlen schützen wollen, wird es schwierig werden, dass sich die gesunde Große mit ihrer Haltung durchsetzt, obwohl diese eigentlich ein Leben mit mehr Selbstvertrauen und Energie für dich bereithält.

Sei gütig und geduldig mit dir. Du darfst üben, deine neuen Erkenntnisse in deinem Alltag umzusetzen. So wird deine gesunde Große immer stärker werden. Stelle dir so oft es geht die wichtigste aller richtigen Fragen: Was würde meine gesunde Große sagen und tun?

Du kennst deine guten, hilfreichen Sätze, aber du glaubst sie noch nicht. Weil die anderen Rollen alles daransetzen, sich erst mal nicht verändern zu müssen. Diese Phase ist hart. Denn du weißt zwar, dass du aus der Rolle der gesunden Großen handeln solltest, doch die Umsetzung ist noch alles andere als leicht und selbstverständlich. Das A und O für dich ist jetzt, nicht auf der Stufe des reinen Wissens und Verstehens (vom Kopf her) stehenzubleiben, sondern zu beginnen, deine neuen Erkenntnisse in deinem Alltag umzusetzen. Nur so kann deine gesunde Große stärker werden. Es zählen die Taten der gesunden Großen, damit die Helferrollen ihr glauben und ihr das Feld überlassen. Du fragst dich vielleicht, ob du die destruktiven Selbstgespräche aus den anderen Rollen auflösen kannst. Nein, das geht nicht. Was jedoch geht, ist, dass du dir angewöhnst und lernst, ihren Aussagen nicht mehr zu GLAUBEN! Das gelingt immer besser, wenn du mit den neuen Sätzen nach und nach gute Erfahrungen machst.

Erst als ich mit meinem Satz: »Ich erlaube es anderen, mich zu unterstützen« immer wieder gute Erfahrungen gemacht hatte, fing ich langsam an, es auch zu glauben. Und natürlich erlebte ich zwischendurch auch Augenblicke, in denen es dann eben doch mal keine Unterstützung gab. Zu deiner Beruhigung: Auch ich tappe heute noch immer wieder in alle Rollen. Mal beschwere ich mich über mich selbst, dann bekomme ich von außen Kritik und bin wieder im Kampf, in der Flucht oder lasse mir viel zu viel bieten. In diesen Momenten ist es wichtig, wohlwollend und gütig mit sich selbst umzugehen und die Rollenwechsel mit einem Schmunzeln wahrzunehmen. Damals, als ich meinen Alltag allein mit meinen Kindern so erschöpfend fand, habe ich beschlossen, mein Leben hauptsächlich aus der Rolle der gesunden Großen zu leben. Ich habe mich bewusst dafür entschieden, immer wieder diesen Weg zu wählen.

Das bedeutet, du darfst umlernen. Wenn in deinem Gehirn noch keine ausreichenden Erfahrungen bestehen, die deine gesunde Große »präsentieren«, sondern deine anderen Rollen im Laufe des Lebens viel mehr Erfahrungen gesammelt haben, bedeutet das, dass du deinen Fokus darauf legen darfst, *neue* Erfahrungen im Alltag zu machen. Und das geht, wie im Sport, nur durch Wiederholen, Überprüfen und Dranbleiben.

Du stärkst deine gesunde Große durch Wiederholen deiner hilfreichen guten Selbstgespräche.

LANGFRISTIG UND DAUERHAFT BESSERE SELBSTGESPRÄCHE

Zu Beginn des Buches habe ich erwähnt, dass es – bildlich gesprochen – als Alleinerziehende/r nicht möglich ist, aus dem Keller per Fahrstuhl auf die Dachterrasse zu fahren. Ich kenne jedenfalls keine/n, die oder der das so geschafft hätte. Die Veränderung wäre zu schnell. Du hättest das Erdgeschoss und alle weiteren Etagen nicht kennengelernt. Im ersten Moment wirkt der schnelle Fahrstuhl womöglich attraktiv, doch wirklich nachhaltig sind nur die Treppen. Warum das so ist, zeige ich dir noch mal anhand der Fallbeispiele von Susann, Xenia und Tatjana.

Jede dieser Frauen hatte ihren eigenen hilfreichen Satz der gesunden Großen formuliert:

Susann: Ich erlaube es anderen, mich zu unterstützen.

Xenia: Ich glaube an mich und schaffe es.

Tatjana: Ich stehe zu meinen Bedürfnissen und Wünschen.

Wenn *Susann*, die bislang die Überzeugung hatte, immer alles alleine zu schaffen, auf die Idee gekommen wäre, den ganzen Freundeskreis durchzutelefonieren, um nach Hilfe zu fragen, wäre sie damit überfordert gewesen. Sie hätte statt der Treppe den Fahrstuhl genommen.

Wenn *Xenia*, die überzeugt war, es nicht zu schaffen, auf die Idee gekommen wäre, alle Unterlagen an einem Wochenende durchzuarbeiten und zusätzlich die Zwillinge zu bespaßen, wäre sie überfordert gewesen. Sie hätte statt der Treppe den Fahrstuhl genommen.

Wenn *Tatjana*, die der Überzeugung war, sich anpassen zu müssen, um dazuzugehören, auf die Idee gekommen wäre, ab sofort – ohne nach links und rechts zu schauen – allen Menschen ein »Nein« entgegenzuwerfen, um endlich Zeit für sich selbst zu haben, wäre sie auch überfordert gewesen und hätte statt der Treppe den Fahrstuhl genommen.

Willst du deine gesunde Große stärken und somit hilfreiche Selbstgespräche für dein weiteres Leben wirklich *glauben*, nimm die Treppe und vergiss den Fahrstuhl. Dieser Veränderungsprozess braucht Zeit. Die Abkürzung durch den Fahrstuhl erscheint verlockend, führt aber zu einer Überlastung und verstärkt somit eher eine Erschöpfung.

Was heißt das konkret?

Wir glauben etwas erst, wenn wir es im Alltag auf seine Richtigkeit überprüft haben. Konkret heißt das, dass wir uns eine Übungstreppe aufbauen, um oben ans Ziel zu kommen. Ich möchte dir Tatjanas Übungstreppe vorstellen. Die 1. Stufe fällt ihr leicht, die 5. Stufe stellt eine große Herausforderung für sie dar, der sie sich langsam annähert. Jede dieser Aussagen bzw. Vorhaben kommt aus der Rolle der gesunden Großen.

1. Stufe: Ich werde nicht mehr täglich die halbe Stunde länger bei der Arbeit bleiben, um meinen Chef und den Kollegen zu gefallen.

2. Stufe: Ich kaufe meinen Kindern nicht mehr so viel, wenn sie meckern, damit ich meine Ruhe habe.

3. Stufe: Wenn ich mal eine Stunde ohne Kind bin, dann putze ich nicht, sondern lege mich in die Wanne oder gönne mir eine Massage.

4. Stufe: Ich spreche meine Freundin darauf an, dass ich ihre Distanz in letzter Zeit sehr schade finde. Ich schlucke es nicht herunter.

5. Stufe: Ich halte mich selbst konsequent an die Umgangszeiten und passe mich nicht mehr meinem Ex an, der die Kinder dann nehmen will, wann es ihm passt. Ich habe genauso ein Recht auf ein geregeltes Leben. Und meine Kinder erst recht.

Dein Film mit Happy End

Im nächsten Schritt geht es darum, für jede dieser fünf Treppenstufen einen eigenen inneren Film mit einem guten »Happy End« zu entwickeln.

Tatjana übte über mehrere Wochen erfolgreich die ersten vier Stufen und konnte immer mehr daran *glauben*, für sich selbst einzustehen und den eigenen Wünschen und Bedürfnissen zu folgen. Für ihre Rollen bedeutete das: Dadurch, dass Tatjanas gesunde Große die Treppenstufen ging und nicht den Fahrstuhl nahm, konnte sich ihre Dienerin, welche die Aufgabe hatte, die Kleine zu beschützen, entspannen und langsam beginnen, der gesunden Großen zu vertrauen. Nun ging es darum, auch die 5. Stufe umzusetzen.

Um einen inneren Film mit Happy End zu entwickeln, musste Tatjana zunächst so tun, als ob sie schon in ihrer Rolle der gesunden Großen sei.

Tatjana bisher: In der Vergangenheit habe ich meinen Ex etliche Nachrichten geschickt, ob er jetzt kommt oder nicht. Obwohl der Umgang gerichtlich festgelegt wurde, hält er sich unregelmäßig daran. Ich fühlte mich immer von seiner Laune abhängig. Er macht, was er will, und die traurigen Kinder habe ich dann vor mir sitzen, wenn der Papa mal wieder nicht aufgetaucht ist. Ich habe mir dadurch das ganze Wochenende versauen lassen. Und wenn er dann mal Lust und Zeit hatte, sie zu sehen, habe ich alles stehen und liegen lassen, um ihm das möglich zu machen. Dabei habe ich mich total vergessen und fühlte mich so mies. (Destruktives Ende)

Tatjanas innerer Film in der Rolle der gesunden Großen:
Am Montag schreibe ich dem Kindsvater, dass er seine Kinder am Freitag um 15:00 Uhr bei uns abholen kann, und bitte um eine Antwort. Ich bekomme keine Antwort und wiederhole meine Aussagen am Donnerstagabend erneut. Nachdem ich wieder keine Antwort bekommen habe, verabrede ich mich vorsichtshalber mit meinen Kindern am Freitag für 16:00 Uhr am Spielplatz und erwähne bei den Kindern nicht, dass eigentlich der Vater kommen wollte. Es ist Freitag 15:20 Uhr und er ist nicht gekommen. Wir ziehen uns an und haben einen schönen Nachmittag auf dem Spielplatz mit Freunden. Am Abend zurück, plane ich den Samstag und Sonntag. Wir treffen jeweils eine Freundin mit ihrem Kind. Es ist wichtig, dass ich etwas tue, worauf ich mich freuen kann. Am Samstagnachmit-

tag ruft der Kindsvater an und fragt, ob er jetzt seine Kinder holen könne. Ich atme tief durch und sage gefasst und ruhig, dass er den Termin leider verpasst habe und er bis zum nächsten Umgangswochenende warten müsse. Bevor er zu meckern beginnt, verabschiede ich mich. Am Sonntagabend schaue ich auf ein schönes Wochenende mit meinen Kindern zurück und bin zufrieden. (Gutes Ende)

Dieses *neue Verhalten* ist für Tatjana, die bislang das destruktive Selbstgespräch »Ich muss mich anpassen, um akzeptiert zu werden« führte, eine große Herausforderung.

In vielen meiner Beratungen hat es sich für meine Klientinnen bewährt, sich den inneren Film – also die Situation, die du verändern möchtest – aufzuschreiben. Das empfehle ich auch dir. Tue es! Jetzt!

BAU DIR DEINE EIGENE ÜBUNGSTREPPE

Es reicht nicht, dein hilfreiches Selbstgespräch theoretisch zu kennen. Um es auch wirklich zu glauben, darfst du dich in bisher schwierigen Situationen anders verhalten. Stell dir vor, was du anders machen würdest, wenn du dein hilfreiches Selbstgespräch (zum Beispiel: »Ich kann mir vertrauen und bin bereit, dazuzulernen«) schon glauben würdest?

Erstelle wie Tatjana deine eigene Übungstreppe! Die 1. Stufe fällt dir leicht, die 5. Stufe stellt noch eine große Herausforderung für dich dar, der du dich langsam annäherst. Mit welchen Situationen kannst du dein neues hilfreiches Selbstgespräch testen? Wie würde die Situation konkret aussehen, wenn du dir dein neues hilfreiches Selbstgespräch schon glauben würdest? Wichtig ist es, jede Stufe oder Situation mit einem guten Ende aufzuschreiben.

1. Stufe

_____

_____

_____

_____

2. Stufe

---

3. Stufe

---

4. Stufe

---

5. Stufe

Nun hast du dir deinen inneren Film mit Happy End aufgeschrieben. Super. Aber jetzt geht es noch ein wenig weiter. Und zwar, indem du dir diesen Film in deiner Fantasie vorstellst.

FILM AB IN DEINER FANTASIE!

Wahrscheinlich hattest du auch schon einmal einen unangenehmen Traum. Als du wach wurdest, hast du wahrscheinlich bemerkt, dass dein Herz schneller klopfte, du geschwitzt und vielleicht auch ein Gefühl der Unsicherheit und Angst in dir gespürt hast. Und das alles ist passiert, obwohl du ja eigentlich »nur« im Bett gelegen bist?! Was zeigt uns das? Unser Gehirn kann nicht zwischen Realität und Fiktion unterscheiden, sodass auch innere Bilder (dein Traum) und deine Gedanken (deine Selbstgespräche in den jeweiligen Rollen) zu einer körperlichen Reaktion (Schwitzen und Herzrasen) und einer emotionalen Reaktion (Angst) führen. Noch einmal anders ausgedrückt. So, wie du denkst, so fühlst du dann auch. Und deine Gefühle entscheiden, ob du ins Handeln kommst oder nicht. Wenn du wirklich etwas in deinem aktuellen Leben ändern und auch alleinerziehend wieder mehr Energie haben möchtest, ist die Voraussetzung dafür, dass du dir dein gewünschtes Verhalten vorstellst. Deine Vorstellungskraft ist so unermesslich stark. Bei jeder Handlung, die du tust, hast du vorher eine Vorstellung davon. Wie du sie nutzt, also stärkend oder eher schwächend, liegt an dir.

Du kannst dir zunutze machen, dass unser Gehirn nicht zwischen Fiktion und Realität unterscheiden kann. Alle Sportler dieser Welt tun das mit Mentaltraining. Sie visualisieren schon vor ihrem großen Wettkampf das bestmögliche Ergebnis und fokussieren sich darauf. Falls du jetzt denkst, dass du das nicht kannst, muss ich dir widersprechen. Du tust es schon dein Leben lang. Immer, wenn du dir deine Zukunft mit Problemen und Katastrophen ausmalst, machst du Vorstellungsübungen. Die Folge sind aber natürlich Sorgen, Ängste und ein angespanntes Körpergefühl. Entscheidest du dich hingegen *trotz* aller momentanen Herausforderungen, dir auszumalen, wie du zufrieden und glücklich dein Leben lebst, wirst du garantiert andere Ergebnisse bekommen.

Mir kommt da immer wieder diese hawaiianische Weisheit in den Sinn: »Energy flows where attention goes« – »Energie folgt der Aufmerksamkeit«. In diesem Sinne: Lass deine Energie in die richtige Richtung fließen! Male dir dein neues Verhalten, deinen inneren Film mit Happy End so lebendig wie möglich aus. Und geh dann ins *Tun* über.

LIVESCHALTUNG: SO TUN, ALS OB DU ES SCHON KANNST

Nachdem Tatjana sich mindestens fünfmal vorgestellt hatte, wie der innere Film abläuft, und es ihr vertrauter war, anders zu handeln, nahm sie sich fest vor, sich bei der nächsten anstehenden Begegnung mit dem Kindsvater auch so zu verhalten. Wenn du jetzt denkst, dass sie sich rundum wohl dabei fühlte und ihre Dienerin damit glücklich war, muss ich dich enttäuschen. Immer, wenn wir etwas anders machen als bisher, fühlt es sich erst an wie Schauspielerei.

Tatjana machte dann die positive Erfahrung, dass in der Realität genau das passierte, was sie im Drehbuch vorausgesagt hatte. Sie war stolz auf sich, weil sie sich seit sehr langer Zeit einmal nicht mehr als eine Marionette in einem Spiel fühlte. Sie hatte klare Ansagen gemacht und sich an die Vereinbarungen gehalten (gesunde Große). Wenn der Kindsvater das nicht tat, lag das nicht in ihrer Verantwortung. Natürlich tat es ihr unendlich leid für ihre Kinder, die keinen zuverlässigen Vater hatten. Doch sie sah ein, dass seine Verantwortungslosigkeit nicht weiter auf ihren Schultern lasten konnte.

Nachdem du dir erstens deine Situation aufgeschrieben hast und sie dir zweitens intensiv mit einem guten Ausgang vorgestellt hast, geht es nun darum, diese live zu testen. Du schaffst das!

DRÜCKE REPEAT: ÜBEN

Nachdem Tatjana diese Situation einmal in der Realität erprobt hatte, meldete sich vermehrt ihre Dienerin. Die wollte am liebsten alles wieder so haben wie vorher und dass Tatjana sich anpasst, um anderen zu gefallen. Tatjanas gesunde Große hingegen wusste, dass sie das Recht hatte, auch einmal »Nein« zu sagen, um aus dieser Stressfalle herauszukommen. Das Bewahren eigener Interessen darf nicht dazu führen, dass ein Mensch nicht akzeptiert wird.

Und so übte Tatjana an unterschiedlichen Tagen immer eine Stufe ihres Übungs-Films. Ihre Dienerin traute der gesunden Großen immer mehr, weil sie mit deren »So tun als ob«-Übungen positive Erfahrungen gemacht hatte.

WENN SICH DAS GUTE, HILFREICHE SELBSTGESPRÄCH ENDLICH »ECHT« ANFÜHLT

Irgendwann bemerkte Tatjana, dass ihr hilfreiches Selbstgespräch: »Ich stehe zu meinen Bedürfnissen und Wünschen« automatisch und unbewusst ablief. Denn die Dienerin hatte der gesunden Großen endlich die Regie überlassen und traute ihr zu, die kleine Tatjana genug beschützen zu können. Tatjana wurde im Laufe der Zeit immer mutiger und veränderte sich. Sie hatte die Erfahrung gemacht, gerade weil sie Grenzen setzte und sich selbst mit ihren Wünschen ernst nahm, sogar mehr Menschen in ihr Leben zu lassen. Ihr Freundeskreis hatte sich verändert. Einigen Freunden passte es nämlich nicht mehr, dass sie nicht mehr zu allem »Ja und Amen« sagte. Und auch das Verhältnis zu ihrem Ex-Partner und Vater der Kinder hatte sich deutlich gebessert. Er spürte mehr als je zuvor, dass sein Verhalten Konsequenzen hat, die er früher nie wahrgenommen hatte. Tatjana begann, in der wenigen Zeit, die sie für sich hatte, ihrem alten Hobby, dem Reiten, wieder mehr Zeit zu widmen, was ihr sehr viel Spaß bereitete. Ihr Selbstvertrauen hatte sich um ein Vielfaches verbessert.

DIE BASIS FÜR SELBSTVERTRAUEN, MUT UND ENERGIE

Warum sind so viele Alleinerziehende gestresst und erschöpft? Nicht nur, weil die äußeren Bedingungen herausfordernd sind, sondern weil wir auch mit uns selbst in der Situation nicht gut umgehen. Destruktive Selbstgespräche ziehen uns alle Energie ab, die wir eigentlich für uns und unsere Kinder im Alltag benötigen. All dein Handeln und Tun wird dadurch bestimmt, wie du mit dir selbst sprichst. Vielleicht kennst du auch den einen oder anderen Satz von deiner Umwelt oder sogar dir selbst: »Ihr dürft euren Streit nicht auf dem Rücken der Kinder austragen«, »Du solltest mal wieder etwas für dich tun«, »Kinder sollten keinen Streit miterleben«, »Das Leben geht jetzt weiter, schau nach vorne«, »Sei froh, dass es zu Ende ist«, »Du darfst aber auch nicht mehr auf seine Beleidigungen und Vorwürfe reagieren«, »Soll dir doch egal sein, was die anderen denken«, »Du bist ja selbst schuld an der Situation«, »Reiß dich mal zusammen«, »Hör auf zu jammern und tu endlich was«, »Komm ihm/ihr

doch endlich mal entgegen, redet miteinander«, »Die Kinder haben
es aber auch echt nicht leicht«, »Es geht dich nichts mehr an, was er/
sie tut«, »Jetzt kümmere dich um dein Leben«, »Such dir eine neue
Frau«, »Sei froh, wenn sich dein Kind mit seiner neuen Partnerin
versteht«.

Schaffen wir es, uns daran zu halten und ganz »vernünftig« als lie-
bende Eltern zu reagieren, die nur ihren Fokus auf ihren Kindern
haben? Ich kenne wenige, die von Anfang an so »umsichtig« reagieren können. Wir alle sind eben nur Menschen. Zu sehr sind wir in
der Zeit nach der Trennung und teils noch Jahre später verletzt, wütend, gekränkt oder haben es uns verboten, das jemals zu fühlen.

Mein Ziel in diesem Kapitel war es im ersten Schritt, dein Bewusstsein für deine destruktiven Selbstgespräche zu schärfen und für die
Frage, welche Rollen du dabei einnimmst.

Im nächsten Schritt ging es dann darum, sie zu hinterfragen und mit
deiner gesunden Großen neue gute, hilfreiche Selbstgespräche zu
entwickeln, diese dann zu üben und zu erleben, wie sich dein Alltag
ändert.

*Letztendlich habe ich meinem damaligen Deutschlehrer und auch meinem
ehemaligen Partner viel zu verdanken. Denn sie haben mich auf die Idee
gebracht, das Projekt »Stark und alleinerziehend« zu nennen und ins Leben
zu rufen. Auch wenn mich mein Selbstgespräch »Ich muss immer stark sein
und darf keine Schwäche zeigen« durch meine Kämpferin weit gebracht
hat, habe ich sehr deutlich die Grenzen der psychischen und körperlichen
Erschöpfung kennengelernt. Ich möchte zu einer neuen Stärke aufrufen.
Und zwar zu der Stärke, dich mit deinen Schwächen zu offenbaren.*

Deine Kämpferin, Flüchtende oder auch Dienerin haben dir in deinem Leben sicherlich auch viele gute Dienste erwiesen. Doch jetzt,
wo du alleinerziehend bist, ist es sehr wahrscheinlich, dass sie dich
in ihrer Absolutheit an eine bisher unbekannte Grenze der Belast-
barkeit bringen. Lerne deine gesunde Große in dir immer mehr kennen und lasse sie Regie führen. Achte auf deine Selbstgespräche und
rede mit dir so gut, wie mit deinem Kind.

**Ich wünsche dir viel Erfolg dabei, deine guten hilfreichen Selbst-
gespräche zu üben und zu etablieren.**

Teil IV:
Gefühle, deine neuen Freunde

Warum Gefühle ein wichtiger Schlüssel sind

Es ist Freitagabend, ungefähr ein Jahr nach der Trennung, und meine Töchter warten auf ihren Vater, der sie abholen wird. Vor Kurzem habe ich – von ihm und meinen Kindern – erfahren, dass er eine neue Freundin hat. Die Übergabe dauert üblicherweise maximal drei Minuten, dieses Mal fällt sie mir alles andere als leicht. Normalerweise gehe ich danach immer zurück ins Wohnzimmer oder in die Küche, um mich abzulenken. Heute tue ich das allerdings nicht. Eine Minute, nachdem er mit unseren Kindern draußen ist, gehe ich wieder raus und schaue ihnen nach. Ich will wissen, was sie tun.

Er steigt mit den beiden in ein mir fremdes Auto. Das Auto dieser neuen Freundin. Ich fühle eine Mischung aus Angst, alles zu verlieren, tiefer Verletzung, Traurigkeit und auch eine ordentliche Portion Wut. In meinen Gedanken habe ich das Auto schon längst zerkratzt. Mit Tränen in den Augen steige ich in mein Auto und fahre ihnen hinterher. Klar denken kann ich schon lange nicht mehr. Ganze fünf Straßenzüge weiter ist die Reise auch schon zu Ende. Nein, es ist nicht das Haus dieser neuen Frau. Denn natürlich haben mein Ex-Partner und auch meine Kinder mitbekommen, dass ich ihnen im Auto gefolgt bin. Er ist stinkwütend und erklärt mich für total verrückt. Mit dem Kopf am Lenkrad angelehnt und dem Gefühl, nur noch aus der Kleinen in mir zu bestehen, hole ich tief Luft und höre aus dem tiefsten Inneren in mir die Stimme meiner gesunden Großen: »Alex, was tust du hier? Was machst du um Gottes Willen? Fahr nach Hause und kümmere dich um dich selbst.«

Diese sehr persönliche Geschichte schildert sicher einen der Tiefpunkte in meinem Leben. Eine Erfahrung, die mich viel gelehrt hat – und zwar über mich selbst. Ich weiß nicht mehr, wie ich zu Hause ankam, und an die Stunden danach kann ich mich auch nicht mehr wirklich erinnern. Woran ich mich jedoch erinnere, ist, dass meine Flüchtende alles in ihrer Macht stehende unternahm, damit sie die heftigen und unangenehmen Gefühle meiner Kleinen nicht mehr spüren musste. Sie wollte nur noch etwas Leckeres essen, lesen und dann schnell ins Bett und schlafen. Bloß mit niemandem mehr sprechen. Am nächsten Morgen waren die Gefühle noch immer da und ich ärgerte mich, dass sie nicht endlich aufhörten. Ich war wütend auf meinen Ex-Partner, mit allem allein zu sein, im Alltag alles regeln zu müssen und wenig Geld zu haben. Ich war traurig über den Verlust meines Traumes von einer intakten Familie und gekränkt, es nicht wert gewesen zu sein, mit mir zu leben … Meine strenge Richterin verschärfte alles mit Worten wie: »Kein Wunder, dass dir das passiert ist. Du musst doch wissen, wie man in solchen Situationen damit umgeht. Du packst das sowieso nicht.« Ein elender Teufelskreis, in dem meine gesunde Große kaum einen Fuß in die Tür bekam.

In diesem Kapitel werde ich dir die folgenden fünf Gefühle vorstellen, die von den meisten alleinerziehenden Frauen und Männern als sehr belastend wahrgenommen werden:

- Angst
- Einsamkeit
- Schuld
- Trauer
- Wut

Ich bitte dich, dir viel Zeit und Ruhe dafür zu nehmen, mehr über deine Gefühle zu lesen. Anhand von Fallbeispielen werde ich dir zeigen, wie andere alleinerziehende Frauen und Männer mithilfe eines vierstufigen Planes eine Veränderung belastender Gefühle erlebt haben. Dabei stelle ich immer wieder einen Zusammenhang her zu deinem inneren Drehbuch beziehungsweise den Rollen.

Allein über »die Gefühle« kann man mehrere Bücher schreiben. Ein Riesenthema. Besonders dann, wenn wir neuen Herausforderungen begegnen. Sobald Gefühle mit ins Spiel kommen, handeln wir oft wie ferngesteuert. So sehr wir angenehme Gefühle – wie zum Beispiel Freude und Liebe – genießen, so selten begrüßen wir unangenehme Gefühle. Leider gab es in der Schule kein Fach, in dem gelehrt wurde, wie wir am besten mit Wut, Angst, Trauer, Verzweiflung und so weiter umgehen. Und auch die nächsten Bezugspersonen haben uns nicht immer das Handwerkszeug mitgegeben, welches wir brauchen, um in herausfordernden Zeiten klug mit den eigenen Gefühlen umzugehen. Denn ein schlechter Umgang mit ihnen kann zu viel Stress, Erschöpfung und Konflikten in zwischenmenschlichen Beziehungen führen.

Die Tatsache, dass ich lange Zeit auf verschiedenste Weise gegen meine Gefühle angekämpft habe, hat mich am meisten Energie gekostet. Und genau das bekomme ich bei allen Beratungen mit alleinerziehenden Müttern und Vätern widergespiegelt: belastende Gefühle, die Energie kosten. Hinter jedem Thema, das uns gerade bewegt, steckt immer ein Gefühl – und dieses Gefühl ist ein Botschafter für unsere nicht erfüllten Bedürfnisse. Diese hattest du ja bereits im Kapitel 3 näher kennengelernt. Uns fehlen: Bindung und Nähe, Autonomie und Unabhängigkeit, Sicherheit und Kontrolle sowie ein stabiles Selbstwertgefühl oder Spaß und Freude. Unsere inneren Rollen haben einen entscheidenden Einfluss auf unsere Gefühle.

Der Umgang mit den eigenen Gefühlen – aus Sicht unserer Rollen

Bisher zeigten unsere Rollen sich so:
1. Die bedürftige Kleine: Besonders dann, wenn wir starke, belastende und unangenehme Gefühle spüren wie Angst, Trauer, Einsamkeit, Wut oder Schuld, dann ist die Rolle der/des bedürftigen Kleinen sehr aktiv.

2. Die strenge Richterin: Verurteilt uns für die Gefühle von Angst, Trauer, Wut, Schuld und Einsamkeit. Langfristig führt es zur Erschöpfung.

3. Die Kämpferin: Versucht mit Kampf, viel Arbeit, Perfektion und Kontrollzwang die belastenden Gefühle kurz- bis mittelfristig zu reduzieren. Langfristig führt es zur Erschöpfung.

4. Die Flüchtende: Versucht durch Vermeidung, Flucht, Rückzug und Ablenkung die belastenden Gefühle kurz- bis mittelfristig zu reduzieren. Langfristig führt es zur Erschöpfung.

5. Die Dienerin: Versucht durch Anpassung, Jasagen und Zurückstellen der eigenen Bedürfnisse die belastenden Gefühle kurz- bis mittelfristig zu reduzieren. Langfristig führt es zur Erschöpfung.

6. Die glückliche Kleine ist meistens nicht wahrnehmbar.

7. Die gesunde Große ist meistens nicht verfügbar.

Unser neuer Umgang:
1. Die bedürftige Kleine: Erfährt durch die gesunde Große Schutz, Geborgenheit, Zugehörigkeit, Wertschätzung, Liebe, Sicherheit und Trost und reduziert so die belastenden unangenehmen Gefühle.

2. Die strenge Richterin: Wird durch die gesunde Große begrenzt und ihr wird nicht geglaubt. Genau das Gegenteil dessen, was die strenge Richterin sagt, wird gemacht.

3. Die Kämpferin: Wird durch die gesunde Große in ihrer Rolle gewürdigt und gebeten, ihr Vertrauen zu schenken.

4. Die Flüchtende: Wird durch die gesunde Große in ihrer Rolle gewürdigt und gebeten, ihr Vertrauen zu schenken.

5. Die Dienerin: Wird durch die gesunde Große in ihrer Rolle gewürdigt und gebeten, ihr Vertrauen zu schenken.

6. Die glückliche Kleine wird wieder aktiv sein, wenn die unter Punkt 1 genannten Bedingungen erfüllt sind.

7. Die gesunde Große ist die Hauptbesetzung und verwandelt auch unangenehme Gefühle in Freunde. Das gibt eine Menge Mut, Energie, Gelassenheit, Sicherheit und Selbstvertrauen.

Der Vier-Stufen-Plan, um belastende Gefühle zu verändern

Stufe 1: Aktuelle Analyse
Stufe 2: Gefühl hinterfragen
Stufe 3: Die gesunde Große entdecken
Stufe 4: Mutig tun

Zugegeben, belastende Gefühle aktiv zu verändern, das erfordert Geduld und Mut. Auch ich wusste lange nicht, wie das klappen soll. Ich erinnere mich an Tage, da platzte ich innerlich vor Wut und wäre so dankbar gewesen, wenn mir jemand ein Zaubermittel gegeben hätte, diese Wut sofort aufzulösen. Vielleicht kennst Du das folgende Phänomen auch aus anderen Lebensbereichen: Das, was wir gerade nicht haben wollen, kommt besonders intensiv zu uns zurück. Vergleichbar mit einem Ball, den Du mit aller Kraft unter Wasser drückst. Der Druck des Wassers auf den luftgefüllten Ball lässt ihn wieder nach oben schnellen. Wenn du weiter mithilfe deiner Kämpferin, deiner Flüchtenden oder deiner Dienerin deine Gefühle unterdrückst, wird sich nichts ändern. Solltest du dich hingegen – mit Unterstützung deiner gesunden Großen – dafür entscheiden, dein Gefühl anzunehmen, wäre es deutlich zu spüren und würde dann langsam nachlassen. Du kannst es mit einer Welle vergleichen, die kommt und wieder geht. Und mit dieser Erfahrung hast du die Chance, auch bislang sehr unangenehme, belastende Gefühle zu deinen Freunden zu machen, weil du siehst, dass dich kein Gefühl dieser Welt umbringen wird. Wenn die Welle kommt, setz dich hin, schließ deine Augen, atme bewusst und sage mehrmals laut (oder auch leise) zu dir selbst:

»Ja, ich bin bereit, das Gefühl meiner (Einsamkeit, Wut, Angst, Trauer …) anzunehmen. Das Gefühl darf da sein.«

Wahrscheinlich wirst du in dir eine zunehmende Anspannung spüren, die dann aber (wie eine Welle) wieder verschwinden wird. Ein »Ja« zu dem, was ist, macht dich freier und ruhiger. Nicht beim ersten und nicht beim zweiten Mal, aber vielleicht beim dritten Mal. Unangenehme Gefühle aus der Rolle deiner gesunden Großen anzunehmen und ihr positives Potenzial zu nutzen, ist das Beste, was du für dich tun kannst. Mein Wunsch ist es, dass du am Ende dieses Kapitels deine Gefühle als deine Freunde annehmen kannst, die dir Kraft geben. Im nächsten Abschnitt werden wir den vierstufigen Plan auf alle fünf Gefühle anwenden.

Ein wohlwollender Umgang mit allen Gefühlen, die in dir in diesem Moment sind, wird deinen Stress und deine Erschöpfung in der aktuellen Lebenssituation als alleinerziehende Mutter oder Vater deutlich reduzieren. Und das Beste ist, dass sich diese Haltung ganz automatisch auch auf dein Kind übertragen wird und es ihm guttut.

Angst

Der Vogel hat keine Angst, dass der Ast bricht. Nicht weil er dem Ast vertraut, sondern seinen eigenen Flügeln.

UNBEKANNT

In solchen Aussagen kann sich deine Angst zeigen:
- *Ich schaffe es nicht allein.*
- *Ich trage so viel Verantwortung.*
- *Ich finde keinen Partner mehr.*
- *Ich finde keinen Job mehr oder verliere ihn.*
- *Als Alleinerziehende habe ich nicht genug Geld.*
- *Ich verliere mein Kind.*
- *Ich gehöre nicht mehr dazu oder werde abgelehnt.*
- *Ich mache Fehler in der Erziehung und bin keine gute Mutter.*
- *Ich könnte krank werden und nicht mehr funktionieren.*
- *Ich werde nicht ernst genommen und begegne Vorurteilen.*
- *Ich mache es einfach nie richtig.*
- *Wenn ich um Hilfe bitte, dann werde ich als unfähig dargestellt.*
- *Ich habe Angst vor der Übergabe.*
- *Ich habe Angst, dass der andere Elternteil nicht gut mit dem Kind umgeht.*
- *Ich habe Angst, dass der andere Elternteil das Kind gegen mich aufhetzt.*

WARUM HABEN WIR ANGST UND WIE KÖNNEN WIR BESSER MIT IHR UMGEHEN?

Die Fähigkeit, Angst zu spüren, ist absolut notwendig. Jeder Mensch wird damit geboren. Unser Körper ist dann bei Gefahr bereit zum Kämpfen, zum Flüchten oder Ruhe zu bewahren, bis der Feind wieder weg ist. Angst hilft uns, zu überleben, wenn wir in gefährlichen Situationen sind. Nun ist unser Leben heutzutage eher seltener durch wilde Tiere bedroht, aber unser Körper kann dennoch auf den alltäglichen Stress mit Herzrasen, Einschlafstörungen, Hektik, Magenschmerzen, Grübeln und Anspannung reagieren. Was du tun kannst, um anders mit deinen Ängsten umzugehen, liest du in den nächsten zwei Fallbeispielen.

FALLBEISPIEL IRIS: DIE ANGST VOR DER VERANTWORTUNG

Iris ist Mutter von Zwillingen im Alter von sechs Jahren. Ihr Mann war als erfolgreicher Berater oft auf Reisen, sodass sie eigentlich schon die letzten Jahre das Gefühl hatte, den Alltag mit den Kindern ganz alleine zu gestalten. Sie war immer stolz darauf gewesen, ihrem Mann den »Rücken« freizuhalten. In ihrem Beruf als Lehrerin arbeitete sie deshalb zu 50 Prozent und war mit der Regelung glücklich. An seinem 45. Geburtstag eröffnete er ihr, dass es das ja nicht gewesen sein könnte im Leben und er noch mal etwas anderes bräuchte. Dann packte er seine Sachen und zog von einem zum anderen Tag aus. Iris fiel in eine tiefe Depression und konnte ein halbes Jahr nicht arbeiten. Sie fühlte sich zutiefst verletzt, verraten und schutzlos dem Leben ausgeliefert. Iris hatte Angst, der ganzen Verantwortung für die Kinder nicht mehr gerecht zu werden. Zwar hatten sie und ihr Ex-Mann das gemeinsame Sorgerecht und er kümmerte sich auch gemäß den Vereinbarungen, doch das änderte nicht wirklich etwas an ihrem Gefühl, für alles verantwortlich zu sein, was von nun an im Leben ihrer Kinder passierte.

Stufe 1: Aktuelle Analyse

1. Schritt: Um welches Gefühl handelt es sich?

Iris: Ich habe Angst, der Verantwortung für die Kinder nicht gerecht zu werden.

2. Schritt: Analysiere eine Situation, in der du dich so gefühlt hast.

Iris: Die schlimmste Situation, in der ich die Last der Verantwortung empfinde, ist, wenn ich nach einem Arbeitstag nach Hause komme, den Briefkasten leere, dann meine Mails checke, die überquellen, während die Wohnung im Chaos versinkt und meine zwei zum Judo gebracht werden wollen und dann noch klagen, dass ihnen die Klamotten schon wieder zu klein geworden sind … Ich öffne die Post und es sind etliche Dinge zu klären. Zu guter Letzt stelle ich fest, es ist eine Glühbirne im Kinderzimmer kaputt, die muss ich auch noch besorgen und erneuern. Ich bewerte die Situation als schlimm und mein Selbstgespräch sieht so aus: »Ich muss mich jetzt total anstrengen und mehr geben als bisher. Meine Kinder haben schließlich keinen Vater mehr zu Hause – das muss ich kompensieren. Ich trage alle Verantwortung. Es ist alles so ungerecht und ich muss mich beweisen.« Danach bekomme ich fast täglich einen Tinnitus im rechten Ohr (Körper) und ich kann nichts mehr essen. Im letzten Jahr habe ich 15 Kilo abgenommen. Meine Angst, zu versagen, wird oft übermächtig. Ich bin dann meinen eigenen Schülern sehr ähnlich, die manchmal vor einer befriedigenden Note sitzen und glauben, sie hätten versagt. Ich als ihre Lehrerin versichere ihnen dann immer das Gegenteil, sage ihnen, dass sie nicht versagt haben und sie stolz auf sich sein können. Für mich selbst, in meinem Kontext, schaffe ich das aber irgendwie nicht. Wenn ich in dieser hier geschilderten Szene bin, fange ich an, sehr umtriebig zu werden (Verhalten/Tun). Ich organisiere und plane und tue und mache und versuche, allem gerecht zu werden. Ich glaube, meine Kämpferin möchte so die Angst vor der ganzen Verantwortung reduzieren. Leider hat mein hektisches Verhalten auch einen Einfluss auf meine Kinder. Ich nehme sie dann nicht mehr so richtig wahr. Das ist bitter, weil ich ja gerade alles tun möchte, um für sie da zu sein. Ein frustrierender Kreislauf.

3. Schritt: Welche Rollen sind in dir beteiligt?

Iris' bisheriger Umgang mit den Gefühlen ist aus Sicht der Rollen:

- Selbstgespräch der bedürftigen Kleinen: »Ich schaffe es nicht, die Verantwortung für die Kinder zu tragen. Ich bin überfordert.«
- Selbstgespräch der strengen Richterin: »Du bekommst das sowieso nicht gebacken. Bilde dir bloß nichts ein.«
- Selbstgespräch der Kämpferin: »Ich muss jetzt 150 Prozent in meinem Job und im Alltag geben, um der Verantwortung gerecht zu werden. Nur so kann ich die bedürftige Kleine schützen.«
- Die Flüchtende war in diesem Fall nicht aktiv.
- Die Dienerin war in diesem Fall nicht aktiv.
- Die glückliche Kleine war in diesem Fall nicht aktiv.
- Die gesunde Große war in diesem Fall nicht aktiv.

In unserem Gespräch versuchte ich, Iris deutlich zu machen, dass sie in ihrer Situation sicherlich sehr herausgefordert ist, aber das nicht grundsätzlich bei jedem alleinerziehenden Elternteil mit gleichen Bedingungen zu dieser Angst führt. Ihre Angst, mit der Verantwortung für die Kinder nicht umgehen zu können, entsteht aufgrund ihrer Bewertung in den destruktiven Selbstgesprächen der bedürftigen Kleinen, der strengen Richterin und der Kämpferin.

Um einen ersten Zugang zu der gesunden Großen zu bekommen, ist es hilfreich, das Gefühl zu hinterfragen.

Stufe 2: Bisheriges Gefühl hinterfragen

Iris hinterfragt auf der zweiten Stufe das Gefühl der Angst, der Verantwortung für die Kinder nicht gerecht zu werden und zu versagen.

Ist es wirklich eine Tatsache, dass das, was du als gefährlich ansiehst, auftreten wird und auch lebensgefährlich ist? Wo sind die Beweise und was spricht dafür?

Iris: Lebensgefährlich ist meine Angst vor der Verantwortung natürlich nicht. Und die Angst, dass ich versage und nichts mehr geregelt bekomme, ist noch keine Tatsache. Es gibt momentan keinen Beweis dafür. Ich schaffe ja einiges und ab und an schaffe ich manches eben nicht.

Wie wahrscheinlich ist es, dass diese schlimmste Situation eintritt, es nicht zu schaffen und der Verantwortung nicht gerecht zu werden?

Iris: Die Wahrscheinlichkeit, dass ich versage und die Verantwortung für meine Familie nicht mehr tragen kann, liegt zurzeit gefühlt bei 70 Prozent. Dabei fällt mir ein, dass mein Vater bei meinen Hausaufgaben oft hinter mir stand und sagte: »Iris, sieh zu, dass Du das ordentlich machst.« Damals war ich dann sehr ehrfürchtig und wollte alles richtig machen. Das fühlt sich jetzt sehr ähnlich an. Und ja, ich weiß, dass ich nicht an der Angst sterben kann, doch in manchen Momenten fühlt es sich fast so an. Auch wenn das jetzt irre klingt.

Gibt es einen Weg, die Angst vor dem Versagen zu verhindern?

Iris: Na ja, die Fakten sind so, dass wir das gemeinsame Sorgerecht haben und ich ihn auch das eine oder andere Mal anrufe. Ich finde es aber einfach so ungerecht, dass man nicht wirklich etwas machen kann, wenn der andere Elternteil einer gewissen Fürsorgepflicht nicht nachkommt. Mein Ex-Mann kümmert sich schon um die Kinder, aber im Alltag bin ich dennoch mit allem alleine. Sprich, ich muss mich dieser Angst vor der Verantwortung wohl stellen, immer wieder. Momentan tue ich das ja mit meiner Kämpferin. Doch lange halte ich es nicht mehr aus, da mich dieses Hamsterrad fertigmacht. Doch was soll denn da meine gesunde Große tun? Ich verstehe das noch nicht so ganz.

Was würde passieren, wenn du alleiniges Sorgerecht hättest und alles auf deinen Schultern lasten würde. Wie könntest du damit umgehen? Welchen Einfluss hätte das auf dein Leben? Wie haben andere Menschen in der Situation gehandelt?

Iris: Ehrlich gesagt, ich möchte gar nicht darüber nachdenken. Ich fühle mich so erschlagen und mein Ohr fängt schon allein bei dem Gedanken an zu piepsen. Mir wird übel. Mich würde das so ohnmächtig machen. Genauso habe ich mich früher auch immer gefühlt. Ich bin dann nicht mehr kompetent in meiner Rolle als Mutter, sondern die »kleine bedürftige Iris«. Und mein Selbstvertrauen in mich ist weg. Eigentlich verrückt, da es ja in meinem Beruf als Lehrerin ganz anders ist. Da trage ich auch die Verantwortung für eine ganze Klasse an Schülern und da macht es mir gar nichts aus. Das macht mich jetzt wirklich nachdenklich. Eigentlich habe ich die gesunde Große schon längst in mir. Doch kaum bin ich zu Hause, dann bin ich in den anderen Rollen unterwegs.

Verspüren alle Menschen Angst vor der Situation, die alleinige Verantwortung als Alleinerziehende zu tragen?
Iris: Ich denke nicht. Ich gehe davon aus, dass es eine ganze Menge gibt, die sich darum keine Gedanken machen. Wahrscheinlich haben diese alleinerziehenden Frauen und Männer weniger Angst, zu versagen. Sie halten es besser aus, auch einmal einen Fehler zu machen, und sehen ihren Wert als Frau/Mutter nicht infrage gestellt. Ich habe so eine Freundin. Die ist von Beginn an mit ihrem Sohn allein und der ist sogar noch gehandicapt. Sie sagt immer zu mir: »Iris, ich bin ein Mensch und darf Fehler machen.« Wenn sie das nicht so sehen würde, wäre sie sicher schon längst zusammengeklappt. Ja, ich habe Angst Fehler zu machen. Das ist es. Genau, sie bewertet die Situation anders als ich.

Was verlierst du, wenn du die Situation meidest, auch mal zu versagen und nicht zu 100 Prozent die Verantwortung übernommen zu haben? Und was würdest du gewinnen, wenn du dir erlaubst, auch mal zu versagen?
Iris: Wenn ich mir weiterhin nicht erlaube, zu versagen und die Angst mithilfe meiner Kämpferin meide, dann habe ich früher oder später wieder eine Depression. Denn die Menge, die ich versuche zu schaffen, ist einfach nicht gesund. Mein Ohr piepst schon wieder. Und meine Kinder sähen mich mit einer Depression sicher auch kaum noch, weil ich notfalls in eine Klinik müsste und für sie überhaupt nicht mehr da wäre. Außerdem würde ich mich der Erfahrung berauben, dass wahrscheinlich nichts Dramatisches passieren wird, wenn ich auch einmal versage und meiner Verantwortung nicht immer gerecht werde. Wenn ich das richtig verstehe und auch schon ein wenig spüre, dann kann ich in meiner Rolle der gesunden Großen die Angst vor der Verantwortung akzeptieren und auch damit umgehen, wenn ich als fürsorgliche Mama nicht immer 100 Prozent gebe. Und wenn ich dann mal richtig »versagt« habe, was immer das auch heißen mag, und ich merke, die Welt dreht sich weiter und ich bin trotzdem in Ordnung, dann täte mir das wahnsinnig gut und würde mich sehr entspannen. Von klein an wollte ich es meinem Vater recht

machen und seine Aufmerksamkeit erreichen, ich habe alles dafür
gegeben und darum gekämpft.

Nach diesen Fragen gab Iris zu, dass sie das zwar schon alles verstanden habe, sie es aber gar nicht fühle und die Angst vor dem Versagen
und der Veranwortung immer noch so mächtig sei. Ich versicherte
ihr, dass das ganz normal ist, da die anderen Rollen von der gesunden Großen erst mal Beweise sehen wollen, bevor sie ihre Funktion
reduzieren.

Stufe 3: Die gesunde Große entdecken

**Finde ein neues Gefühl (Gelassenheit), welches du fühlen möchtest. Wie musst du dich aus der Rolle deiner gesunden Großen dafür verhalten? Welches hilfreiche Selbstgespräch unterstützt dich?
Iris übt dieses hilfreiche Selbstgespräch.**
Iris: Ich möchte gelassen bleiben und spüren, dass es völlig in Ordnung und menschlich ist, auch einmal zu versagen oder nicht alles
richtig zu machen. Ich sage »Ja« zu meiner Angst zu versagen und
bin weiterhin ein wertvoller Mensch. Diesen Satz übe ich beim Zähneputzen vor dem Spiegel und sage mir diesen hilfreichen Satz immer wieder. Anfangs kam ich mir lächerlich vor, aber dieses Gefühl
wurde nach drei Wochen schon weniger.

**Fazit: Ziel ist es, als gesunde Große die Angst, Verantwortung zu
tragen und es auch anzunehmen, vielleicht auch einmal etwas
nicht zu schaffen.**

Stufe 4: Mutig tun!

1. Schritt: Iris schreibt ihren inneren Film mit Happy End
Im nächsten Schritt sollte Iris aufschreiben, wie es aus der Rolle der
gesunden Großen optimal für sie laufen würde:
Iris: Die Zwillinge stehen am Nachmittag quengelnd vor mir. Überall
sehe ich Chaos und ein Haufen Post liegt vor mir. Ich denke, dass es
eine Menge zu tun gibt, atme erst mal durch und ruhe mich einen

Moment aus mit meinen Kindern. Danach machen wir zusammen einen Plan, was wirklich wichtig ist und dringend zu erledigen ist. Als ich mich entschließe, viele Dinge von der Liste einfach nicht zu machen, kriecht wieder die Angst in mein Ohr und es piept. Ich hole tief Luft und lasse die Angst zu, meiner Verantwortung nicht gerecht zu werden. Ich stelle mich darauf ein, diese Angst zu spüren, und weiß, dass ich nicht verurteilt werde, wenn ich nicht alles perfekt mache. Abends gehe ich ins Bett und habe absichtlich viele Dinge liegen gelassen, die für mich eigentlich signalisieren, dass ich unverantwortlich handle. Meine Kinder würden mich groß anschauen und merken, dass ich nicht mehr so verbissen die Abendstunden abspule. Ich bin ruhiger, wenn ich sie ins Bett bringe, und lasse innerlich los. Dann stelle ich mir noch vor, wie eine Lehrerin meiner Kinder auf mich zukommt und mir sagt, dass ich vergessen habe, den letzten Beitrag für die Klassenkasse zu zahlen. Das ist für mich eigentlich ein absolutes No-Go und triggert meine Angst. Ich stelle mir vor, wie ich sie ganz cool anlächle und sage: Stimmt, passiert jedem mal. Danach drehe ich mich um und gehe stolz und glücklich davon.

2. Schritt: Film ab in Iris' Fantasie

Diese Szene, die sich Iris aufgeschrieben hatte, übte sie über mehrere Wochen in ihrer Fantasie. Das erforderte Disziplin, doch sie wusste, dass sich ohne ihren Einsatz nichts in der Zukunft ändern würde. Deswegen machte sie die Vorstellungsübung auch dann, wenn sie KEINE Lust hatte. Und dieser Moment wird auch bei dir mit 100-prozentiger Sicherheit kommen. Dann gibt es nur einen Weg: machen, obwohl du keine Lust dazu hast.

Nach der ersten Fantasiereise öffnete Iris die Augen, atmete tief durch und hielt sich die piependen Ohren. Allein schon, sich die Situation nur vorzustellen, hatte sie bei der ersten Vorstellungsrunde sehr viel Kraft gekostet.

3. Schritt: Einsprüche der anderen Rollen wahrnehmen

Iris berichtete, dass die Kämpferin, die strenge Richterin und die bedürftige Kleine in ihr das Schauspiel sehr kritisch beäugten. Aber genau das ist es zu Beginn auch. Es ist ein Schauspiel, wenn wir beginnen, uns von der strengen Richterin, der Kämpferin, der Flüchtenden oder der Dienerin zu distanzieren. Iris blieb aber dran und übte dieses Schauspiel und die Konfrontation mit ihrer Angst immer wieder. Was ihr sehr half, war der Gedanke, dass dieses Gefühl der Ohnmacht und Angst aus einer Zeit stammte, in der sie wirklich auf die Bestätigung als Mädchen angewiesen war. Aber jetzt, mit ihren 39 Jahren, konnte sie selbst entscheiden, wie sie mit der Verantwortung umgehen wollte. Iris hatte einen ungewöhnlichen Ort, wo sie sich in ihrer gesunden Großen übte: im Bad. Immer wenn sie dort war, schloss sie einen Moment die Augen und tauchte in das neue Schauspiel ein. Nach 20 Tagen war es ihr schon sehr vertraut und sie wollte endlich anfangen, zu üben und es tatsächlich zu tun. Um an diesen Punkt zu kommen, ist es eine wichtige Voraussetzung, dass wir wirklich keine Lust mehr haben, unser Leben durch die eine oder andere Angst einengen zu lassen. Iris war motiviert. Sie wollte ihre Angst zur Freundin erklären und die Schritte zur nächsten Phase, dem Tun und Üben, einleiten.

4. Schritt: Iris tut es!

Ungefähr drei Wochen später sagte Iris ihren Kindern, dass sie ein Experiment vorhabe. Sie wolle testen, wie es ihr ergehe, wenn sie nicht alles regelt, sondern nur das Allerwichtigste macht. Ihre Kinder schauten sie groß an und warteten gespannt ab. So öffnete sie keine Post, schaute keine Mails an und machte mit den Kindern nur Dinge, die sie eigentlich für wenig verantwortlich hielt. Sie bestellten sich eine große Pizza zum Abendbrot und guckten stundenlang Zeichentrickfilme. Völlig übermüdet ließ sie die zwei auf dem Sofa einschlafen. Und sie selbst machte an diesem Tag gar nichts mehr von den Dingen, für die sie sich eigentlich verantwortlich fühlte. Während sie all diese Dinge tat, grummelten die strenge Richterin und die Kämpferin in ihr.

Ein paar Wochen später gab es eine Situation, in der sie ihr neues Verhalten wirklich gut testen konnte. Sie war bei Kollegen zum Brunch eingeladen und eine Kollegin sagte: »Iris, seitdem dein Mann weg ist, tanzen deine Kinder ganz schön aus der Reihe. Was denkst du?« Iris schwieg erst mal und ging innerlich ihre möglichen Verhaltensweisen durch, die ihr jetzt zur Verfügung standen.

In der Rolle ihrer bedürftigen Kleinen würde sie verletzt und gekränkt antworten: »Oh, meinst du? Ich weiß auch nicht so recht. Mir macht das alles Angst. Diese ganze Verantwortung, mir ist alles zu viel.«

In der Rolle der Kämpferin würde sie in etwa so reagieren: »Also was bildest du dir bloß ein, so etwas zu sagen. Ich gebe alles und sorge für Ordnung. Nicht nur in der Schule. Unverschämtheit.«
In der Rolle der Dienerin würde sie antworten: »Ich weiß, ich schaffe es nicht und bin in der Situation einfach keine gute Mutter.«

Iris entschied sich letztendlich für keine der obigen Reaktionen, sondern für eine vierte Variante. Sie holte tief Luft und antwortete in der Rolle ihrer gesunden Großen: »Kinder tanzen immer mal wieder aus der Reihe. Dass es mit dem Weggang des Vaters zu tun hat, ist eine Mutmaßung. Wissen tun wir es nicht. Es ist immer wieder eine Herausforderung, mit der großen Verantwortung für die Kinder umzugehen. Manchmal klappt es gut und manchmal weniger und das ist menschlich. Findest du nicht auch?«
Die Kollegin, die von ihr eher die anderen Rollen gewohnt war, nickte erstaunt. Iris hingegen klopfte das Herz bis hinauf zur Kehle. Innerlich machte sie Freudentänze und ging viel selbstbewusster nach Hause.
Dann gab es wiederum andere Tage, an denen war die Kämpferin wieder aktiv, sie hatte Angst und Iris war enttäuscht, dass sie es nicht schaffte, in der Rollen der gesunden Großen zu bleiben. Ich gab ihr zu verstehen, dass auch das ganz normal sei. Das Ziel ist es niemals, die Kämpferin »auslöschen« zu wollen, sondern ein Team mit den eigenen Rollen zu werden und gemeinsam der strengen Richterin, die immer nur meckert, dass man es nicht alles schafft, den Mund zu verbieten.
Ich persönlich beschäftige mich schon sehr lange mit diesen Themen und auch ich habe Tage, da klappt es nicht mit der gesunden Großen. Da will ich auch einfach nicht. Aber es gibt einen Unterschied zu früher. Wenn ich nicht in der Rolle der gesunden Großen bin, dann bin ich bewusst in einer der anderen Rollen.
Und so handhabe das auch Iris. Sie wusste mittlerweile sehr genau, welche Situation sie am schnellsten in ihre »Kleine« bringen konnte. Und sie hatte gelernt, selbst wieder da rauszukommen. Auch hierzu findest Du mehrere Strategien im Kapitel 5.
Iris setzte sich in Ruhe auf ihr Bett und atmete mehrfach tief ein und aus und sagte: »Ja, ich bin bereit, die Angst vor der Verantwortung jetzt anzunehmen. Das Gefühl darf jetzt da sein.«

5. Schritt: Üben, dranbleiben und belohnen

Monate später war Iris immer noch damit beschäftigt, zu testen, ihre Angst zuzulassen. Sie hatte sich an ihre Kühlschranktür einen Zettel gemalt, sodass sie ihr Ziel immer vor Augen hatte. Das half ihr, sich zu erinnern. Sie belohnte sich mit einem Besuch in der Sauna.

6. Schritt: Iris fühlt das neue Gefühl der Gelassenheit wirklich

Zwei Jahre später ging es Iris deutlich besser. Sie hatte Freundschaft mit ihrer Angst, der Verantwortung nicht gerecht zu werden, geschlossen. Ergänzende Hilfe hatte sich Iris bei einer Therapeutin gesucht und sich unterstützen lassen. Die Angst, einen Fehler zu machen und zu versagen, stand nun nicht mehr so im Vordergrund. Für ihre Kinder war es ein wichtiger Bestandteil im Leben geworden, alle zwei Wochen Pizza zu bestellen und Zeichentrickfilme anzuschauen. Dieses Ritual verbindet die drei.

FALLBEISPIEL SVENJA: DIE ANGST, KEIN GELD ZU HABEN

Svenja, 36 Jahre, lebte mit ihrem Mann und ihren zwei Kindern in einem kleinen Häuschen, welches sie sich gekauft hatten. Nachdem die Ehe aufgrund einer einjährigen Affäre ihrerseits gescheitert war, blieb Svenja mit den Kindern im Haus wohnen. In den vergangenen sechs Jahren hat sie nicht in ihrem Beruf als Grafikdesignerin gearbeitet und war nun ratlos, wie es weitergehen sollte. Sie hatte sich bereits mehrfach beworben. Trotz guter Zeugnisse und Referenzen war nichts zu machen. Ihre Gedanken kreisten um kein anderes Thema mehr und sie sah sich verloren auf weiter Flur.

Stufe 1: Aktuelle Analyse

1. Schritt: Um welches Gefühl handelt es sich?

Svenja: Ich habe Angst, nicht genügend Geld zu haben und als Alleinerziehende keinen Job mehr zu finden.

2. Schritt: Analysiere eine Situation, in der du dich so gefühlt hast.

Svenja: Die schlimmste Situation ist immer, wenn ich meine Kontoauszüge prüfe. Ich bewerte die Situation als katastrophal und mein destruktives Selbstgespräch sieht so aus: Du bist zu blöd, du schaffst das nicht. Das wird sich nie ändern. Wir müssen bald aus dem Haus. Und dann sehe ich mich mit den Kindern und Unterstützung vom Staat in der winzigen Wohnung sitzen. Das ist für mich das schlimmste innere Bild. Mein Körper ist dann total angespannt, ich habe das Gefühl, keine Luft mehr zu bekommen, und zittere. Es fühlt sich an, als ob mir die Angst auf der Brust sitzt und mir die Luft abschnürt. Ich weine dann viel und vermeide den Blick auf den Kontoauszug. Die Papierhaufen werden mehr und das Bewerbungstraining, das ich mir vorgenommen habe, schiebe ich vor mir her.

3. Schritt: Welche Rollen sind in dir beteiligt?
Svenjas bisheriger Umgang mit den Gefühlen aus Sicht der Rollen:
- Selbstgespräch der bedürftigen Kleinen: »Mich will doch sowieso keiner. Ich habe doch nichts mehr zu bieten. Die anderen sind mehr wert. Es endet alles in einer Katastrophe.«
- Selbstgespräch der strengen Richterin: »Du bist zu blöd, du schaffst das nicht und das wird sich nie ändern. Du hast keine Chance und glaube nicht den Quatsch, den du hier im Buch liest, oder dass du etwas ändern kannst. Der Arbeitsmarkt gibt es einfach nicht her. So ist es nun einmal. Du bist weg vom Fenster.«
- Die Kämpferin war in diesem Fall nicht aktiv.
- Selbstgespräch der Flüchtenden: »Am besten keine Unterlagen anfassen. Ablenkung ist besser. Nur so kann ich die bedürftige Kleine schützen.«
- Die Dienerin war in diesem Fall nicht aktiv.
- Die glückliche Kleine war in diesem Fall nicht aktiv.
- Die gesunde Große war in diesem Fall nicht aktiv.

In unserem Gespräch versuchte ich, Svenja deutlich zu machen, dass sie in ihrer Situation sehr herausfordernd ist, aber das nicht grundsätzlich bei jedem alleinerziehenden Elternteil mit gleichen Bedingungen zu dieser Angst führt. Ihre Angst, nicht genug Geld zu haben und keinen Job zu finden, entsteht aufgrund ihrer Bewertung. Diese Bewertung findet in den destruktiven Selbstgesprächen statt, die ihren Ursprung in ihrer strengen Richterin, der bedürftigen Kleinen und der Flüchtenden haben.
Um einen ersten Zugang zu der gesunden Großen zu bekommen, ist es hilfreich, das Gefühl zu hinterfragen.

Stufe 2: Bisheriges Gefühl hinterfragen

Svenja hinterfragt die Angst, kein Geld zu haben und keinen Job zu finden.

Ist es wirklich eine Tatsache, dass das, was du als gefährlich ansiehst, auftreten wird und auch lebensgefährlich ist? Wo sind die Beweise und was spricht dafür?
Svenja: Also, wenn sich nicht bald etwas ändert und ich einen Job finde, dann müssen wir hier garantiert raus aus dem Haus. Ob das wirklich passieren wird, kann ich natürlich noch nicht sagen und es gibt keinen Beweis. Lebensgefährlich ist es natürlich nicht. Aber das ist mein Zuhause. Und wer will denn eine alleinerziehende Mutter mit zwei Kindern einstellen? Das kann ich doch von Anfang an vergessen.

Wie wahrscheinlich ist es, dass diese schlimmste Situation eintritt?
Svenja: Wie gesagt, ich werde daran nicht sterben, doch toll ist es dennoch nicht, alles aufzugeben. Was muss denn noch alles passieren? Ich schätze, das Risiko, nicht genug Geld zu haben, um in dem Haus zu bleiben, liegt bei 60 Prozent.

Gibt es einen Weg, die Situation zu verhindern?
Mein Leben wäre nicht vorbei. Aber so will ich nicht leben. Verhindern? Gute Frage? Sicherlich nicht, wenn ich weiter meiner Flüchtenden und meiner strengen Richterin folge. Ich müsste auf meine gesunde Große hören. Doch wie? Wahrscheinlich rausgehen und mich informieren und netzwerken und, und, und ... Aber ich habe doch solche Angst, dass alles nicht klappt!

Was würde passieren, wenn die schlimmste Situation eintritt, du in eine winzige Wohnung umziehen und Geld beantragen musst? Wie könntest du damit umgehen? Wie kann es weitergehen in der schlimmsten Situation? Welchen Einfluss hätte das auf dein Leben? Wie haben andere Menschen in einer ähnlichen Situation gehandelt?
Svenja: Ehrlich gesagt, mag ich mir genau das lieber gar nicht vorstellen. Es macht mir viel zu viel Angst. Dann käme ich mir so unfä-

hig und klein vor und hätte das Gefühl, mit allem versagt zu haben. Oh je, da steigen mir auch Tränen in die Augen. Ich hätte das Gefühl, alles verloren zu haben.

Ich habe eine Freundin, der ist genau das Gleiche passiert. Erst war sie total erstarrt und nun macht sie motiviert irgendwelche Fortbildungen vom Arbeitsamt. Ich denke, mir würde es ähnlich gehen. Und wenn ich nicht anfange, mich am eigenen Schopf da rauszuziehen, dann wird alles gleich bleiben und es ist vorbestimmt, dass wir aus dem Haus müssen. Früher habe ich meinen Beruf geliebt. Er könnte mir heute wieder Stärke geben. Doch ich bin gar nicht mehr auf dem neuesten Stand. Was für ein ätzender Kreislauf.

Verspüren alle Alleinerziehenden Angst, kein Geld zu haben und keinen Job zu finden?

Svenja: Also ich kann mir vorstellen, dass viele Alleinerziehende in dieser Situation von diesen Ängsten geplagt sind. Aber wahrscheinlich nicht alle. Die glauben trotz allem wohl mehr an sich selbst und ihre Stärken. Ich kenne eine Mutter aus der Schule, die bekommt nicht mal Unterhalt vom Ex-Mann und ist aber total fokussiert auf das, was sie vorhat in ihrem Leben. Sie berichtete mir, dass sie auch in eine kleine Wohnung ziehen musste und dass sie sich die ganz toll eingerichtet hat. Sie hat die Situation eindeutig anders bewertet. Sie traut sich mehr zu. Einmal sagte sie zu mir, sie habe durchaus auch Angst, aber sie würde sich nicht davon abhalten lassen. Sie macht einfach. Während ich so erstarrt bin.

Was verlierst du, wenn du die Situation meidest, dich um deine aktuelle Lage zu kümmern bezüglich eines Jobs und des Geldes? Und was würdest du gewinnen, wenn du trotz Angst mithilfe deiner gesunden Großen neue Wege testest?

Svenja: Also wenn ich weiterhin meine Papiere sammle und die Augen verschließe, erhöht sich die Wahrscheinlichkeit, dass genau das eintritt, wovor ich so eine Angst habe. Erstens finde ich keinen Job und zweitens müssen wir aus dem Haus ausziehen, weil ich den Kredit nicht mehr bedienen kann. Das wäre für meine Kinder und mich natürlich auch alles andere als schön. Wenn ich trotz meiner Angst, dass alles schwierig ist, langsam beginnen würde, mich zu informieren und nach Lösungen zu suchen, dann wäre ich unheimlich stolz auf mich und es würde mir Selbstvertrauen geben.

Nach diesen Fragen gab Svenja zu, dass sie das zwar schon alles verstanden habe, sie es aber gar nicht fühle, und die Angst, kein Geld zu haben, unverändert sei. Ich versicherte ihr, dass das ganz normal ist, weil die anderen Rollen von der gesunden Großen erst mal Beweise sehen wollen, bevor sie ihre Funktion reduzieren.

Stufe 3: Die gesunde Große entdecken

Finde ein neues Gefühl (Zufriedenheit), welches du fühlen möchtest. Wie musst du dich aus der Rolle deiner gesunden Großen dafür verhalten? Welches hilfreiche Selbstgespräch unterstützt dich? Svenja übt dieses hilfreiche Selbstgespräch.
Svenja: Ich möchte endlich wieder zufrieden sein. Um das hinzukommen, muss ich wohl selbst aktiv etwas tun. Anders wird das nichts. Mein hilfreicher Satz könnte sein:
Ich sage »Ja« zu meiner Angst, kein Geld zu haben und keinen Job zu finden, und beginne dennoch, nach Lösungen zu suchen. Ich vertraue mir.

Svenja kam sich sehr merkwürdig vor, immer wieder einen Satz zu lesen, den sie sich zu Hause als Bildschirmhintergrund auf dem PC eingerichtet hatte. Doch sie wusste, nur wenn sie anders denkt, auch wenn sie es noch lange nicht fühlt, würde sich etwas ändern.

Fazit: Ziel ist es, als gesunde Große die Angst, kein Geld zu haben und als Alleinerziehende keinen Job mehr zu finden, anzunehmen und dennoch handlungsfähig zu bleiben und nach neuen Lösungen zu suchen.

Stufe 4: Mutig tun!

1. Schritt: Svenja schreibt ihren inneren Film mit Happy End
Im nächsten Schritt sollte Svenja aufschreiben, wie es aus der Rolle der gesunden Großen optimal für sie laufen würde, wenn sie mit der Angst, kein Geld zu haben und keinen Job zu finden, umgehen könnte.
Svenja: Ich blicke auf meinen Kontoauszug und die Zahl, die ich

sehe, mag ich nicht. Dann denke ich, dass ich es mit Ausdauer und Mut schaffen kann, diese Situation zu verändern. Danach fühle ich immer noch eine Angst, aber sie ist eine angenehme Erregung, die mich aktiv werden lässt und mich nicht hemmt. Schließlich durchsuche ich das Internet nach Menschen, die in einer ähnlichen Lage waren, und schaue, wie sie es gemeistert haben. Außerdem greife ich nach dem Handy und rufe im Arbeitsamt an, bilde mich weiter und erhöhe so meine Chancen, einen guten Job zu bekommen.

2. Schritt: Film ab in Svenjas Fantasie!

Diese Szene, die sich Svenja aufgeschrieben hatte, übte sie über mehrere Wochen in ihrer Fantasie. Das erforderte Disziplin, doch sie wusste, dass sich ohne ihren Einsatz nichts in der Zukunft ändern würde. Deswegen machte sie die Vorstellungsübung auch dann, wenn sie KEINE Lust hatte. Und dieser Moment wird auch bei dir zu 100 Prozent kommen. Dann gibt es nur einen Weg: machen, obwohl du keine Lust dazu hast.

Nach der ersten Fantasiereise öffnete Svenja die Augen und seufzte: »Das wäre alles zu schön. Doch die Realität?« Eine typische Aussage der anderen Rollen, die Svenja auf eine harte Probe stellten.

3. Schritt: Einsprüche der anderen Rollen wahrnehmen

Svenja berichtete, dass die Flüchtende, die strenge Richterin und die bedürftige Kleine in ihr das Schauspiel sehr kritisch beäugten. Aber genau das ist es zu Beginn auch. Es ist ein Schauspiel, wenn wir beginnen, uns von der strengen Richterin, der Kämpferin, der Flüchtenden oder der Dienerin zu distanzieren. Svenja blieb aber dran und übte dieses Schauspiel und die Konfrontation mit ihrer Angst immer wieder.

Die strenge Richterin und die Flüchtende wechselten sich ab, indem sie ihr sagten, was das denn bitte für ein Quatsch sei, sich auszumalen, wie es optimal laufen könnte … Die beiden empfahlen ihr, sie solle sich besser wieder zurückziehen und nicht daran glauben, dass sich je etwas ändern würde. Kein Geld, kein Job und eine miese Zukunft. Zum Glück war Svenja sich ihrer Rollen schon so bewusst, dass sie trotz deren Einsprüche immer wieder die Vorstellungsübungen machte. Meistens abends für ein paar Minuten – und das über 30 Tage. Ab Tag 14 machte Svenja eine interessante Erfahrung. Ihre anderen Rollen wurden leiser und sie konnte sich immer besser auf den gewünschten Film konzentrieren. Am 18. Tag kribbelte es ihr in den Fingern, endlich »real« die Dinge anzufangen.

Um an diesen Punkt zu kommen, ist es eine wichtige Voraussetzung, dass wir wirklich keine Lust mehr haben, unser Leben durch die eine oder andere Angst einengen zu lassen. Svenja war motiviert. Sie wollte ihre Angst zur Freundin erklären und die Schritte zur nächsten Phase, dem Tun und Üben, einleiten.

4. Schritt: Svenja tut es!

Svenja durchsuchte die Internetseiten und Foren, ging online in den Austausch mit anderen in einer gleichen Lebenssituation und ließ sich berichten, wie die es geschafft hatten, diesem Kreislauf zu entkommen. Sie lernte dabei auch eine Frau kennen, die ihr empfahl, nachzuforschen, wie Menschen wieder erfolgreich geworden sind, obwohl sie mal pleite waren, den Job verloren hatten usw. Es gab viele Menschen, die als Vorbilder für Svenja dienen konnten. Der Austausch im Internet tat ihr gut und sie fand endlich den Mut, im Arbeitsamt anzurufen und einen Termin auszumachen. Diese Aktion hatte sie sich ja bereits zigmal in ihrer Fantasie vorgestellt. Durch die »So tun, als ob«-Übungen passierte etwas Spannendes: Die Angst wurde weniger! Und Svenja verstand auch, dass sich nie etwas ändern würde und sie garantiert ihr Haus verlieren würde, wenn sie weiterhin darauf wartete, dass die Angst verschwindet.

Am Ende des Tages war Svenja erschöpft, weil sie sich in der Rolle ihrer gesunden Großen in neue Gebiete vorgewagt hatte. Aber sie war auch sehr stolz und glücklich und ihr Selbstvertrauen wuchs. Als sie am Abend im Bett lag, hörte sie wieder eine Stimme, die sagte: »Na, wer weiß, wie lange das gut geht.« Sie musste schmunzeln und wusste, dass sie genau das Gegenteil von dem tun würde, was ihr ihre strenge Richterin mitteilen wollte. Und immer wieder setzte sie sich in Ruhe auf ihr Sofa und atmete mehrfach tief ein und aus und sagte: »Ja, ich bin bereit, die Angst, nicht genug Geld zu haben und keinen Job zu finden, jetzt anzunehmen. Das Gefühl darf jetzt da sein. Erst danach kann ich tätig werden.«

5. Schritt: Üben, dranbleiben und belohnen

Svenja machte ab dem besagten Tag immer wieder genau das Gleiche: Alles, was ihr Angst machte, tat sie trotzdem. Immer wieder.

Und dann gönnte sie sich ihre Lieblingsbelohnung: ein Stück Sacher-Torte aus der Konditorei.

6. Schritt: Svenja fühlt das neue Gefühl der Zufriedenheit wirklich

Ein Jahr später wohnte Svenja noch immer mit den Kindern in dem Haus. Sie hatte eine Weiterbildungsmaßnahme im Arbeitsamt begonnen und auch einige Frauen aus den Internetforen bereits real getroffen – und Gleichgesinnte gefunden. Viele Frauen steckten in einer ähnlichen Situation, eine Tatsache, die Trost spenden kann. Außerdem eignete Svenja sich viel Wissen rund um das Thema Grafikdesign selbst an und bot ihre Dienste online bei einer Freelancer-Plattform an. Auch wenn es bislang nur kleine Aufträge waren, gab das Svenja Selbstvertrauen. Abschließend erzählte sie mir, dass es immer noch Tage gäbe, an denen sie alles ätzend fände, doch sie würden weniger. Und wenn dem so sei, würde sie sich mit sich selbst beziehungsweise mit ihren eigenen Rollen unterhalten und diese fragen, was denn los sei.

Svenja: Wenn ich freundlich und wertschätzend mit meiner Flüchtenden umgehe und ihr versichere, dass ich, die gesunde Große, auf die »kleine Svenja« aufpassen kann, dann wird sie stiller. Es lohnt sich, dranzubleiben, und meine Angst ist keine Bedrohung mehr für mich, sondern eher ein Wegweiser für mein persönliches Wachstum.

WERTVOLLE TIPPS BEI ANGST AUS DER ROLLE DEINER GESUNDEN GROSSEN

1. Gefühl fühlen! Atme tief ein, schließe die Augen und sage laut oder leise »Ja« zu deiner Angst. Nehme sie bewusst wahr. Das Gefühl darf da sein!

2. Überprüfe die Angst. Ist die Gefahr unkontrollierbar und eine tatsächliche Bedrohung? Ist die Angst hilfreich oder nicht?

3. Handle trotz Angst! Gestatte dir mit deiner Angst nach neuen Lösungen zu suchen. Sie muss nicht verschwunden sein, damit du ins Handeln kommst.

4. Deine Angst – dein Freund! Betrachte deine Angst wie einen Gast/Freund, der dich besuchen kommt. Nicht um dich zu ärgern, sondern um dich wachsam zu machen und eine Veränderung einzuleiten.

5. Mach dir Vorstellungsbilder mit Happy End. Auch wenn es anstrengend ist und du keine Lust hast. Mach es trotzdem.
6. Sprich mit anderen über deine Angst. Und stelle fest, wie andere damit umgehen. Falls es ein großer Unterschied zu dir ist, frage nach deren Selbstgesprächen. Wie redet die Person mit sich, damit sie besser mit der Situation zurechtkommt?
7. Suche Wege zur Entspannung. Dort, wo Entspannung ist, kann keine Angst sein. Meditation, autogenes Training, Fantasiereisen – du findest gute Hilfsmittel auf CDs, in Kursen oder auch auf YouTube. Nutze es wirklich. YouTube bietet alles!
8. Hol dir Hilfe! Bist du zu überwältigt und gelähmt von deiner Angst und findest keinen Zugang zu deiner gesunden Großen, dann hol dir bitte professionelle Unterstützung.

FAZIT: ANGST

Am Ende dieses Abschnitts über die Angst möchte ich betonen, dass die Arbeit mit Ängsten sehr komplex ist und ich hier nur einen kleinen Teil darstellen konnte. Die Anregungen sollen dich ermutigen, dass du dich unterstützen lässt, wenn du das Gefühl hast, deine Angst engt dich in deinem Alltag ein. Hilfe und Unterstützung anzunehmen ist eine Stärke! Du und deine Kinder, ihr habt es verdient, ein entspanntes und leichtes Leben zu führen. Das Ziel ist es nicht, die Angst aus dem Leben verbannen zu wollen. Aber es ist das Ziel, sie wie einen guten Freund willkommen zu heißen, sie anzunehmen und zu verstehen, was sie dir mitteilen möchte.

Einsamkeit

Einsamkeit ist eine Gefängniszelle, die sich nur von innen öffnen lässt.

ALFREDO LA MONT

In solchen Aussagen kann sich deine Einsamkeit zeigen:
- *Ich weiß nicht, was ich tun soll, wenn ich am Wochenende ohne Kinder bin.*
- *Ich weiß nichts mit mir anzufangen, wenn die Kinder weg sind.*
- *Ich fühle mich so einsam am Abend.*
- *Wenn ich mit Freunden zusammen bin, fühle ich mich auch einsam und nicht dazugehörig.*
- *Ich fühle mich einsam, seitdem mein Mann ausgezogen ist.*
- *Seitdem ich alleinerziehend bin, ist das Gefühl der Einsamkeit noch schlimmer geworden. In meiner Beziehung fühlte ich mich schon einsam und nun noch mehr.*

WARUM EMPFINDEN WIR EINSAMKEIT UND WIE KÖNNEN WIR BESSER DAMIT UMGEHEN?

Wenn wir uns von anderen Menschen und uns selbst abgetrennt fühlen, führt das zur Einsamkeit. Dabei ist es egal, ob wir allein sind oder mit Freunden oder unseren Kindern zusammen sind. Wir fühlen uns ausgeschlossen und verlassen. Viele von uns haben diese Einsamkeit auch schon am Ende der Beziehung zum Partner gespürt.

Allein zu sein kann auch durchaus als bereichernd empfunden werden und für Zeiten stehen, in denen wir zur Ruhe kommen, um uns zu stärken und neue Ideen zu entwickeln. In diesen Momenten sind wir in unserer Rolle der gesunden Großen und empfinden diesen Zustand als angenehm.

Eine Trennung oder Scheidung löst bei vielen von uns das Gefühl der Einsamkeit aus und das ist ein angemessener Prozess. Doch wie bei allem kommt es auf die Intensität und Dauer an. Was du tun kannst, um besser mit deiner Einsamkeit umzugehen, liest du in dem nächsten Fallbeispiel.

FALLBEISPIEL KIRSTIN:
FÜHLT SICH EINSAM UND NICHT DAZUGEHÖRIG

Kirstin, 34 und Bauzeichnerin, ist seit zweieinhalb Jahren alleinerziehend mit ihren zwei Töchtern und auf eine Geburtstagsparty eingeladen, auf der viele »heile Familien« anwesend sind. Und auch sonst hat sie das Gefühl, dass sich viele von ihr abwenden. Zwar wurde ihr öfters Hilfe angeboten, doch wenn es konkret wurde, war keiner mehr erreichbar. Kirstin versuchte dann durch viel Hingabe und Übernahme von Aufgaben, ein Wohlwollen bei Freunden zu erzeugen. Sie war bekannt dafür, fast immer »Ja« zu sagen.

Stufe 1: Aktuelle Analyse

1. Schritt: Um welches Gefühl handelt es sich?
Kirstin: Ich fühle mich einsam, verlassen und nicht dazugehörig. Das Gefühl ist die Einsamkeit.

2. Schritt: Analysiere eine Situation, in der du dich so gefühlt hast.
Kirstin: Die letzte schlimme Situation war auf der Party, auf der ich mit meinen Kindern eingeladen war. Ich bewertete die Situation als sehr unangenehm und mein Selbstgespräch sah so aus: Die haben mich doch nur aus reinem Anstand eingeladen. Eigentlich wollen sie mich doch gar nicht dabei haben. Die meisten Frauen gucken schon so komisch, weil sie Angst um ihre verheirateten Männer haben. Als ob ich nichts Besseres zu tun hätte. Ich gehöre nicht dazu. Das Gefühl der Einsamkeit spüre ich immer in der Magengegend. Ich verhalte mich dann so, dass ich kaum noch rede, mich mit meinen Kindern beschäftige und keinem mehr wirklich in die Augen schaue. Oft finde ich dann eine Ausrede, damit ich schnell von der Party verschwinden kann.

3. Schritt: Welche Rollen sind in dir beteiligt?
Kirstins bisheriger Umgang mit den Gefühlen ist aus Sicht der Rollen:
• Selbstgespräch der bedürftigen Kleinen: »Ich bin so einsam und verlassen. Keiner will etwas mit mir zu tun haben. Ich habe es irgendwie nicht verdient und muss aufpassen, dass sie nicht merken,

wie wenig ich eigentlich zu bieten habe. Ich bin nicht interessant und liebenswert.«

- Selbstgespräch der strengen Richterin: »Ist doch kein Wunder, dass keiner mit dir etwas zu tun haben möchte. War doch klar. Das war schon immer so und es wird nur noch schlimmer. Glaube mir.«
- Die Kämpferin war in diesem Fall nicht aktiv.
- Selbstgespräch der Flüchtenden: »Am besten gehst du gleich. Dann kann dir nichts passieren und du gehst eventuellen komischen Fragen aus dem Weg. Nur so kann ich die bedürftige Kleine schützen.«
- Selbstgespräch der Dienerin: »Ich denke, wenn ich mich zurücknehme, sind die Leute noch eher bereit, mit mir etwas zu unternehmen.«
- Die glückliche Kleine war in diesem Fall nicht aktiv.
- Die gesunde Große war in diesem Fall nicht aktiv.

Die strenge Richterin tat ihren Anteil, indem sie Kirstin ununterbrochen erzählte, dass sowieso keiner etwas mit ihr zu tun haben möchte. Das erinnerte Kirstin an eine alte Erfahrung.

Kirstin: Im Alter von zehn Jahren war ich bei dem Geburtstag meiner besten Freundin eingeladen und wir machten ein Spiel, bei dem wir in eine Mannschaft gewählt werden sollten. Ich war die Letzte, die übrig war, und dann sagte auch noch meine »beste« Freundin: »Mit dir will doch sowieso keiner etwas zu tun haben.« Das war ganz schlimm für mich und unbewusst hat das Spuren hinterlassen. Auf Partys fühlte ich mich seither unwohl.

In unserem Gespräch versuchte ich, Kirstin deutlich zu machen, dass sie in ihrer Situation sicherlich sehr herausgefordert ist, aber das nicht grundsätzlich bei jedem alleinerziehenden Elternteil mit gleichen Bedingungen zu dieser Einsamkeit führt. Ihr Gefühl von Einsamkeit entsteht aufgrund ihrer Bewertung. Diese Bewertung findet mit den destruktiven Selbstgesprächen statt, die ihren Ursprung bei ihrer strengen Richterin, der bedürftigen Kleinen, der Flüchtenden und ihrer Dienerin haben. Um einen ersten Zugang zu der gesunden Großen zu bekommen, ist es hilfreich, das Gefühl zu hinterfragen.

Stufe 2: Bisheriges Gefühl hinterfragen

Kirstin hinterfragt das Gefühl der Einsamkeit.

Ist das Gefühl der Einsamkeit und das dazugehörige destruktive Selbstgespräch »Ich gehöre nicht dazu!« eine Tatsache oder mehr deine Meinung?
Kirstin: Wenn ich bei der Einladung bin und keine mit mir redet und ich wochenlang keinen Anruf bekomme, dann finde ich, dass das eine Tatsache ist. Und das ist so, seitdem ich alleinerziehend bin. Davor war es auch nicht immer einfach. Aber so, nein. Ich kann mir aber vorstellen, dass andere das anders sehen.

Welchen Beweis gibt es denn, dass du nicht dazugehörst und folglich einsam bist? Gibt es einen Gegenbeweis, dass du doch dazugehörst?
Kirstin: Meine Freundin hat es damals gesagt und jetzt, wo ich alleinerziehend bin, frage ich mich oft: Gehöre ich noch dazu? Ich fühle mich so verlassen von allen. Der Gegenbeweis ist, dass sie mich zum Geburtstag eingeladen haben und ein paar Freunde habe ich auch. Aber das Gefühl bleibt irgendwie dennoch.

Wie wahrscheinlich ist es, dass diese schlimmste Situation eintritt und du einsam und verlassen bist?
Kirstin: Die schlimmste Situation existiert bereits! Ich habe das Gefühl, dass es nicht mehr schlimmer geht. Ich fühle mich zu 100 Prozent so.

Gibt es einen Weg, die Einsamkeit zu verhindern?
Kirstin: Hättest du mich das gefragt, bevor ich dieses Buch gelesen hatte, hätte ich gesagt: »Nein, ich kann nichts daran ändern. Ich bin abgeschnitten von der Welt. Meine Freunde wenden sich immer mehr von mir ab. Einen Partner habe ich auch nicht mehr. Was ist denn noch mit mir los? Nichts!« Aber jetzt: Also, meine bedürftige Kleine fühlt sich verlassen. Das ist Fakt. Meine große Gesunde hätte sicher eine Idee, was ich jetzt tun könnte. Doch ich spüre diese gesunde Große noch nicht. Es ist sauschwer für mich. Du hattest ja gesagt, sobald ich mehr Selbstvertrauen habe, lässt das Gefühl der Einsamkeit nach. Und die gesunde Große hat Selbstvertrauen. Die

kann das. Ich sehe schon, da habe ich noch eine große Aufgabe vor mir.

Was würde passieren, wenn du für immer allein und verlassen wärest und niemand mit dir etwas zu tun haben wollte? Welchen Einfluss hätte das auf dein Leben? Wie haben andere Menschen in der Situation gehandelt?

Kirstin: Dann würde ich wohl depressiv in der Ecke sitzen. Darüber will ich nicht weiter nachdenken. Keine Ahnung, wie andere damit umgehen. Ich denke, manche werden wirklich depressiv und andere tun endlich etwas für sich. Ich möchte zu der zweiten Kategorie gehören. Ich würde mir auf alle Fälle von einem Fachmann Hilfe holen. Bevor es zu spät ist und meine Kinder eine zu traurige Mutter erleben. Klar darf das mal sein. Aber wenn es zu lange andauern würde, dann ist es meine Aufgabe dafür zu sorgen, dass es mir wieder gut geht.

Was ist der Vorteil, zu denken: »Ich gehöre nicht dazu« und sich einsam zu fühlen?

Kirstin: Vorteil? Wie bitte? Ich sehe keine Vorteile! Ich leide ja darunter und wünsche mir nichts mehr, als dieses Gefühl ein für alle Mal AUSZULÖSCHEN.

Noch mal anders formuliert: Die Flüchtende sorgt ja dafür, dass die bedürftige Kleine Kirstin geschützt ist, indem ihr die Situation verlasst, keinen Blickkontakt haltet, früher geht usw. Warum tut sie das?

Kirstin: Ich glaube, weil die Kleine eigentlich ganz traurig ist und die Flüchtende versucht, ihr die Traurigkeit zu nehmen. Kann das sein? Ja, ich bin traurig. Aber das ist doch verrückt, damit das Gefühl unterdrücken zu wollen. Das klappt doch nicht. Sehe ich jetzt sehr deutlich.

Was ist der Nachteil, zu denken: »Ich gehöre gerade nicht dazu« und sich einsam zu fühlen?

Kirstin: Der Nachteil ist, dass ich mir nicht erlaube, wirklich traurig zu sein, und die Leute sich wirklich irgendwann von mir zurückziehen, wenn ich nach einer Stunde von der Party gehe und ihnen nicht in die Augen schaue. Nach kurzer Zeit fühle ich mich aber noch mehr einsam und verlassen. Und das ist unabhängig davon, ob ich tatsächlich allein bin oder viele Menschen um mich herum sind. Damit habe ich dann natürlich eine selbsterfüllende Prophezeiung geschaffen. Ein Teufelskreis.

Was wäre, wenn du das Gefühl von Einsamkeit akzeptieren würdest?
Kirstin: Meine Bereitschaft, die Einsamkeit anzunehmen und zu akzeptieren, ist nicht vorhanden. Wenn ich nämlich aus der Rolle meiner gesunden Großen reagieren könnte, dann würde ich endlich die Verantwortung dafür übernehmen, dass nur ich selbst aus diesem Gefängnis ausbrechen kann. Ohne, dass ich mich verbiege und für alle immer alles mache.

Verspüren alle Alleinerziehenden das Gefühl der Einsamkeit?
Kirstin: Nein, das ist bei zwei Freundinnen von mir ja schon anders. Die sitzen auch am Abend allein auf dem Sofa und sagen mir, dass sie die Ruhe auch mal genießen. Eine ist sogar Elternvertreterin in der Schule. Sie betont immer, nur wir selbst könnten etwas gegen die Einsamkeit tun, wenn wir sie spüren. Offensichtlich hat sie damit recht. Zum Beispiel Janina. Auch alleinerziehend. Sie war auch vor Kurzem mit ihren Söhnen auf einer Grillparty eingeladen. Sie berichtete mir, dass sie sich total über die Einladung gefreut hatte und ganz gelassen ins Gespräch gekommen sei. Sie habe sich gut unterhalten, anderen zugehört, viel gelacht und sich für die kommende Woche verabredet.
Tja, der Unterschied von ihr zu mir ist, dass sie an sich glaubt und ihr es so völlig egal ist, was für einen Beziehungsstatus ein Mensch hat. Sie sagt dann oft zu mir: Ich bin eine Frau und Mama und gebe mein Bestes. Ob alleinerziehend oder nicht. Diesen Schuh ziehe ich mir nicht an. Sollen die anderen das machen. Ich nicht. Ich habe Spaß und Freude in meinem Leben.
Ganz ehrlich: Davon bin ich weit entfernt. Doch toll wäre es schon, wenn ich wieder mehr an mich glaube.

Ich versicherte Kirstin, dass das ganz normal ist, weil die anderen Rollen von der gesunden Großen erst mal Beweise sehen wollen, bevor sie ihre bisherige Funktion reduzieren.

Stufe 3: Die gesunde Große entdecken

Finde ein neues Gefühl (Zugehörigkeit), welches du fühlen möchtest. Wie musst du dich aus der Rolle deiner gesunden Großen dafür verhalten? Welches hilfreiche Selbstgespräch unterstützt dich? Kirstin übt dieses hilfreiche Selbstgespräch.

Kirstin: Ich möchte mich dazugehörig fühlen. Um das zu spüren, muss ich unter Menschen gehen und an meinem Selbstvertrauen arbeiten.

»Ich sage ›Ja‹ zu meinem Gefühl der Einsamkeit und bin vollkommen und zugehörig.«

Dieser Satz kommt von meiner gesunden Großen. Spüren tue ich das zwar so noch gar nicht, aber …

Auch ich darf unabhängig von meinem Beziehungsstatus »alleinerziehend« neue Freunde finden und einen Partner haben. Andere Menschen haben, genauso wie ich, Stärken und Schwächen, die ich akzeptiere. Wenn andere Menschen mich nicht mögen, sagt das nichts über mich aus, sondern über deren Vorstellungen und Erwartungen. Ich genieße es, Zeit für mich allein zu haben.

Ziel ist es, als gesunde Große das Gefühl der Einsamkeit anzunehmen und dennoch aktiv zu werden. Je stärker deine gesunde Große ist, desto weniger wirst du unter dem Gefühl der Einsamkeit leiden.

Stufe 4: Mutig tun!

1. Schritt: Kirstin schreibt ihren inneren Film mit Happy End

Als Nächstes sollte sich Kirstin *aufschreiben*, wie es sein wird, wenn die gesunde Große die Führung übernimmt und einen guten Umgang mit der Einsamkeit entwickelt.

In dieser Stufe sollte sich Kirstin erst mal in allen Facetten ausmalen, wie es wäre, als gesunde Große auf andere Menschen zuzugehen.

Da es ihr kaum möglich war, sich diese Situation aus der Ich-Perspektive vorzustellen, entschieden wir uns, zunächst so zu tun, als ob wir das Leben einer Person beschreiben würden, welche all die notwendigen Fähigkeit schon in sich trägt. Eine Art Vorbild für ihre gesunde Große. Kirstin schrieb auf:

Mein Vorbild ist Janina, meine Freundin. Wir haben uns bei dem ersten Elternabend angefreundet. Wir waren nämlich die Einzigen, die pünktlich
nach Hause mussten, da wir unseren Babysitter ablösen mussten. Janina ist
genauso wie ich seit über zwei Jahren alleinerziehend, geht aber völlig anders durch die Welt. Sie hat trotz vieler Schwierigkeiten immer ein Lächeln
auf den Lippen und sorgt für sich. Sie sagt oft: »Ich habe das genauso verdient, wie alle anderen auch, und ich werde mich darum kümmern, dass es
mir gut geht.« Sie macht das einfach. So ganz selbstverständlich, während
meine strenge Richterin mir erzählt, dass ich an allem schuld bin und nun
allein zu Hause sitze.

Janina geht zum Beispiel zu einem Treffen für Alleinerziehende. Das finde
ich so mäßig gut. Mir geht es doch eh schon so schlecht, da habe ich keine
Lust und keine Nerven, mir noch das Gejammer der anderen anzuhören.
Aber Janina bestreitet das und strahlt jedes Mal, wenn sie zurückkommt.
Sie fühle sich aufgehoben und verstanden und nicht allein. Darüber hinaus
nutzt sie ihre wenige kinderfreie Zeit immer, um sich mit Menschen zu treffen. Es gibt bei uns in der Gegend einen »offenen Chor«. Da geht sie ohne
mit der Wimper zu zucken hin und berichtet mir immer strahlend von der
Zeit.

Sie sagt, sie genieße ihre Abende allein, und ab und an würde sie im Internet mal mit einem Mann schreiben. Ich muss ja zugeben, dass ich das alles
für Quatsch halte. Also wenn, dann muss ich einem Mann schon auf der
Straße begegnen. Aber wann bloß? Na ja, sie meint, es ginge ihr aktuell
nicht darum, sofort einen neuen Mister Right zu treffen, sondern einfach –
auch unter den erschwerten Bedingungen als Alleinerziehende, weil wir ja
so selten ausgehen können – eine gute Zeit zu haben. Janina versucht, sich
trotz aller Einschränkungen ein gutes Leben zu machen und mir fällt auf,
dass sie persönlich nichts erschüttert. Obwohl ihr Ex-Mann sich sehr un-
schön aus der Beziehung verabschiedet hat, keinen Unterhalt zahlt und
sonst auch noch viele Schwierigkeiten macht, lässt sie sich davon wenig
beeinflussen.

Sie hat ein Grundvertrauen in sich selbst. Vor Kurzem sagte sie mir noch
mal: »Kirstin, auch in meiner Situation kann ich immer noch Dinge tun, damit ich mich besser fühle, und auch Kontakt zu anderen Menschen aufneh-
men. Ob ich mit meinem Kind allein lebe oder nicht, ist da völlig egal. Was
soll schon Schlimmes passieren?« Und genau diese Haltung habe ihr auch
zu Beginn geholfen, von der Caritas und dem Kinderschutzbund Hilfe anzunehmen. Sie hatte wohl auch Bedenken, es aber dann doch getan. Ich
habe das nie in Erwägung gezogen und da ist es doch kein Wunder, dass

ich mich mit allem viel einsamer fühle. Als Janina dann von ihrer besten Freundin enttäuscht wurde, weil sie ihr die anfänglich versprochene Hilfe nicht zukommen ließ, führte es nicht dazu, dass sie fortan niemandem mehr traute und sich zurückzog. So habe ich es ja gemacht. Janina hingegen meinte, dass auch andere Menschen Schwächen haben und man nicht immer alles auf sich beziehen oder persönlich nehmen sollte. Janina schafft es besser, die Probleme anderer nicht zu ihren eigenen zu machen und sich selbst nicht sofort infrage zu stellen.

Als Kirstin den Text fertig geschrieben hatte, sagte sie: »Ja, so ist Janina … aber ich?«

Stopp! Gerade war sie wieder in die Rolle ihrer strengen Richterin gerutscht und ich bat sie, in dem Text den Namen »Janina« durch ihren eigenen Namen beziehungsweise »Ich« zu ersetzen. Wohlwissend, dass es sich für Kirstin anfänglich sehr künstlich anfühlen würde.

Kirstin schüttelte zunächst den Kopf. Sie konnte sich zuerst nicht vorstellen, so zu handeln. Dennoch blieb sie dran und ich forderte sie auf, immer wieder so zu tun, als ob sie so denken könnte. In den nächsten drei Wochen sagte sie sich diesen umformulierten Text einmal täglich vor. Wenn sie besonders guter Laune war, stellte sie sich dafür sogar vor den Spiegel und fand diesen Text immer amüsanter. Bald konnte sie es sich immer besser vorstellen.

2. Schritt: Film ab in Kirstins Fantasie

Sie ließ den umformulierten Text vor ihrem inneren Auge ablaufen, bis sie schließlich nach drei Wochen den Mut fasste, einen ersten Schritt zu tun.

3. Schritt: Kirstin tut es!

Kirstin überlegte sich, was sie als Erstes TUN könnte, um sich wieder mehr dazugehörig zu fühlen, obwohl sie abends an die Wohnung gebunden war. Die ersten Schritte raus aus dem Gefühl von Einsamkeit sah sie darin, sich wirklich in Beratungsstellen professionellen Rat und Unterstützung zu holen. Obwohl Kirstin sich sehr unwohl damit fühlte und am liebsten geflüchtet wäre, wählte sie die Nummer der Erziehungsberatungsstelle und machte zuerst allein und im weiteren Verlauf sogar mit dem Kindsvater einen Termin aus.

»*Einen schönen Guten Tag, mein Name ist Kirstin S. und ich lebe mit meinen Töchtern seit zweieinhalb Jahren allein in unserer Wohnung. Ab und an merke ich, dass ich an meine Grenzen komme, und würde mich über ein Gespräch bei Ihnen sehr freuen.*«

Im zweiten Schritt beschloss sie, langsam wieder Kontakt zu Freunden zu suchen und vielleicht sogar auch ganz neue Freundschaften zu entwickeln. Sie fing an, auf andere Frauen zuzugehen und sie zu fragen, ob sie sich treffen wollten. Da Kirstin aufgrund ihres Alltags sehr eingebunden war und es nur wenige Möglichkeiten gab, erste Kontakte zu finden, ging sie – trotz Bedenken – mit ihrer Freundin Janina zu diesem Gruppentreffen für Alleinerziehende. Natürlich gab es dort die eine oder andere, die nicht zu ihr passte, doch Kirstin versuchte sich von diesem Anspruch zu lösen und erst mal neugierig und offen zu sein. Das Ziel ihres TUNs bestand darin, erste Schritte zu unternehmen, um ihr Gefühl der Einsamkeit zu reduzieren.

Und immer wieder verkroch sie sich unter der Bettdecke und atmete mehrfach tief ein und aus und sagte: »Ja, ich bin bereit, meine Einsamkeit jetzt anzunehmen. Das Gefühl darf jetzt da sein.«

4. Schritt: Einsprüche der anderen Rollen wahrnehmen

Während Kirstin die 3. Stufe, das TUN, umsetzte und sie so tat, als ob sie aus der gesunden Großen handelte, gab es mehrere Stimmen in ihr, die sie beeinflussten. Ihr war im Lauf der Zeit bewusst geworden, dass ihr Gefühl der Einsamkeit immer dann ganz intensiv wurde, wenn ihre Kinder am Wochenende oder in den Ferien weg waren. Manchmal auch an den Abenden in der Woche. Sie fühlte sich verlassen, allein und war in der Rolle ihrer bedürftigen Kleinen. Um das Alleinsein nicht zu spüren, wurde sie von ihrer Flüchtenden und ihrer Dienerin unterstützt, nicht zu spüren.

Die Kämpferin meldete sich schließlich auch und war fest davon überzeugt, nicht mit den Schwächen und Fehlbarkeiten anderer Menschen zurechtkommen zu müssen. Das habe sie nicht nötig, deswegen wollte sie sich lieber erst gar nicht auf jemanden verlassen. Kirstins Flüchtende glaubte, der Einsamkeit zu entkommen, indem sie sie zum Schlafen animierte. Da muss man nichts mehr spüren.

Und die Dienerin hatte die Ansicht, dass Kirstin zu Recht einsam war, und wenn sie ihre Kinder behalten wolle, sollte sie sich besser nicht irgendwo Hilfe suchen, sondern immer alles alleine machen.

Warum beschreibe ich das hier so deutlich? Weil du IMMER innerlich auf einen Widerstand treffen wirst, wenn du beschließt, etwas anders zu tun als bisher, um in diesem Fall dein Bedürfnis nach Bindung und Zugehörigkeit mehr zu befriedigen. Die Rollen in Kirstin geben einfach nicht von heute auf morgen ihre Funktion auf und lassen die gesunde Große neue Wege gehen. Sie wollen wirklich Ergebnisse von der gesunden Großen geliefert bekommen, um den Beweis zu sehen.

5. Schritt: Üben, dranbleiben und belohnen
Als Kirstin sich immer wieder erprobte und Dinge unternahm, die ihre Einsamkeit reduzierten, vertrauten die anderen Rollen immer mehr darauf. Im Laufe der Zeit entwickelte sie noch ein hilfreiches Selbstgespräch, das ihre gesunde Erwachsene unterstützte: »Nur ich selbst kann mein Gefühl der Einsamkeit durchbrechen«.

6. Schritt: Iris fühlt das neue Gefühl der Zugehörigkeit wirklich
Seitdem sind drei Jahre vergangen. Kirstin hatte sich in der ersten Zeit ihr hilfreiches Selbstgespräch als Bildschirmschoner und als Hintergrundbild in ihrem Handy eingerichtet. Mittlerweile hat sie selbst einen Treffpunkt gegründet, wo sie andere Alleinerziehende unterstützt, die sich neu zurechtfinden müssen. Sie geht mehr auf Menschen zu und hat vor Kurzem das erste Mal wieder einen Mann getroffen. Nicht, um eine Partnerschaft einzugehen, sondern um sich erst mal wieder darin zu üben, auf andere zuzugehen. Sie hat deutlich an Mut, Selbstvertrauen und Freude dazugewonnen. Dennoch gibt es Tage, an denen sie sich wieder intensiv mit der Rolle ihrer bedürftigen Kleinen identifiziert. Ihre Antwort dazu:
Kirstin: Ja, ich fühle mich immer noch manchmal einsam unter Menschen oder wenn meine Kinder weg sind. Im Gegensatz zu früher versuche ich dann aber nicht mehr, vor diesem Gefühl zu fliehen. Stattdessen atme ich zehnmal ganz tief in diese Einsamkeit hinein. Hört sich komisch an, hilft aber ungemein. Danach wird es deutlich besser. Nicht mehr so wie zu Beginn, als mich meine Einsamkeit in mein Gefängnis katapultierte. Es ist eine Wellenbewegung. Ich finde, dass das normal ist und auch sein darf.

WERTVOLLE TIPPS BEI EINSAMKEIT AUS DER ROLLE DEINER GESUNDEN GROSSEN

1. Nimm das Gefühl wahr. Atme tief ein, schließe die Augen und sage laut oder leise »Ja« zu deiner Einsamkeit. Spüre sie bewusst. Das Gefühl darf da sein!

2. Wertschätze dich. Nimm dich so an, wie du bist in diesem Moment und behandle dich genauso liebevoll wie dein reales Kind. Denn du weißt ja: In dir gibt es noch eine bedürftige Kleine. Die hat es genauso verdient.

3. Nutze das Internet. Wirf all deine Vorurteile über digitale Freundschaften über Bord. Tritt bei Facebook und Co. bei. Lies still mit und vielleicht traust du dich auch mit deinen Gefühlen zu offenbaren. Damit bist du nicht allein.

4. Vernetze dich an deinem Wohnort. Alleinerziehend oder nicht. Ist egal. Ob mit Kind oder allein. Ist egal. Trau dich, auf fremde Menschen zuzugehen. Und wenn es zuerst »nur« ein Lächeln ist. Du schaffst das!

5. Deine Einsamkeit – dein Freund. Betrachte deine Einsamkeit wie einen Gast/Freund, der dich besuchen kommt. Nicht um dich zu ärgern, sondern um dich wachsam zu machen und eine Veränderung einzuleiten.

6. Mach dir Vorstellungsbilder mit Happy End. Auch wenn es anstrengend ist und du keine Lust hast. Mach es trotzdem.

7. Sprich mit anderen über deine Einsamkeit. Und stelle fest, wie andere damit umgehen. Falls es ein großer Unterschied zu dir ist, frage nach deren Selbstgesprächen. Wie redet die Person mit sich, damit sie besser mit der Situation zurechtkommt?

8. Höre anderen interessiert zu. Sei aufmerksam. Nichts liebt ein Mensch mehr als die Anerkennung seiner Person. Höre aktiv zu und andere werden dir zuhören. Ganz automatisch.

9. Hol dir Hilfe. Bist du zu überwältigt und gelähmt von deiner Einsamkeit und findest keinen Zugang zu deiner gesunden Großen? Dann hol dir bitte unbedingt professionelle Unterstützung.

FAZIT: EINSAMKEIT

Solange du darauf wartest, dass jemand anderes deine »Kleine« aus dem Gefängnis der Einsamkeit befreit, wirst du enttäuscht werden. Die Tatsache, dass du alleinerziehend bist und wenig freie Zeit für dich hast, bedeutet noch lange nicht, dass du dich einsam fühlen musst. Du hast durch deine inneren Selbstgespräche und Einstellungen den Schlüssel, um mithilfe deiner gesunden Großen einen neuen Weg zu gehen.

Schuld

> *Schuldgefühle sind wie Klebstoff, um alte Muster und Beziehungen nicht zu verlassen. Sie hindern dich daran, dein Leben zu leben.*
>
> ALEXANDRA WIDMER

An solchen Aussagen kannst du Schuldgefühle erkennen:
- *Ich bin schuld daran, dass mein Kind nicht in einer heilen Familie aufwächst.*
- *Ich bin schuld daran, wenn mein Kind auffällig ist.*
- *Er ist schuld daran, dass es mir jetzt so schlecht geht.*
- *Er ist schuld am Scheitern der Beziehung.*
- *Ich fühle mich schuldig, wenn ich nicht bei der Arbeit bin und das Kind krank ist.*
- *Alle sagen immer, man soll sich so vernünftig verhalten und sich zurücknehmen für die Kinder. Ich schaffe es nicht und fühle mich schuldig, wenn ich es mal wieder nicht geschafft habe.*
- *Ich habe ein schlechtes Gewissen, weil ich es in der Beziehung nicht mehr ausgehalten habe und nun meine Kinder mit getrennten Eltern aufwachsen müssen.*
- *Ich habe ein schlechtes Gewissen, wenn ich nach einem langen Tag keine Ruhe und Muße mehr für mein Kind habe, stundenlang ein Buch vorzulesen.*
- *Ich habe ein schlechtes Gewissen, wenn ich mein Kind zwei Sendungen schauen lasse, damit ich endlich mal etwas im Haushalt geregelt bekomme. Das soll man doch nicht.*

- *Ich habe ein schlechtes Gewissen, weil ich mich so ewig nicht mehr bei meinen Freunden gemeldet habe.*
- *Ich müsste mich mehr um mein Kind kümmern.*
- *Ich hätte gestern nicht laut werden sollen.*
- *Ich hätte vor meinem Kind nicht sagen dürfen, dass der Papa oder die Mama sich daneben benimmt.*
- *Ich hätte vorher wissen müssen, dass die Beziehung mit diesem Mann oder der Frau langfristig nicht funktioniert.*

WARUM EMPFINDEN WIR SCHULDGEFÜHLE UND WIE KÖNNEN WIR BESSER MIT IHNEN UMGEHEN?

Abhängig von unseren eigenen Erfahrungen die wir in unserem Leben gemacht haben, wenn wir etwas taten, was nicht erwünscht war, entwickelte sich die Fähigkeit, Schuldgefühle zu spüren.

Wir wollten unseren Eltern, Lehrern, Bezugspersonen gefallen und bestraften uns selbst als nicht liebenswerten Menschen, wenn wir einen Fehler machten.

Leider haben wir alle mehr oder weniger Aussagen wie »*Du wirst schon sehen, was du davon hast. Das kannst du mir doch nicht antun. So verhält sich aber kein liebes Kind*« von anderen Menschen in unsere strenge Richterin integriert, sodass wir auch noch 20 bis 30 Jahre später uns *selbst* verurteilen, wenn wir einen vermeintlichen Fehler machen.

Wir quälen uns mit Schuldgefühlen, weil wir – wie oben aufgeführt – glauben,

- einem anderen Menschen unrecht getan zu haben,
- jemanden verletzt zu haben oder
- Regeln gebrochen zu haben.

Umso erstaunlicher ist es, dass nicht alle Alleinerziehenden mit Schuldgefühlen reagieren. Es gibt Menschen, die haben zum Beispiel jemanden wirklich Gewalt angetan und empfinden keine Schuld. Und es gibt Menschen, die alle Schuld der Welt auf ihren Schultern zu tragen scheinen, obwohl sie gar keine Schuld trifft.

Wir werden schließlich wütend, traurig oder ängstlich und können alle möglichen körperlichen Begleitsymptome entwickeln. Daran kannst du schon sehen, dass Schuldgefühle eine Folge von destruktiven Selbstgesprächen sind, die wir in unseren Rollen mit uns selbst führen.

Ich habe mich zum Beispiel in dem ersten Jahr nach der Trennung schuldig gefühlt, wenn ich zu erschöpft war, um mehr auf meine Kinder einzugehen, so wie ich es eigentlich von mir als gute Mutter gefordert hätte.

Meine strenge Richterin rief ununterbrochen: »Alexandra, jetzt reiß dich endlich mal wieder zusammen und stell dich nicht so an.« Die Folge war, dass die bedürftige Kleine in mir sich unzureichend, nicht gut genug und hilflos fühlte. Ich hatte mich als *ganzen* Menschen verurteilt.

FALLBEISPIEL LINA: SCHLECHTES GEWISSEN, NICHT GENUG FÜR DAS KIND DA ZU SEIN

Lina ist 26 Jahre alt, Bürokauffrau und seit sechs Monaten alleinerziehend. Um einigermaßen finanziell zurechtzukommen, muss sie ihr Kind sehr lange in der Betreuung lassen. Kontakt zu ihrer Familie ist seit Jahren nicht mehr vorhanden. Lina fühlt sich zwischen dem Job, dem Kind und dem Haushalt zerrissen. Obwohl der Kindsvater Nico sich liebevoll und fürsorglich am Wochenende um das Kind kümmert, stellt für Lina der Alltag, den sie alleine schultert, eine große Belastung dar.

Stufe 1: Aktuelle Analyse

1. Schritt: Um welches Gefühl handelt es sich?
Lina: Ich habe ein schlechtes Gewissen meinem Kind gegenüber, wenn ich abends nach der Arbeit so müde bin. Ich muss mich doch kümmern. Es ist doch sonst keiner da außer mir. Klar, Nico ist jedes zweite Wochenende da. Doch er hat dann ja auch Zeit für den Kleinen und muss sonst nichts im Haushalt tun. Das kann er auch die Woche über machen. Ich finde nicht, dass man das vergleichen kann.

2. Schritt: Analysiere eine Situation, in der du dich so gefühlt hast.
Lina: Es ist 16:00 Uhr, ich hetzte zum Kindergarten und bin mal wieder zu spät aus dem Büro rausgekommen. Mein Selbstgespräch sieht so aus, dass ich mit mir schimpfe, dass ich nicht eher gegangen bin. Ich gebe dem Vater die Schuld, weil er sich aus dem Staub gemacht

hat und uns hier so sitzen lässt. Ich glaube nicht mehr daran, eine gute Mutter zu sein, wenn ich Leo so spät hole. In der Bahn sitzend heule ich und als ich im Kindergarten ankomme, fühle ich mich gestresst. Zu Hause mache ich mir einen Kaffee und bemühe mich dann, mit Leo einen Turm zu bauen. Richtig anwesend bin ich aber nicht. Finde es nicht ausreichend, was ich tue. Dann tut mir mein Sohn so leid.

3. Schritt: Welche Rollen sind in dir beteiligt?

Linas bisheriger Umgang mit den Gefühlen aus Sicht der Rollen:
- Selbstgespräch der bedürftigen Kleinen: »Ich mache alles falsch. Ich bin nicht richtig, so wie ich bin. Keiner hat mich lieb.«
- Selbstgespräch der strengen Richterin (Stimme ihrer Mutter): »Ich habe immer alles für dich getan. Und was tust du? Nichts. Du bist eine schlechte Mutter und unfähig.«
- Selbstgespräch der Kämpferin: »Nico ist an allem schuld. Und ich sitze nun da und zerreiße mich tagtäglich, während er in Ruhe zur Arbeit geht und genug für die Rente verdienen kann.«
- Die Flüchtende war in diesem Fall nicht aktiv.
- Die Dienerin war in diesem Fall nicht aktiv.
- Die glückliche Kleine war in diesem Fall nicht aktiv.
- Die gesunde Große war in diesem Fall nicht aktiv.

Lina berichtete, dass sie im Sekundentakt zwischen ihren Rollen hin und her springen würde. In unserem Gespräch versuchte ich, Lina deutlich zu machen, dass sie in ihrer Situation sicherlich sehr herausgefordert ist, aber das nicht grundsätzlich bei jedem alleinerziehenden Elternteil mit gleichen Bedingungen zu diesem schlechten Gewissen beziehungsweise Schuldgefühl führt. Ihr schlechtes Gewissen, dem Kind nicht genug bieten zu können, entsteht aufgrund ihrer Bewertung. Diese Bewertung findet in ihren destruktiven Selbstgesprächen statt, die ihren Ursprung bei ihrer strengen Richterin, der bedürftigen Kleinen und der Kämpferin haben.

Um einen ersten Zugang zu der gesunden Großen zu bekommen, ist es hilfreich, das Gefühl zu hinterfragen.

Stufe 2: Bisheriges Gefühl hinterfragen

Beruht dein Schuldgefühl und das dazugehörige destruktive Selbstgespräch »Ich bin eine schlechte Mutter, weil ich meinem Kind nicht alles bieten kann« auf einer Tatsache oder ist das deine persönliche Meinung?

Lina: Ich habe gerade den Unterschied zwischen einer Tatsache und Meinung vergessen. Kannst du das bitte nochmal erklären?

Ich antworte: Gut, über Tatsachen brauchen wir nicht diskutieren. Sie stehen fest und lassen sich überprüfen. Zum Beispiel, wenn die Sonne scheint, ist es eine Tatsache. Wenn du oder dein Ex-Partner sich getrennt haben, ist das eine Tatsache. Meinungen hingegen lassen sich nicht überprüfen. Sie sind, wie sie sind. Deine persönliche Meinung.

Lina: Also, wenn ich das mit dem Wissen um meine Rollen und der strengen Richterin tue, ist meine Aussage, dass ich eine schlechte Mutter bin, sicherlich keine Tatsache, sondern meine persönliche Meinung. Das Schlimme ist, dass ich, sobald ich die strenge Richterin in mir sprechen höre, eigentlich die Stimme meiner Mutter von früher wahrnehme. Sorry, aber so war es. Dennoch fühlt es sich so *wirklich* an für mich.

Welchen Beweis gibt es denn, dass du eine schlechte Mutter bist, wenn du abends müde nicht mit deinem Sohn spielst?

Lina: Meine Mutter sagt mir das heute noch, dass ich mal mehr tun soll. So wie sie es auch tat. Außerdem lasse ich ihn dann Sandmännchen und noch eine Sendung schauen. Obwohl er noch so klein ist. Das sollte man doch auch nicht tun.

Gibt es einen Gegenbeweis, dass du doch eine gute Mutter für deinen Sohn bist?

Lina: Ja, doch, die gibt es auch. Am Wochenende bin ich wacher und er sagt: »Mama lieb haben« zu mir. Irgendwas muss ich ja doch richtig machen. Meine Freundinnen und die Erzieherin im Kindergarten meinen, er sei ein lebendiges, fröhliches Kind. Eigentlich unglaublich, bei den Gedanken, die ich mir die ganze Zeit mache.

Was ist der Vorteil an deinem schlechten Gewissen und an dem Gedanken: »Ich bin keine gute Mutter für mein Kind?« Worauf hoffst du damit? Was ist dein Gewinn?

Lina: Mein Gewinn? Ich sehe ehrlich gesagt keinen. Darüber muss ich nachdenken. Wenn ich mich schuldig fühle, fühle ich mich ja auch sehr klein. Da möchte ich keine Verantwortung für mich und mein Leben übernehmen. Ich denke ganz kindisch und glaube, je mehr ich mir Schuldgefühle mache, desto eher komme ich frei von meinen Fehlern. Was ja Blödsinn ist. Ich bemitleide mich selbst für die Lebenssituation und ich bestätige mir immer wieder, dass ich ungenügend bin. Außerdem genieße ich auch ab und an das Mitleid von anderen, muss ich gestehen. Wenn sie sagen: »Ach Lina, du hast es auch nicht leicht.«

Was ist der Nachteil davon, dass du ein schlechtes Gewissen hast und denkst: Ich bin keine gute Mutter für mein Kind? Worauf hoffst du?

Lina: Der Nachteil ist, dass ich, wenn ich mich schuldig fühle, eigentlich ununterbrochen in meiner bedürftigen Kleinen verweile. Wenn ich das richtig verstanden habe, hat die gesunde Große die Fähigkeit, ihre Taten zu bereuen, ohne sich als Mensch ganz infrage zu stellen. Es kostet mich so unendlich viel Kraft und macht es mir schwer, meine Fehler zuzugeben. Aber auch bei anderen Menschen bin ich sehr ungnädig, wenn sie Fehler machen.

Verspüren alle Alleinerziehenden das Gefühl der Schuld?

Lina: Sicherlich nicht. Ich denke, dass viele etwas *bereuen*, aber sich deswegen nicht gleich als ganzer Mensch infrage stellen. Das ist die Kunst und es bedeutet, Verantwortung für das eigene Leben zu übernehmen. Ohne diese blöde strenge Richterin, die mir Mist erzählt.

Nach diesen Fragen gab Lina zu, dass sie das zwar schon alles verstanden habe, sie es aber gar nicht fühle und sich immer noch schuldig fühle. Ich versicherte ihr, dass das ganz normal sei, weil die anderen Rollen von der gesunden Großen erst mal Beweise sehen wollen, bevor sie ihre Funktion reduzieren.

Stufe 3: Die gesunde Große entdecken

Finde ein neues Gefühl (Bedauern), welches du fühlen möchtest. Wie musst du dich aus der Rolle deiner gesunden Großen dafür verhalten? Welches hilfreiche Selbstgespräch unterstützt dich? Lina übt dieses hilfreiche Selbstgespräch.

Ziel ist es, als gesunde Große, sich nicht zu verurteilen, sondern nach neuen Lösungen zu suchen.

Lina: Ich möchte Bedauern empfinden statt Schuld. Ja, ich bedauere mein Verhalten beziehungsweise einen Fehler, falls ich einen gemacht habe, und werde nach neuen Lösungen suchen. Unabhängig davon bin ich ein wertvoller Mensch. Bis heute war mir noch gar nicht der Unterschied zwischen »Ich bedauere etwas« und »Ich bin schuldig« bewusst. Allein das zu wissen entlastet mich schon. Bis ich das auch wirklich fühle, wird es dennoch dauern. Die gesunde Große sagt:

>*»Du gibst als Mama dein Bestes. Wenn du abends müde und kaputt bist, dann ist das vollkommen in Ordnung.«*

Lina lernte diesen Satz auswendig und fühlte sich natürlich so noch gar nicht damit wohl. Es erschien ihr unerreichbar. Dennoch machte sie weiter.

Die gesunde Große bedauert es, wenn sie einen Fehler gemacht hat, *und* kann sich diesen verzeihen. Dabei geht es ausschließlich um das Verhalten und die Tat. Aber sie verurteilt sich nicht als ganzen Menschen. Sie sucht nach Lösungen, um diesen Fehler in der Zukunft nicht zu wiederholen. Das Selbstwertgefühl bleibt erhalten.

Stufe 4: Mutig tun!

1. Schritt: Iris schreibt ihren inneren Film mit Happy End

Im nächsten Schritt sollte Lina aufschreiben, wie es aus der Rolle der gesunden Großen optimal für sie laufen würde, wenn sie es bedauert, am Nachmittag nicht ganz fit zu sein, statt sich selbst mit Schuldgefühlen zu geißeln. Wenn sie wirklich in der Rolle der gesunden Erwachsenen wäre:

Ich komme mit Leo gegen 17:00 nach Hause. Ich bin müde und mache mir einen Tee. Leo zieht an mir rum und nörgelt. Ich sitze da und atme tief durch. Ich sage ihm, dass ich müde bin und gleich mit ihm spiele. Er reagiert natürlich nicht. Ich setze mich erschöpft neben ihn auf den Spielteppich und wir spielen mit Bausteinen. Ich merke, wie in mir die Stimme meiner strengen Richterin laut wird, die mir sagt, dass ich doch nicht so lustlos da neben ihm sitzen darf. Ich muss Performance bieten. Ausruhen ist nicht drin. Ich atme erneut tief durch und sage zu mir aus der Rolle meiner gesunden Großen: »Nein, ich mache sicher nicht alles richtig. Aber das ist ok. Ich gebe mein Bestes und bin dennoch eine tolle Mama und Frau. Ich verbiete innerlich meiner strengen Richterin das Wort. Ich übernehme jetzt die Verantwortung für mein Leben. Nicht sie. Ich spiele weiter mit Leo und gehe fünf Minuten später in die Küche, um Abendbrot vorzubereiten. Leo läuft mir lächelnd hinterher.

2. Schritt: Film ab in Linas Fantasie
Lina stellte sich diese Szene immer wieder vor und hatte nach kurzer Zeit schon Lust, sie real zu testen.

3. Schritt: Einsprüche der anderen Rollen wahrnehmen
Lina berichtete, dass die Kämpferin, die strenge Richterin und die bedürftige Kleine in ihr das Schauspiel sehr kritisch beäugten. Aber genau das ist es zu Beginn auch. Es ist ein Schauspiel, wenn wir beginnen, uns von der strengen Richterin, der Kämpferin, der Flüchtenden oder der Dienerin zu distanzieren. Lina blieb aber dran und übte dieses Schauspiel und die Konfrontation mit ihrer Angst immer wieder. Was ihr sehr half, war der Gedanke, dass dieses Gefühl der Schuld aus einer Zeit stammte, in der ihr leicht ein schlechtes Gewissen gemacht werden konnte. Aber jetzt, mit ihren 26 Jahren, konnte sie selbst entscheiden, wie sie mit dem Schuldgefühl umgehen will.

4. Schritt: Lina tut es!
Lina erlebte es mehr oder weniger so, wie sie die Situation mit ihrem Kind aufgeschrieben hatte.

5. Schritt: Üben, dranbleiben und belohnen
Lina sprach oft mit ihrer strengen Richterin und versuchte sich selbst zu belohnen, wenn sie sich nicht wie früher ständig verurteilte. Sie gönnte sich alle drei Monate eine warme Ayurveda-Massage in der nächsten größeren Stadt.

6. Schritt: Lina fühlt das neue Gefühl der Gelassenheit wirklich
Lina schloss sich einer Gruppe von anderen alleinerziehenden Müttern und Vätern an, und es war unheimlich entlastend zu sehen, dass sie nicht die Einzige war, der es so ging. Zwar sagte ihr Verstand, dass es angemessen ist, zu bedauern, wenn ihr ein Fehler passiert, doch ihr Gefühl sagte immer wieder: stimmt nicht. Da sie diese Situation wiederholt belastete, beschloss Lina, sich Unterstützung bei einer Psychotherapeutin zu holen. Sie wollte wirklich lernen, ihre gesunde Große immer mehr zu stärken und den Klebstoff »Schuld« ein für alle Mal zu lösen. Denn nichts anderes hatte Lina verdient.

WERTVOLLE TIPPS BEI SCHULDGEFÜHLEN AUS DER ROLLE DEINER GESUNDEN GROSSEN

1. Sag ja zu deinen Fehlern. Doch verurteile dich niemals als ganzen Menschen. Was kannst du konkret tun? Die gesunde Große bestraft NICHT, sondern versucht a) sich selbst zu verzeihen und den Fehler anzunehmen, b) ihn wiedergutzumachen, wenn es angebracht ist, und sich zu entschuldigen, c) den Fehler in Folge zu verhindern und daraus zu lernen. Ihn als Chance zu sehen!
2. Wertschätze dich. Nimm dich so an, wie du bist in diesem Moment, und behandle dich genauso liebevoll wie dein reales Kind. Denn du weißt ja: In dir gibt es noch eine bedürftige Kleine, die hat es genauso verdient!
3. Sprich mit anderen über dein schlechtes Gewissen. Und stelle fest, wie andere damit umgehen. Falls es ein großer Unterschied zu dir ist, frage nach deren Selbstgesprächen. Wie redet die Person mit sich, damit sie besser mit der Situation zurechtkommt? Eines ist klar: Du bist nicht allein damit.
4. Reagiere klug auf Beschuldigungen des Kindsvaters oder der Kindsmutter. Lass dich von den folgenden Sätzen nicht mehr aus der Bahn werfen, wie: »Du bist schuld, wenn unsere Kinder auf die schiefe

Bahn kommen. Du bist schuld, dass es mir so schlecht geht und ich mein Leben nicht mehr auf die Reihe bekomme. Du bist schuld, dass mein Kind mich nicht mehr sehen will. Du bist schuld, dass ich so ausgerastet bin. Du bist schuld, du hast uns einfach sitzen lassen.« Arbeite bewusst mit deiner Atmung. Atme tief und lass dich nicht dazu hinreißen, sofort zu reagieren.

5. Du wirst andere verletzen. Das ist etwas, was wir nicht vermeiden können, da wir nie wissen wie ein anderer Mensch reagiert und es von dir auch nicht beabsichtigt ist. Lerne, es auszuhalten, dass das passiert, und bedauere es. Aber verurteile dich nie als ganzen Menschen, dass auch dir das passiert.

6. Höre nie auf deine strenge Richterin. Sie ist der Meinung, dass du Fehler in deinem Leben nur vermeiden kannst, wenn du dich schuldig fühlst. FALSCH: Du kannst Fehler machen, sie bedauern und dich dennoch als Mensch wertschätzen. (Gesunde Große) Sie ist der Meinung, dass du dein Verhalten änderst, wenn du dich schuldig fühlst. (Strenge Richterin) FALSCH: Schuldgefühle kosten Kraft. Sie lassen uns erstarren und verhindern dann, das Verhalten wirklich zu ändern. Du bist dadurch blockiert. Sobald du die strenge Richterin wahrnimmst, sage: Stopp!

7. Hol dir Hilfe. Bist du zu überwältigt und gelähmt von deinem Schuldgefühl und findest keinen Zugang zu deiner gesunden Großen, dann hol dir bitte professionelle Unterstützung.

FAZIT: SCHULDGEFÜHLE

Schuldgefühle erzeugen wir mit unseren destruktiven Selbstgesprächen. Das heißt, dass nur wir sie verändern können. Durch unsere Schuldgefühle machen wir uns nicht zu einer/m besseren Mutter/ Vater, sondern wir schaden damit unserem Selbstwertgefühl und blockieren uns *wirklich* dabei, unser Leben zu verändern. Ob nun alleinerziehend oder nicht, wir Menschen machen alle Fehler und werden im Laufe unseres Lebens unkluge Dinge tun. Wenn du dich dennoch mal schuldig fühlen solltest, dann lass deine gesunde Große antworten: Ich bedauere, oder es tut mir leid, dass … Und dann verzeihe dir. Verzeihe dir dafür, dass du gerade in der Zeit, wo du alleinerziehend bist, sicherlich den einen oder anderen Fehler mehr machen wirst. Sage ja zu deinen Schwächen und Stärken.

Die meisten Alleinerziehenden haben keinen erwachsenen Menschen am Abend neben sich sitzen, der einen lobt und sagt, wie toll der Tag gelaufen ist. Also, gerade weil du aktuell in dieser Situation bist, ist es deine *Pflicht*, dich als den wichtigsten Menschen liebevoll und aufmerksam zu behandeln. Du hast richtig gelesen, du bist der wichtigste Mensch in deinem Leben. Wer sonst? Dein Kind?

Ja, dein Kind ist auch sehr wichtig. Aber dein Kind hat eine Mama oder einen Papa verdient, die oder der 100 Prozent zu sich steht, an sich glaubt und wertschätzt. Denn damit machst du dein Kind glücklich.

Trauer

Wer der Trauer Raum gibt, schafft Platz für das Lachen
ANKE MAGGAUER-KIRSCHE

An solchen Aussagen erkennst du Gefühle der Trauer:
- *Ich möchte, dass der Vater/die Mutter sich anders verhält. Tut er/sie aber nicht und das macht mich hilflos und traurig.*
- *Ich habe kaum Zeit für mich.*
- *Ich verdiene nicht genug Geld, wie soll ich meinem Kind alle Wünsche erfüllen?*
- *Mein Kind vermisst seine Mutter und ich kann sie nicht ersetzen.*
- *Ich kann nicht loslassen.*
- *Die neue Frau hat meinen Platz eingenommen. Den sollte ich doch haben.*
- *Ich habe meine Familie verloren.*
- *Ich bin traurig, jetzt alleinerziehend zu sein.*
- *Ich bin traurig, dass mein Kind nicht mit beiden Eltern aufwächst.*
- *Ich bin traurig, weil ich in keiner Partnerschaft lebe.*
- *Ich bin traurig, meine Familie, wie ich sie mir eigentlich gedacht habe, verloren zu haben.*
- *Ich bin traurig zu sehen, dass die neue Freundin mit meinem Kind spielt.*
- *Ich bin traurig, an den Wochenenden die »heilen« Familien zu sehen.*
- *Ich bin traurig, weil ich so viel arbeiten muss und kaum Zeit für mein Kind habe.*

WARUM EMPFINDEN WIR TRAUER UND WIE KÖNNEN WIR BESSER DAMIT UMGEHEN?

Die meisten von uns haben schon mal eine Beziehung und Trennung *vor* der Geburt des Kindes erlebt und durchgestanden. Bei einem Verlust von etwas kommt es zu einer Trauerreaktion. Man durchläuft verschiedene Phasen vom Leugnen, dem anschließenden Gefühlschaos, der Loslösung, bis dann schließlich ein freier Neustart gelingt. Der Neustart ist meist dadurch gekennzeichnet, die Bereitschaft zu haben, den Verlust anzunehmen.

Früher gelang das auch ganz gut, weil man den Kontakt zu dem Ex-Freund oder der Ex-Freundin komplett abgebrochen hatte. Bei einer Trennung mit Kindern sind diese Phasen nicht so einfach zu durchlaufen. Ich vergleiche es gerne mit einer Wunde, die blutet. Zuerst muss sie gesäubert werden und dann gibt es ein Pflaster. Nach dem ersten Heilungsprozess lässt man etwas »Luft« dran.

Und dann wird von uns natürlich verlangt, dass wir uns für unsere Kinder zusammenreißen und zügig »Eltern« sind. Oder anders gesagt, das Gesetz, der Richter, das Jugendamt, unsere Familien und ganz wichtig wir selbst verlangen von uns das Verhalten unserer »gesunden Großen«-Rolle.

Es gibt die Beziehungen, wo die Kindsmutter und der Kindsvater in kürzester Zeit den Wechsel von der Paarebene zur Elternebene schaffen. Wenn du zu diesen Eltern gehörst, wirst du dich im Alltag mit den Kindern vielleicht etwas weniger belastet fühlen, weil ein »normaler« Austausch zwischen Eltern möglich ist.

Bei den meisten sieht es hingegen lange Zeit anders aus. Durch die Notwendigkeit, immer wieder miteinander in Kontakt zu treten, ist die Loslösung häufig erschwert. Es ist so, als ob wir immer wieder den Schorf abkratzen und es nachblutet. Manchmal reicht ein Wort, eine E-Mail oder eine SMS vom Ex, dem Anwalt oder den eigenen Eltern, die alles besser wissen, und wir sind alles andere als in unserer Rolle der gesunden Großen.

In meinen Beratungen fällt sehr oft der Satz: »… und dann war wieder ein Schalter in mir umgelegt«. Wir befinden uns in einem Trance-Zustand oder anders gesagt, in einer unserer Rollen, und schaffen es einfach nicht, uns kompetent und erwachsen zu verhalten. So sehr wir das auch vom »Verstand« her wissen, was eigentlich von uns als Mutter oder Vater gefragt ist.

Sobald wir emotional stark belastet sind, und in diesem Fall ist es die Traurigkeit, dann befinden wir uns in der Rolle der bedürftigen Kleinen. Was du tun kannst, um besser mit deiner Trauer umzugehen, liest du in dem nächsten Fallbeispiel.

FALLBEISPIEL LOUISA: TRAUER ÜBER DEN VERLUST DER »KLASSISCHEN« FAMILIE

Louisa, Anwältin, ist bereits 42 Jahre alt, als sie ihren Partner Kai kennenlernt. Beide hatten nicht mehr damit gerechnet, Eltern zu werden, und waren überglücklich, als es nach einer aufwendigen Kinderwunschbehandlung schließlich doch noch klappte. Als ihr Sohn eingeschult wurde, verliebte sich Kai in die Mutter eines Klassenkameraden. Kurze Zeit später saß Louisa mit ihrem Sohn allein in dem großen Haus. Louisa fiel ins Bodenlose. Ihr Halt war verschwunden und monatelang vegetierte sie vor sich hin, bis sie schließlich mit einer Erschöpfungsdepression in eine psychosomatische Klinik eingeliefert wurde. Sechs Monate später hatte sie sich so weit stabilisiert, dass sie den Alltag mit ihrem Sohn einigermaßen bewältigen konnte. In den Herbstferien plante Kai mit seinem Sohn und der neuen Partnerin plus Kind in den Urlaub zu fahren. Louisa musste sich sehr zusammenreißen, doch sie schaffte es, ihrem Sohn eine gute Reise zu wünschen. Und dann passierte Folgendes …

Stufe 1: Aktuelle Analyse

1. Schritt: Um welches Gefühl handelt es sich?
Louisa: Ich bin traurig, nicht mit meiner Familie in den Urlaub fahren zu können, und fühle mich zurückgelassen.

2. Schritt: Analysiere eine Situation, in der du dich so gefühlt hast.
Louisa: Erst war ich ganz guter Dinge und freute mich auf die Zeit, die ich nun für mich haben sollte. In den ersten Tagen klappte das auch ganz gut. Ich würde sagen, ich war durchaus in der Rolle meiner gesunden Großen. Ich traf alte Freunde, ging zum Sport und seit Jahren das erste Mal wieder ins Kino. Doch dann rief mich mein Sohn an und schwärmte mir vor, wie sie zu viert gewandert seien. Nachdem wir das Gespräch beendet hatten, brach alles auf mich ein.

Ich fühlte mich verlassen von der ganzen Welt, unnütz und einfach durch diese Frau ersetzt. Die Nächte darauf konnte ich kaum schlafen, da mir immer wieder diese Horrorfilme durch den Kopf geisterten. Ich konnte es nicht wahrhaben, dass alles vorbei sein sollte. Dass es so ist, wie es ist. Ich fühlte mich so intensiv in meiner »traurigen, verlassenen Kleinen«-Rolle. Und um sie zu schützen, hat mich meine Flüchtende unterstützt. Ich habe viel geschlafen und zwanghaft die Wohnung aufgeräumt. Bis in die kleinste Ecke. Die Tage darauf waren trostlos und einfach nur traurig. Stundenlang habe ich geweint. Ich wollte Trost von meiner Mutter und sie sagte nur, Louisa, es reicht jetzt. Reiß Dich mal zusammen. Danach fühlte ich mich noch schlechter und meine strenge Richterin sah sich mal wieder bestätigt. Ich wollte einfach nicht mehr traurig sein.

3. Schritt: Welche Rollen sind in dir beteiligt?

Louisas bisheriger Umgang mit den Gefühlen aus Sicht der Rollen:

- Selbstgespräch der bedürftigen Kleinen: »Ich habe alles verloren. Ich war es nicht wert, mit mir als Familie zu leben. Ich bin so traurig, verlassen und weiß einfach nicht weiter.«
- Selbstgespräch der strengen Richterin: »Deine Heulerei bringt hier auch nichts. Du bist Anwältin, nun reiß dich mal zusammen. Wenn deine Kollegen dich so sehen würden. Das ist peinlich. Nur Mutter, Vater und Kind sind eine Familie. Du hast es nicht geschafft.«
- Selbstgespräch der Kämpferin: »Ich sorge wenigstens für Ordnung und Struktur. Oder ich schicke dem Vater böse Nachrichten und verteidige mich. Nur so kann ich die bedürftige Kleine schützen.«
- Selbstgespräch der Flüchtenden: »Ab ins Bett, Decke über den Kopf und nicht mehr denken. Nur so kann ich die bedürftige Kleine schützen.«
- Die Dienerin war in diesem Fall nicht aktiv.
- Die glückliche Kleine war in diesem Fall nicht aktiv.
- Die gesunde Große war in diesem Fall nicht aktiv.

In unserem Gespräch versuchte ich, Louisa deutlich zu machen, dass sie in ihrer Situation sicherlich sehr herausgefordert ist, aber dass nicht grundsätzlich jeder alleinerziehende Elternteil mit gleichen Bedingungen so fühlt. Ihre heftige Trauer über den Verlust der »klassischen« Familie entsteht aufgrund ihrer Bewertung. Diese

Bewertung findet in ihren destruktiven Selbstgesprächen statt, die ihren Ursprung bei ihrer strengen Richterin, der bedürftigen Kleinen und der Kämpferin haben. Um einen ersten Zugang zu der gesunden Großen zu bekommen, ist es hilfreich, das Gefühl zu hinterfragen.

Stufe 2: Bisheriges Gefühl hinterfragen

Louisa hinterfragt das Gefühl ihrer Trauer über den Verlust der »klassischen« Familie.

Entspringen deine Trauer und das dazugehörige destruktive Selbstgespräch »Ich bin verlassen und habe meine Familie verloren« einer Tatsache oder deiner persönlichen Meinung?
Louisa: Ich finde, dass es Fakt ist. Die Trennung ist eine Tatsache und ich bin verlassen. Da gibt es nichts schönzureden. Und ich habe das Gefühl, keine richtige Familie mehr zu sein. Ich weiss, dass es so typische Rollenbilder sind, mit denen ich aufgewachsen bin, und es heutzutage viele bunte Familienformen gibt. Dennoch macht es mich traurig. Kaum einer bekommt ein Kind mit einem Menschen und wünscht sich, dieses getrennt zu erziehen. Oder?

Gibt es einen Gegenbeweis, dass du verlassen bist und deine Familie verloren hast?
Louisa: Mmmmh, ich weiß nicht. Es kommt ja immer darauf an, wie man Verlassensein und Familie definiert. Wenn mein Kind bei mir ist, fühle ich mich nicht verlassen. Doch Familie? Das fällt mir total schwer.

Was ist der Vorteil daran, zu denken, dass du verlassen bist und deine Familie verloren hast? Was ist dein Gewinn?
Louisa: Ach je. Ich habe keine Ahnung. So fühle ich mich einfach und stelle mir nicht solche blöden Fragen. Was bringt mir das denn? Außer dass ich mir jetzt gerade noch blöder vorkomme.
Ich antworte: Das kann ich total gut verstehen. Und es soll auch nicht bedeuten, dass du dich nicht so fühlen darfst. Das darfst du natürlich. Doch vielleicht kannst du trotzdem einmal kurz darüber nachdenken?

Louisa: Ich sehe keinen Vorteil. Meine Mutter ist für mich da und tröstet mich. Und ein paar Freundinnen bemitleiden mich. Es ist einfach nun mal unendlich traurig.

Ja, das ist es! Was ist der Nachteil zu denken, dass Du verlassen bist und deine Familie verloren hast?
Louisa: Es geht mir mit diesem Selbstgespräch immer schlechter. Ich bin total erstarrt, hilflos, handlungsunfähig. Es kostet mich so viel Kraft. Ich mag mich dann nur noch verkriechen. Ich bin dann durch und durch die bedürftige Kleine.

Verspüren alle Alleinerziehenden das Gefühl der Trauer?
Louisa: Ganz sicher nicht. Manche sind froh, dass die Beziehung ein Ende hatte. Die freuen sich wahrscheinlich und nutzen die freie Zeit. Aber für mich, und ich denke, auch für die eine oder andere, ist eine Welt zusammengebrochen.

Nach diesen Fragen gab Louisa zu, dass sie das zwar schon alles verstanden habe, sie es aber gar nicht fühle und immer noch traurig sei. Ich versicherte ihr, dass das ganz normal sei, weil die anderen Rollen von der gesunden Großen erst mal Beweise sehen wollen, bevor sie ihre Funktionen reduzieren.

Stufe 3: Gesunde Große entdecken

Finde ein neues Gefühl (Mitgefühl für sich selbst), welches du fühlen möchtest. Wie musst du dich aus der Rolle deiner gesunden Großen dafür verhalten? Welches hilfreiche Selbstgespräch unterstützt dich? Louisa übt dieses hilfreiche Selbstgespräch.
Louisa: Nach all dem, was ich erlebt habe, ist es verständlich, traurig zu sein. Ich werde mich jetzt gut um mich kümmern. Ich sage »Ja« zu meiner Trauer und erlaube mir, diese zu fühlen.
Oft legte sie sich auf ihr Bett, starrte an die Decke, atmete mehrfach tief ein und aus – und sagte:

> *»Ja, ich bin bereit, meine Trauer jetzt anzunehmen.*
> *Das Gefühl darf jetzt da sein.«*

Und sie weinte und weinte und weinte. Dann schrieb Louisa sich diesen Satz auf ein schönes Papier und klebte ihn an ihren Kleiderschrank.

Ziel ist es, als gesunde Große, die Trauer zuzulassen und sie zu fühlen. Sie weiß, dass es nur diesen einen Weg gibt und dass es vorbeigehen wird. Ganz sicher.

Stufe 4: Mutig tun!

1. Schritt: Louisa schreibt ihren inneren Film mit Happy End

Im nächsten Schritt sollte Louisa aufschreiben, wie es aus der Rolle der gesunden Großen optimal für sie laufen würde, wenn der Vater mit dem Sohn in den Urlaub fährt und sie zurückbleibt. Wenn sie wirklich in der Rolle der gesunden Erwachsenen wäre. Louisa entschied sich, statt zu schreiben ihre Sprachmemo-App im Handy zu nutzen. Es hörte sich so an:

Heute ist der … Ich sitze allein auf meinem Sofa und kann nur weinen. Ich finde alles so ungerecht. Kai und ich haben so lange darum gekämpft, endlich Eltern zu werden und wir hatten uns unser Leben so schön ausgemalt. Und dann kommt diese olle Kuh und zerstört alles, was wir uns aufgebaut haben. Wie kannst du mir das nur antun. Ich werde nie wieder glücklich sein und fühle mich gerade so wert- und nutzlos. Was soll ich denn nun in Zukunft machen? Du machst einfach weiter, als ob nichts passiert ist und ich? Du wirst schon sehen, was du davon hast. Früher oder später wird sich das Blatt wenden. Ich habe schon gelernt, dass ich, wenn ich mich so klein fühle, ganz besonders auf mich aufpassen darf. Ich stelle mir dann immer die Frage: Was würde die gesunde Große in mir jetzt tun, damit es mir besser geht? Wenn ich ehrlich bin, fällt mir das unheimlich schwer, dann diese Perspektive einzunehmen, doch das ist allemal besser, als mich nur als Opfer zu fühlen. Also, noch mal, was macht meine gesunde Große? Ich mache mir eine Wärmflasche und lege diese auf meinen Bauch. Diese Wärme ist sehr beruhigend und kann mir ein wenig das Gefühl von Geborgenheit vermitteln. Ich mache meine Lieblingsmusik von Cristin Class an und suche aus dem Kinderzimmer ein Kuscheltier, welches ich umarme. Ich wiederhole in den folgenden Tagen ganz bewusst dieses Ritual für etwa eine Stunde. Der Vorteil dieses »bewussten« Rituals ist es, dass ich es dadurch schaffe, den Rest des Tages andere Dinge zu unternehmen, die mir guttun.

2. Schritt: Film ab in Louisas Fantasie

Louisa stellte sich diese Szene immer wieder vor und hatte nach kurzer Zeit schon Lust, sie real zu testen.

3. Schritt: Einsprüche der anderen Rollen wahrnehmen

Louisa berichtete, dass die Kämpferin, die strenge Richterin, die Flüchtende und die bedürftige Kleine in ihr das Schauspiel sehr kritisch beäugten. Aber genau das ist es zu Beginn auch. Es ist ein Schauspiel, wenn wir beginnen, uns von der strengen Richterin, der Kämpferin, der Flüchtenden oder der Dienerin zu distanzieren. Louisa blieb aber dran und übte dieses Schauspiel und die Konfrontation mit ihrer Trauer immer wieder.

4. Schritt: Üben, dranbleiben und belohnen

Manchen Menschen fällt es sehr leicht, sich Trost und Unterstützung zu holen. Doch für andere Menschen, so auch für Louisa, stellt das eine große Herausforderung dar. Louisa hatte schlechte Erfahrungen mit ihrer eigenen Mutter gemacht, die sie dazu aufforderte, sich zusammenzureißen. Im Laufe der Zeit hatte Louisa mit einem guten Freund und ihrer Cousine darüber gesprochen, ob sie für sie eine Art »Notfall-Kontakt« darstellen könnten, in Situationen, wenn sie zu traurig war. Bei diesen beiden Menschen konnte sich Louisa sicher sein, aufgefangen zu werden. Nachdem Louisa mit ihrem Sohn telefoniert hatte und alles über sie zusammenbrach, schaffte sie es im ersten Schritt, ihrer Cousine eine SMS zu senden. Kurze Zeit später erhielt sie folgende Antwort:

So meine Liebe. Ich werde jetzt mal ganz deutlich. Der Mann und Anhang, der dir gerade ordentlich deine Stimmung, Laune und Selbstbewusstsein demoliert, verdient nicht den Stellenwert, dass er dich jetzt »handlungsunfähig« macht! Was machen wir uns immer wieder so klein! Du bist eine tolle Frau und hast so viel erreicht in deinem Leben. Werde wieder selbstverantwortlich für deine Laune. Lebe dein Leben. Ich bin für dich da.

Nach dieser SMS war Louisa erst mal erschrocken. So direkt und ehrlich. Aber genau das war es, was sie in dem Moment brauchte. Dennoch hatte diese Cousine ihr in der Situation, wo Louisa traurig war, Halt gegeben, ihre »Kleine« gestützt und sie andererseits an ihre Kompetenzen der »gesunden Großen«-Rolle erinnert.

5. Schritt: Louisa fühlt das Mitgefühl für sich selbst wirklich

Obwohl Louisa im Laufe der Zeit viel Mitgefühl für sich entwickelt hatte, ertappte sie sich dabei, ihre Traurigkeit mit dem Drang, dem Kindsvater »böse« Nachrichten zu schreiben, zu überdecken. In den letzten Monaten hatte sie das immer wieder getan. Besonders schlimm war der Drang, wenn sie in der Rolle der »Kleinen« war. Statt sich Unterstützung von ihrer gesunden Großen zu holen und den Kontakt in dieser noch sehr sensiblen Phase auf ein Minimum zu reduzieren, unterstützte sie immer mal wieder ihre Kämpferin. Die Kämpferin schimpfte und missachtete den Ex-Partner – in der Hoffnung, dass auch er sich endlich mal schlecht fühlen würde.

Dieser Mechanismus tritt häufig auf. Oft haben wir im Laufe des Lebens nicht gelernt, wie wir mit intensiven Gefühlen angemessen umgehen sollen, und so stehen uns die Kämpferin, die Flüchtende oder die Dienerin zur Seite und bieten uns ihre altbewährten Strategien an, um in diesem Fall die Traurigkeit abzuwehren.

Louisa berichtete mit gesenktem Kopf, dass sie sich oft nicht unter Kontrolle hätte und sie Kai auch ab und an beschimpfe. Ich bat sie, sich mal voll und ganz mit der Rolle ihrer Kämpferin zu verbinden und die Vorteile zu nennen, wenn sie ihn anmeckert, erniedrigt oder Vorwürfe macht. Louisas Kämpferin sagte: »Ich kämpfe und meckere, damit sie sich nicht mehr so traurig fühlt. Es klappt auch ein paar Stunden, aber sobald von Kai wieder etwas Neues zu hören ist, muss ich mich wieder verteidigen.«

Im nächsten Schritt sollte Louisa so tun, als ob sie schon in der Rolle der gesunden Großen sei und den Nachteil der Kämpferin beschreiben könnte. Louisas gesunde Große erklärt: »Der Nachteil der Kämpferin ist, dass sie versucht, die Traurigkeit, die ich empfinde, mit einem ›Angriff‹ zu bekämpfen. Besser ist es, die Traurigkeit zu akzeptieren, den Moment auszuhalten und, so gut es geht, liebevoll mit sich selbst umzugehen. Zu kämpfen kostet wahnsinnig viel Kraft, die ich dann nicht für mich selbst und mein Kind habe. Und das brauche ich ja so dringend. Letztendlich darf ich als Louisas gesunde Große der Kämpferin verständlich machen, dass es ihr langfristig besser geht, wenn sie mir vertraut. Solange ich noch so traurig und verletzt bin, ist es sinnvoll, den Kontakt mit dem Kindsvater auf ein Minimum zu reduzieren, damit mein Herz heilen kann. Außerdem ist es nach wie vor der Vater meines Kindes, den ich mal geliebt habe.

Wenn ich in Zukunft den Vater immer so ablehnen würde, dann würde ich auch einen Teil meines Kindes ablehnen. Und das möchte ich nicht.«

Oft haben wir den Wunsch, der andere soll sich auch so elend, schuldig, verletzt und so weiter fühlen und machen dann Dinge, die die meisten im Nachhinein bereuen. Doch der Einzige, der sich in dem Moment dann wirklich elendig fühlt, sind wir selbst. Es ist niemals möglich, in einen anderen Menschen ein Gefühl »einzupflanzen«. Sicherlich wissen wir, wo die wunden Punkte des anderen sind, doch verletzen tun wir uns immer wieder nur selbst.

Louisa schaffte es, im Verlauf von zehn Kontakten mit dem Kindsvater nur noch fünf Mal eine Nachricht mit einem spitzen Kommentar zu senden. Das war für den Anfang schon sehr gut und sie war stolz. Die anderen Male hatte sie sich geholfen, indem sie statt eine SMS zu tippen, alle Gedanken an Kai in ihre Notiz-App am Handy schrieb.

WERTVOLLE TIPPS BEI TRAUER AUS DER ROLLE DEINER GESUNDEN GROSSEN

1. Nimm das Gefühl wahr. Gefühl fühlen! Atme tief ein, schließe die Augen und sage laut oder leise »Ja« zu deiner Trauer. Fühle sie bewusst. Das Gefühl darf da sein.

2. Wertschätze dich und habe Mitgefühl mit dir. Nimm dich so an, wie du bist in diesem Moment, und behandle dich genauso liebevoll wie dein reales Kind. Denn du weißt ja: In dir gibt es noch eine bedürftige Kleine, die hat es genauso verdient.

3. Schreibe oder spreche. Kauf dir ein schönes Buch und schreibe deine schmerzhaften Gedanken auf. Oder falls du nicht schreiben magst, dann sprech sie dir in eine Sprachmemo-App. Während du das tust, gibst du deiner Trauer Raum und Zeit. Der Vorteil: Dieses Ventil bietet dir die Möglichkeit, den Rest des Tages einigermaßen gut zu bewältigen.

4. Reduziere den Kontakt. Wenn jeglicher Kontakt zu deinem Ex-Partner wieder und wieder eine Wunde aktiviert, dann reduziere den Kontakt so gut es geht. Auch dann, wenn der Drang groß ist in einer Beziehung zu bleiben. Auch eine negative Beziehung ist eine Beziehung und die Kämpferin kennt alle Tricks.

5. Deine Trauer – dein Freund. Betrachte deine Trauer wie einen Gast/Freund, der dich besuchen kommt. Nicht um dich zu ärgern, sondern um dich wachsam zu machen und eine Veränderung einzuleiten.

6. Mach dir eine Wärmflasche. Im Kapitel 5 werde ich noch mal genauer auf diesen Tipp eingehen. Wärme reduziert Trauer und beruhigt die bedürftige Kleine in dir.

7. Sprich mit anderen über deine Trauer. Und stelle fest, wie andere damit umgehen. Falls es ein großer Unterschied zu dir ist, frage nach deren Selbstgesprächen. Wie redet die Person mit sich, damit sie besser mit der Situation zurechtkommt?

8. Bleib im Hier und Jetzt. Häufig ziehen innerlich Katastrophenbilder auf und man denkt, man wird sich nie wieder anders fühlen. Doch das wirst du, auch wenn es jetzt für dich unvorstellbar ist. Denke aktuell – Tag für Tag.

9. Hol dir Hilfe. Bist du zu überwältigt und gelähmt von deiner Trauer und findest keinen Zugang zu deiner gesunden Großen, dann hol dir bitte professionelle Unterstützung.

Wut

An Ärger festhalten ist, wie wenn du ein glühendes Stück Kohle festhältst mit der Absicht, es nach jemandem zu werfen, derjenige, der sich dabei verbrennt, bist du selbst.

Buddha

An solchen Aussagen kannst du Wut erkennen:
- *Sie sollte sich endlich mehr um ihre Tochter und ihren Sohn kümmern.*
- *Er hat sich so danebenbenommen. Er wird schon sehen, was er davon hat. Sein Kind sieht er nicht mehr.*
- *Sie sollte pünktlich da sein und zuverlässig die Termine einhalten.*
- *Er kann doch nicht machen, was er will.*
- *Es sollte endlich gerechter zugehen, sobald man alleinerziehend ist.*
- *Mein Chef muss doch sehen, dass ich, seitdem ich alleinerziehend bin, noch mehr tue, um es ihm recht zu machen.*

- *Ich habe das alles nicht verdient.*
- *Ich bin wütend auf meinen Ex, dass er plötzlich das Sorgerecht bean-tragt, obwohl er im Alltag nichts dazu beiträgt, sich auch um unser Kind zu kümmern.*
- *Dass er nicht mal den Anstand hat, den Unterhalt zu zahlen, macht mich rasend. Als ob ich das für mich nutzen würde. Es ist für das Kind!*

WARUM SPÜREN WIR WUT UND WIE KÖNNEN WIR BESSER DAMIT UMGEHEN?

Wut – und Ärger – gehören zu den Überlebensmechanismen. Das Ziel, sie loszuwerden, ist nicht sinnvoll. Viel besser ist es, zu lernen, Wut als Werkzeug zu sehen, das dir helfen kann, wenn du es richtig einsetzt. Zum Beispiel ist es sinnvoll, wütend zu werden, wenn dein Kind bedroht wird und du es schützen möchtest. Solltest du hinge-gen deine Wut nutzen, um anderen zu schaden, ist das sehr proble-matisch. Rache wird nie den Ausgleich bringen, den du dir erhoffst. Hinter der Wut stecken immer eine Bewertung und ein Urteil über einen Menschen beziehungsweise eine Situation. Je erschöpfter du bist, desto leichter wirst du diese Gefühle spüren. Ich habe damals geflucht und gemeckert, was das Zeug hält. Wären mir bloß da schon die Konsequenzen bewusst gewesen, dann hätte ich meine Energie schon viel früher für etwas anderes aufgebracht und investiert. Das Ziel der Wut ist immer, dich zu schützen und deine Grenzen zu wahren.

Was können Gründe für Wut (und Ärger) sein?

Da das Gefühl der Wut sehr viele Alleinerziehende beschäftigt, möchte ich diesem Gefühl in diesem Buch noch ein Stück mehr Auf-merksamkeit widmen. Es ist wichtig zu verstehen, was mit dir da passiert, da die Wut einer der Gründe ist, die uns erschöpfen kön-nen, wenn wir nicht wissen, wie wir am besten damit umgehen.
Zwei wesentliche Gründe für das Entstehen von Wut beschreibe ich im Folgenden, die sich auch in dem Fallbeispiel des Vier-Stufen-Plans von Daniela wiederfinden.

1. Jemand anderes macht nicht das, was du willst.

Du willst, dass alles gerecht aufgeteilt ist und du als Alleinerziehende die gleichen Chancen auf einen Job hast, wie alle anderen Mütter auch. Du willst keine Nachteile bezüglich deiner Rente und du willst endlich für deine harte Arbeit als alleinerziehende Frau anerkannt werden. Du willst, dass das Gericht endlich erkennt, um was es dir geht. Du willst, dass dein Ex sich eurem Kind und/oder dir gegenüber anders verhält.

2. Jemand legt den Finger in deine Wunde.

Wir fühlen uns durch das Verhalten einer anderen Person persönlich angegriffen. Wir fühlen uns übergangen und verletzt. Das Grundbedürfnis nach Akzeptanz, Respekt und Anerkennung ist gerade in der Zeit, wenn man alleinerziehend ist, besonders groß, da bei fast allen das Selbstwertgefühl und das Vertrauen in sich selbst bei einer Trennung mit Kind leiden.

FALLBEISPIEL DANIELA:
WUT AUF DEN KINDSVATER, DER DEN KONTAKT ABBRICHT

Daniela ist 29 Jahre alt, Hotelfachfrau und hat einen sechsjährigen Sohn. Die Trennung vom Vater erfolgte einvernehmlich vor vier Jahren. Der Kleine übernachtete jedes Wochenende eine Nacht bei seinem Vater. Vor einem Jahr endete plötzlich dieser Umgang, nachdem der Kindsvater einen neuen Job angenommen und eine neue Partnerin hatte. Trotz vieler Vermittlungsversuche durch Daniela und die Erziehungsberatungsstelle war der Vater nicht dazu zu bewegen, sich weiter um seinen Sohn zu kümmern. Daniela fühlte sich hilflos, dann ärgerlich und schließlich wütend. An vielen Abenden fragte sie ihr Sohn, warum der Papa denn nicht mehr käme. Sie wusste nicht, was sie sagen sollte, und versuchte, den Kleinen zu beruhigen. Innerlich aber kochte sie und war entsetzt und wütend über die Tatsache, dass sie den Vater nicht zu den Besuchen zwingen konnte.

Daniela ging zu verschiedenen Anwälten und Beratungsstellen, um sich zu informieren. Ihre Wut ließ aber nicht nach. Sie konnte es nicht fassen, dass es so einfach ist, sich aus dem Staub zu machen. Immer wieder grübelte sie in den Nächten, was sie tun könnte, um die Situation zu ändern. Beide hatten sich damals für das Kind entschieden und wollten ihn trotz der Trennung zusammen großziehen.

In ihrem Ärger schickte sie ihrem Ex-Partner immer wieder E-Mails mit Vorwürfen und Forderungen. Weil von seiner Seite ebenfalls böse Beschimpfungen und Vorwürfe folgten, steigerte sich ihre Wut immer mehr und sie entwickelte die Fantasie, ihm an den Kragen zu gehen.

Als ich Daniela sprach, zitterte ihre Stimme. Ihr Ärger und ihre Wut waren zu einem Problem geworden, da sie diese Gefühle seit Monaten tagtäglich mit sich herumschleppte und nicht im Griff hatte. Das führte dazu, dass sie sich völlig kraftlos fühlte. Bei einer Magenspiegelung wurde eine starke Magenschleimhautentzündung diagnostiziert.

Stufe 1: Aktuelle Analyse

1. Schritt: Um welches Gefühl handelt es sich?

Daniela: Ich bin tierisch wütend, weil sich der Kindsvater nicht an die Regeln hält und seiner Verantwortung für unseren Sohn nachkommt.

2. Schritt: Analysiere eine Situation, in der du dich so gefühlt hast.

Daniela: Vor Kurzem war mal wieder so ein Abend. Mein Sohn wälzte sich im Bett und schrie immer wieder, dass er zu Papa wollte. Ich konnte nicht mehr. Meine Nerven waren am Ende. Mein Selbstgespräch sah so aus: Thomas soll sich jetzt gefälligst so verhalten, wie ich es will. Unser Kind leidet. Merkt er das gar nicht?

3. Schritt: Welche Rollen sind in dir beteiligt?

Danielas bisheriger Umgang mit den Gefühlen aus Sicht der Rollen:
- Selbstgespräch der bedürftigen Kleinen: »Das ist so etwas von ungerecht. Ich will sofort eine Änderung haben. So darf er sich mir gegenüber nicht benehmen. Interessiert es ihn gar nicht?«
- Selbstgespräch der strengen Richterin: »Du hast dich zu benehmen oder du hast es nicht besser verdient.«
- Selbstgespräch der Kämpferin: »Ich werde schon dafür sorgen, dass er sich kümmert. Notfalls werde ich es mit allen Mitteln erzwingen. Den lasse ich nicht so einfach davonkommen. Und wenn das alles zu nichts führt, dann wird er gar nichts mehr über seinen Sohn erfahren. Ich kann das auch.«
- Die Flüchtende war in diesem Fall nicht aktiv.

- Die Dienerin war in diesem Fall nicht aktiv.
- Die glückliche Kleine war in diesem Fall nicht aktiv.
- Die gesunde Große war in diesem Fall nicht aktiv.

Um einen ersten Zugang zu der gesunden Großen zu bekommen, ist es hilfreich, das Gefühl zu hinterfragen.

Stufe 2: Bisheriges Gefühl hinterfragen

Daniela hinterfragt ihre Wut auf den Kindsvater, der den Kontakt abbricht.

Was ist der Vorteil daran, zu denken: »Er soll jetzt machen, was ich will« und so wütend zu sein?
Daniela: Vorteil? Wie bitte? Ich sehe keine Vorteile! Ich leide ja darunter und wünsche mir nichts mehr, als dieses Gefühl ein für alle Mal *auszulöschen*. Ich kann nicht mehr. Wie kann er nur so handeln? Ist ihm sein Kind unwichtig? Warum nur? Das darf er unserem Kind einfach nicht antun. Das kann nicht sein, dass er auch das Sorgerecht hat und sich dennoch nicht kümmert. Und ich kann nichts machen. Er entscheidet das einfach für sich. Wenn er sich nicht benimmt, dann sieht er seinen Sohn in Zukunft gar nicht mehr!

Was ist der Nachteil dabei, zu denken: »Er soll jetzt machen, was ich will« und so wütend zu sein?
Daniela: Der Nachteil ist, dass ich mir nicht erlaube, wirklich wütend zu sein, und es kostet mich so wahnsinnig viel Kraft. Die Wut soll endlich weg sein. Aber ich fühle mich so übergangen und nicht respektiert von ihm und seinem Verhalten. Findest du nicht, dass es völlig angemessen ist, sauer zu sein, wenn der Vater sich aus der Affäre zieht?

Oh, doch! Ich verstehe dich zu gut. Doch die Frage ist, wie stark beeinflusst es dein Leben? Du fühlst dich im Recht und hast dir die Erlaubnis gegeben, wütend zu sein. Geht es dir gut damit?
Daniela: Nein, sagte ich ja bereits. Aber kann meine Wut nicht auch etwas Gutes bewirken?

Auf alle Fälle kann deine Wut gut sein. Es kommt darauf an, wofür du diese frei werdende Energie benutzt. Kämpfst du für oder gegen etwas? Baust oder zerstörst du etwas? Wofür könntest du deine Wut (konstruktiv) nutzen?

Daniela findet, der Kindsvater muss endlich merken, wie schrecklich sein Verhalten ist. Sie hatte immer wieder den Drang, dem Vater per SMS mitzuteilen, wie sehr ihr Sohn daran litt, dass er nicht da war. Und was war seine Reaktion? Keine. Außer der Tatsache, dass Daniela sich wieder einmal intensiv mit dem »Mangel« auseinandergesetzt hatte und all die schlechten Gefühle, die sie ihm wünschte, nun selbst in ihrem Körper, besonders im Magen spürte. Häufig wurde ihr übel und ihr Puls ging schneller. Sie fragte sich: »Wäre ich nicht eine desinteressierte Mutter, wenn ich meinen Ärger über seinen Rückzug gar nicht ausdrücke?

Natürlich kann Daniela weiter wütend und ärgerlich sein. Es ist einfach sehr enttäuschend, das so zu erleben. Die Frage ist nur, ob es dafür sorgt, dass sie besser mit ihrer Energie haushalten kann. Niemand sollte gleichgültig sein oder gutheißen, wenn sich jemand ungut verhält, aber idealer wäre, das Gefühl der Wut positiv für sich selbst, als Kraft, einzusetzen und zu nutzen. Das schont die eigenen Nerven erheblich.

Bei diesem Vorschlag fragte Daniela ärgerlich: »Soll ich sein Verhalten einfach dulden? Da muss ich doch etwas unternehmen! Meine Wut über sein Verhalten und auch meine Androhung rechtlicher Konsequenzen hatte bisher keinen Einfluss auf sein Verhalten. Wenn ich mich nicht äußere, denkt der Kindsvater doch, dass er alles mit mir machen kann.«

Es zeigte sich, dass genau das Gegenteil eintrat. Je mehr Daniela ihm ihre Wut deutlich machte, desto mehr zog ihr Ex-Partner sich zurück und reagierte irgendwann gar nicht mehr. Ärger kostet uns sehr viel Energie und die Konsequenz ist, dass er gute Entscheidungen in unserem Leben verhindern kann. Natürlich kommt es auch hier auf das Ausmaß an. Wenn du seit Monaten mit einer Wut im Bauch unterwegs bist und dich über Umstände ärgerst, die du leider *nicht* ändern kannst, dann ist das ungesund und führt zu nichts. Egal, ob du dich in deinem Selbstwertgefühl angegriffen fühlst oder das Gefühl hast, du hast keine Kontrolle.

Du entscheidest, auf welche Weise du reagierst, wenn du wütend bist:

- **Mit der Kämpferin,** die versucht, per SMS, Gerichtsbeschluss, Handgreiflichkeiten und Intrigen mit der Wut umzugehen beziehungsweise diese zu reduzieren.
- **Mit der Flüchtenden,** die durch Flucht in die Ablenkung versucht, die Wut wegzudrücken oder zu unterdrücken.
- **Mit der gesunden Großen,** welche die Bereitschaft hat, die Wut zu fühlen und dann bewusst entscheidet, erwachsen und konstruktiv zu handeln.

Was wäre, wenn du das Gefühl der Wut akzeptieren würdest?

Daniela: Ganz ehrlich: Das konnte ich bislang gar nicht. Meine Wut akzeptieren? Und dann? Ist es dann besser? Wie soll das bloß gehen? Ich kann mir noch gar nicht vorstellen, wie das klappen soll.

Verspüren alle Alleinerziehenden das Gefühl der Wut?

Daniela: Ich weiß, dass es nicht so ist. Eine Freundin von mir zum Beispiel, die hat so viel Mist erlebt und ist auch alleinerziehend. Ein Kind ist ständig krank, ihr wurde gekündigt und der Vater des Kindes zerrt sie immer wieder vor das Gericht. Die ist nicht wütend. Sie sagt, dass sie enttäuscht sei und es nicht einsehe, nur einen Funken Energie in diese Dinge fließen zu lassen. Ich bewundere das ja. Doch das ist wohl die Haltung der gesunden Großen? Ich hingegen mach mich noch mehr fertig, weil ich diese Wut überhaupt spüre. Vor Kurzem habe ich meinem Ex schon wieder eine Nachricht gesendet. Ich muss mich doch endlich mal mehr beherrschen. Es bringt ja gar nichts. Dann bin ich gegenüber meinem Kind gereizt, meckere rum und das ist das Letzte, was ich möchte. Wieso kann ich mich nur so schlecht kontrollieren? Ich bin keine gute Mutter. Das denke ich dann. Ich glaube, das redet mir meine strenge Richterin wieder ein und mein Selbstwertgefühl geht in den Keller.

Stufe 3: Die gesunde Große entdecken

Finde ein neues Gefühl (Enttäuschung), welches du lieber fühlen möchtest. Wie musst du dich aus der Rolle deiner gesunden Großen dafür verhalten? Welches hilfreiche Selbstgespräch unterstützt dich? Kenne dieses hilfreiche Selbstgespräch.

Daniela: Ich bin sehr enttäuscht, dass die Umstände so sind, wie sie sind, und es ist völlig normal und menschlich, dass ich immer mal wieder Wut in mir spüre. Darüber bin ich mir bewusst und achte darauf, neue Wege zu finden, meinen Ärger anders auszudrücken. Und wenn ich es einmal nicht schaffe, dann verzeihe ich mir das und verurteile mich nicht gleich als *ganzen* Menschen.

Ich sage »Ja« zu meinem Gefühl meiner Wut, nehme sie an und nutze ihre Energie, um mich persönlich weiterzuentwickeln.

Du kannst dich entscheiden, deine Gefühle einfach erst einmal nur wahrzunehmen und zu fühlen, ohne gleich handeln zu müssen. Du kannst dir überlegen, wie du in Zukunft auf das, was gerade ist, reagieren möchtest. Auch wenn Daniela den obigen Satz schon formuliert hatte: Fühlen tat sie es noch lange nicht.

Daniela: Das heißt, wenn ich als gesunde Große reagiere, bleibt mir nur die Chance, mein Anliegen als Wunsch zu formulieren und Thomas zu bitten? Allein der Gedanke macht mich schon wieder wütend. Boah. Okay, gut. Ich habe aber verstanden, was du meinst.

Daniela musste sich jeden Tag immer wieder daran aktiv erinnern und sich bewusst machen, dass sie die Kontrolle hatte. Und zwar darüber, ob sie wütend sein möchte oder nicht. Immer wieder tappen wir in die Falle, zu glauben, der andere »macht« das Gefühl der Wut in uns. Aber das ist ein Irrtum.

Eine andere Person kann an deiner Haustür klingeln und in deine Wohnung wollen. Ob du den Türöffner betätigst und diese Person hereinlässt, liegt bei dir. Du hast die Kontrolle darüber, ob du dich ärgern möchtest oder ob du gelassen bleiben möchtest. Es ist immer deine Entscheidung.

Daniela war es mittlerweile sehr bewusst, wie der Kindsvater ihre Wut hervorlocken konnte. Und zwar, indem er gar nicht mehr oder ebenfalls mit Vorwürfen reagierte. In ihrer Vorstellung nutzte Daniela einfach den Türöffner nicht mehr und ihre Ohnmacht über die Situation ließ nach.

Stufe 4: Mutig tun!

1. Schritt: Schreib deinen inneren Film mit Happy-End
2. Schritt: Film ab in deiner Fantasie
3. Schritt: Live-Schaltung: Tu es!

Nachdem Daniela so viel über die Hintergründe ihrer Wut erfahren und so lange gekämpft hatte, entschied sie sich von einem auf den anderen Tag, die SMS und Anrufe bei dem Kindsvater zu unterlassen. Sie hatte sich dafür entschieden, ihre Kraft und die Gedanken lieber in sich selbst und ihren Sohn fließen zu lassen statt in den Ex. Sie fing an, immer mehr aus der Rolle der gesunden Großen zu handeln. Daniela empfand es als hilfreich, ihre Wut als eine Art Botschafter zu sehen. Was mochte ihr die Wut sagen? Welches Bedürfnis stand eigentlich dahinter?

Daniela sagte: »Ich habe mich so lange darüber geärgert, dass mein Ex sich so aus der Affäre gezogen hat. Egal, was ich bislang tat, es hat nichts verändert. Ich habe darauf keine Lust mehr und entscheide jetzt, dass ich mich davon nicht mehr bestimmen lasse. Mein Bedürfnis nach Harmonie und Wertschätzung, auch für unseren Sohn, wird von ihm nicht erfüllt. Ich werde mich informieren, wie mein Kind stattdessen eine zusätzliche zuverlässige Bezugsperson bekommen kann. Ich nutze jetzt meine Wut, um mich selbst zu kümmern, und setze die Energie für meinen Sohn ein. Ich trage meine mütterliche Verantwortung und bin nicht für seine väterliche Verantwortung zuständig. So bitter es auch ist und mich immer noch traurig macht.«

Als ich Daniela ein Jahr später wieder sprach, berichtete sie mir, dass sie sich einem Treffpunkt für Alleinerziehende angeschlossen hatte. Dort waren viele engagierte Frauen, die begannen, sich politisch einzusetzen. Sie hatte ein Fazit gezogen: »Ich nutze meine Wut jetzt, um uns eine Stimme beziehungsweise Lobby zu geben. Und wir brauchen noch viel mehr, die sich beteiligen!«

WERTVOLLE TIPPS BEI WUT AUS DER ROLLE DEINER GESUNDEN GROSSEN?

1. Nimm das Gefühl wahr

Atme tief ein, schließe die Augen und sage laut oder leise »Ja« zu deiner Wut. Nimm sie bewusst wahr. Das Gefühl darf da sein! Solange du dich mit deiner Wut selbst verurteilst und sie dringend loswerden möchtest, desto mehr wird sie dich fesseln. Sei gerade in diesen Momenten mitfühlend, geduldig und gnädig mit Dir. Wenn du dich zusätzlich für diese »Schwäche« verurteilst, wird deine Selbstachtung noch geringer. Um dein Selbstwertgefühl zu stärken, brauchst du genau das Gegenteil.

Akzeptiere deine Wut und vergib dir, wenn es dir nicht immer gelingt.

2. Stelle die richtige Frage!

Deine Wut beziehungsweise dein Ärger zeigt dir, dass etwas anders läuft, als du es willst. Stell dir die folgende Frage:

Ist es möglich, die Situation zu ändern, die mir nicht gefällt?
Wenn du diese Frage mit »Ja« beantwortest, sollte sich deine Wut leicht in eine Energie verwandeln lassen, die deine Veränderung unterstützt. Wenn du diese Frage mit »Nein« beantwortest, dann ist deine Wut »unnötig«. Eventuell wirst du jetzt erst recht wütend. Was schreibt sie da? Meine Wut soll unnötig sein? Du darfst deine Wut gerne behalten und den anderen Menschen beziehungsweise eine Situation nicht »vom Haken« lassen beziehungsweise nicht loslassen, aber das wird an deiner Situation rein gar nichts ändern.
Ich persönlich habe den Umstand, mit meinen Kindern allein zu leben, lange nicht vom »Haken« gelassen. Ich konnte es einfach nicht. Bis ich Magenschmerzen bekam. Erst dann konnte ich den gesunden Weg wählen. Das empfehle ich auch dir, bevor du gesundheitliche Konsequenzen zu spüren bekommst.

»Ich entscheide mich, anzunehmen, dass ich den Alltag mit meinen Kindern allein bewältigen muss« (gesunde Große). Als ich mir diesen Satz zu Beginn vorsagte, kam ich mir vor, als ob ich mich selbst belüge. Mir kam das alles extrem gekünstelt vor, weil mein Gefühl ja *noch* anders war. Die Kunst ist, dranzubleiben und in dem Moment ausnahmsweise einmal *nicht* auf sein Gefühl zu hören, da es dich wieder zu alten Verhaltensweisen treiben würde und die Wut somit erhält.

Daniela dachte lange, dass sie die Situation ändern könne. Doch es wurde stattdessen immer schlimmer und sie erschöpfter. Von einem auf den anderen Tag beendete sie die SMS und Anrufe bei dem Kindsvater. Sie hatte sich dafür entschieden, ihre Kraft und die Gedanken lieber in sich selbst und ihren Sohn fließen zu lassen statt in den Ex. Sie fing an, immer mehr aus der Rolle der gesunden Großen zu handeln.

3. Wähle die drittbeste Lösung

Daniela hatte bislang zwei Wege gewählt, um der Tatsache zu begegnen, dass der Kindsvater sich nicht mehr um ihren Sohn kümmerte. Erstens hatte sie versucht, ihn zu ändern und zweitens war sie wütend geworden. Die drittbeste Lösung ist das Loslassen.

Ehrlich gesagt habe ich sehr lange meine Augen verdreht, wenn mir jemand gesagt hat: »Lass doch einfach mal los.« Ja wie denn? Zeig mir bitte den Hebel und ich tue es, dachte ich so häufig.

Heute ist mir klar, dass es eine wirklich bewusste Entscheidung im Kopf braucht, um diesen Schritt zu tun. In der Rolle der gesunden Großen akzeptierst du, dass deine Wünsche nicht erfüllt worden sind.

Um den Kampf mit der Realität zu beenden, braucht es die Akzeptanz der Fakten:

- Andere Menschen entsprechen nicht immer deinen Erwartungen.
- Loslassen bedeutet nicht, das, was ist, gut zu finden.
- Du hast immer einen Einfluss auf das, was du fühlst.
- Du hast es verdient, dass es dir gut geht.
- Du machst nicht immer alles richtig und das darf auch sein.
- Es ist nicht alles gerecht in diesem Leben.
- Es wird Zeiten im Leben geben, die dich maximal fordern werden.

In dem Moment, als Daniela es das erste Mal schaffte, den Wunsch an den Kindsvater loszulassen, fühlte sie sich nicht mehr als Opfer in der Situation. Sie fühlte sich leichter und freier, obwohl er sein Verhalten nicht verändert hatte. Es gab aber auch Momente, in denen Daniela Extrarunden der Nicht-Akzeptanz drehte. Sie hielt die »glühenden Kohlen« noch mal in der Hand. Und das ist auch menschlich und völlig okay. Wähle bewusst die drittbeste Lösung.

Lösung 1: Klappt nie im Leben (Vater ändern).
Lösung 2: Erschöpft dich zu sehr (wütend werden) und
Lösung 3: Ist deine bewusste Entscheidung, loszulassen. Loslassen kostet weniger Kraft als Festhalten. Die Belohnung ist deine Freiheit.

4. Wünsche statt Forderungen

Du hast den Mann, mit dem du dein Kind bekommen hast, wahrscheinlich irgendwann einmal sehr geliebt. Du hattest den Traum von einer Familie und dachtest auch, deinen Partner zu kennen. Aber schon in der Paarbeziehung ist es oft nicht leicht, immer einen gerechten Umgang und Verständnis zu pflegen. Damals hatte er bereits andere Bedürfnisse, Erfahrungen und Meinungen über das Leben als du. Wenn dann Kinder ins Spiel kommen, haben wir oft schnell die Auffassung, dass keiner mehr das Recht hat, sich zu irren und das Falsche zu tun. Weder du noch er. So weit die Theorie.

Passieren tut doch etwas ganz anderes. Dein Ex-Partner und die Umwelt erfüllen dir nicht das, was du möchtest. Ärger und Wut sind immer ein Zeichen von Intoleranz. Du kannst die Meinung und das Verhalten eines anderen Menschen nicht akzeptieren, welches du für falsch hältst. Gerade in Zeiten großer Belastung und während Umbrüchen versuchen wir, uns die Welt einfacher zu gestalten und wählen gerne Schwarz oder Weiß. Dass die Lösung von allem in den Grautönen liegt, möchten wir nicht wahrnehmen. Aber warum dürfen sich andere dir und letztendlich auch dem Kind gegenüber so verhalten? Hast du als Mutter nicht einen Anspruch darauf, dass es gerecht zugeht? Nein!

Wie oft habe ich Gerechtigkeit eingefordert und mich daran aufgerieben. Es hat leider gar nichts geändert. Weder in meiner Umwelt noch in meinen Beziehungen. Wie oft habe ich in Beratungsstellen gesessen, meine Stimme erhoben und gesagt: »Das ist einfach so ungerecht und ätzend.« Da meine Forderungen an die Gesellschaft und den Kindsvater nicht erfüllt wurden, fühlte ich mich betrogen, veräppelt und dann kam die Wut. Und die Wut kostete natürlich wieder Kraft.

Die einzige Chance, die besteht, ist die Formulierung deiner Wünsche. Du erkennst einen Wunsch daran, dass du enttäuscht und traurig bist, wenn dieser nicht in Erfüllung geht. Wenn du hingegen mit Wut oder Ärger reagierst, war es eine Forderung.

Daniela kam das alles sehr suspekt vor und sie hing lange an dem Punkt fest: »Er muss doch ehrlich sein, Verantwortung übernehmen, fair sein …« Sie befand sich in einem ständigen Kampf mit der Realität. Nachdem ich sie dazu ermutigen konnte, ihre Forderungen erstmals als Wünsche zu formulieren, wurde sie ruhiger und konnte über das, was gerade in ihrem Leben passierte, erleichternd weinen. »Ich wünsche mir so sehr, dass er sich wieder für seinen Sohn interessiert.«
»Ich wünsche mir, dass das, was ich den ganzen Tag tue, gesehen wird.«
»Ich wünsche mir, dass mein Leben nicht so holprig ist.«
Daniela schrieb sich auf einen Zettel: »Wünsche statt Forderungen!« und hängte ihn in ihrer Wohnung neben den Spiegel. Natürlich war es ihr nicht ad hoc möglich, die SMS und E-Mails aufzugeben, aber es wurden langsam immer mehr Wünsche und weniger Forderungen. Wenn keine Reaktion vom Kindsvater kam, reagierte sie zunehmend enttäuscht und nicht mehr wütend. Sie sah ein, dass auch ein Kind keine Garantie dafür ist, dass sich Menschen so verhalten, wie es in ihrer Vorstellung sein sollte. Wenn du es schaffst, gelassener in deinen zwischenmenschlichen Beziehungen und mit deiner Umwelt umzugehen, dann ist die Chance größer, dass dein Wunsch gehört wird. Es gibt ein Sprichwort, das heißt:

Das schnellste Pferd kann ein im Zorn gesprochenes Wort nicht einholen.

Aus China

5. Fehler gehören dazu!

Kaum einer gibt es zu, aber alle tun es. Die Fehltritte nach der Trennung. Trotz des Wissens, wie man sich verhalten sollte als Elternteil, gelingt es einem oft nicht. Und das ist auch wiederum menschlich. Ich kenne nur wenige Eltern, die eine Bilderbuch-Trennung vollzogen haben. Natürlich gibt es Beschuldigungen, SMS-Terror, lange E-Mails und Gespräche, die nichts bringen. Und manchmal ertappt man sich selbst dabei, wie man das Kind doch instrumentalisiert hat, obwohl man weiß, dass es das absolute No-Go ist.
Ich bitte dich: Sei dennoch gütig und nachsichtig mit dir und habe Verständnis für deine Fehler und Schwächen in manchen Momenten. Solange du dich selbst verurteilst und kritisierst, wirst du auch automatisch andere Menschen für deren Schwächen und Fehler verurteilen. Es gibt keine perfekte Trennung und es gibt auch keinen perfekten Weg, um immer stark und alleinerziehend zu sein. Ich kenne ihn jedenfalls nicht.
Was bedeutet das für unsere Rollen? Auch wenn es das Ziel sein sollte, so gut und oft wie möglich aus der Rolle der gesunden Großen zu handeln, gelingt das keinem Menschen immer. Und das ist normal.

6. SOS-Tipp für Gespräche

Manches Mal braucht man eine sofortige Hilfe in einem Gespräch, da die Wut innerhalb von Sekunden in einem hochsteigt.
* **Ordne deinen Ärger und deine Wut anhand einer Skala ein:**
  1 bis 3 bedeutet: Du bist verstimmt, 4 bis 6: Du bist verärgert und 7 bis 10: Du bist wütend.
  Wenn du dir diese Skala immer wieder bewusst machst, wirst du im Verlauf sehen, dass du immer besser mit deiner Wut umgehen kannst.
* **Lass den anderen das letzte Wort haben,** beende das Gespräch mit den Worten: »… wie dem auch sei«. Und gönne dir deine Auszeit. Das ist besser, als deine Wut ungefiltert »rauszuhauen«.
* **Achte auf deinen Tonfall.** Häufig kommt es dazu, dass Menschen sich im Tonfall und mit der Geschwindigkeit der Sprache anpassen. Lass dich nicht verleiten und bleibe besonders ruhig in deiner

Tonstärke. Es ist oft nicht so wichtig, *was* du sagst, aber *wie* du es sagst.

- **Verlasse die Situation** so lange, bis dein Gefühl mindestens um drei Punkte auf der Skala abgenommen hat.
- **Atme!** Dein Körper ist sehr angespannt, wenn du wütend bist. Das beste Gegenmittel, um in die Entspannung zu kommen, ist ein bewusstes, tiefes Atmen. Ich nutze gerne die Neun-Sekunden-Atmung:
1 bis 3 Sekunden tief einatmen, 4 bis 6 Sekunden anhalten, 7 bis 9 Sekunden ausatmen.
- **Sprich mit dir selbst:** »Es geht alles vorbei und ich habe es im Griff.« Sage es dir bitte auch, wenn es nach außen nicht so scheint. Halte daran fest und wiederhole diesen Satz zwanzigmal. *Tu so, als ob!*

Ursprünglich hieß es einmal, dass man seiner Wut Luft machen soll. Wenn man sich Luft machen möchte, indem man körperliche oder verbale Angriffe startet, kommt es zu keiner Lösung der Ursache. Es ist aus Studien bekannt, dass Menschen, die ihren Ärger an anderen auslassen und wütend sind, nur noch wütender werden und die Aggressionsbereitschaft steigt. Stattdessen ist es am besten, mit einer dritten, unbeteiligten Person über deine Wut zu sprechen, zum Beispiel mit einem Sozialarbeiter, einem Arzt, einem Therapeuten oder einem Coach.

7. Hormone abbauen hilft auch!

Deine Wut erzeugt einen Hormon-Cocktail in deinem Körper und die Stresshormone brauchen ein Ventil. Du kannst die Anspannung am besten durch Bewegung abbauen.
Daniela war ja absolut kein Sportfreund und meinte, sie könne das so nicht umsetzen. Außerdem sei ihr Alltag so dicht und sie habe keine Zeit, auch noch Sport zu machen. Diese Argumente lasse ich nicht gelten. Es geht hier nicht um Superlative und du sollst auch nicht an deine sportlichen Erfolge von vor zehn Jahren anknüpfen. Es geht um klitzekleine Dinge, die schon dafür sorgen können, dass sich durch die Bewegung deine Gefühle von Wut und Ärger ändern und die Hormone wieder in Balance kommen.

Ein paar Beispiele zum Stress- und Hormonabbau

1. Treppen steigen statt Rolltreppe fahren.
2. Mit dem Rad oder zu Fuß zur Arbeit.
3. Kind fährt Rad und du joggst daneben.
4. Trampolinspringen im Wohnzimmer. Es macht viel Spaß und ist eine günstige Anschaffung.
5. Mit deinem Kind zusammen Inlineskaten.
6. Spazieren gehen am Meer, See, im Wald, in Feldern, am Berg.

8. Den Fokus ändern

Wie du schon an anderer Stelle in diesem Buch erfahren und gelesen hast, können äußere Umstände, wie Menschen oder Situationen, dein Gefühl der Wut triggern. Wenn du weiterhin deine primäre Aufmerksamkeit auf das richtest, was andere Menschen tun und wie die Umstände sind, wirst du deine Wut nicht in den Griff bekommen. Die Auslöser wirst du niemals verändern können. Was du aber ändern kannst, ist, *wie* du in Zukunft auf diese Auslöser reagieren willst. Ob weiterhin mit Wut oder zum Beispiel mit Gelassenheit. Richte deinen Fokus auf dein Innenleben und sei dir bewusst, dass du dein Gefühl steuern kannst und es nur deine Entscheidung ist, wie du in Zukunft reagieren möchtest.

9. Triff eine Entscheidung

Dein Ärger und deine Wut sind wie alle anderen Gefühle plötzlich da. Sie sind intuitiv und eine Reaktion deines Nervensystems. Erst wenn sie da sind, kannst du entscheiden, *wie* du damit umgehen möchtest. Auch ich reagiere immer wieder mal im ersten Moment mit Wut, obwohl ich es rein theoretisch besser weiß …

Stelle dir folgende Fragen:

1. Möchte ich in der nächsten Zeit weiterhin sehr reflexartig mit Wut und Ärger auf Menschen und Situationen reagieren?

2. Möchte ich ein Opfer meiner Gefühle sein?

3. Möchte ich mich weiterhin im Nachhinein für mein wütendes Handeln entschuldigen?

4. Sollen mich andere als unkontrolliert erleben?

Wenn du diese Fragen mit »Nein« beantwortet hast, dann hast du soeben eine Entscheidung getroffen. Und zwar die Entscheidung, ab sofort bewusst zu handeln und deinen Ärger nicht mehr reflexartig auszuleben, sondern zu kanalisieren. Herzlichen Glückwunsch!

10. Feiere Dich!

Wenn der Ärger und die Wut in dir hochkommen und du es schaffst, nicht mehr (wie bisher) mit Beschimpfungen, langen SMS oder Rache-Aktionen zu reagieren, dann hast du dich anders als bisher verhalten. Dieses neue Verhalten aus deiner Rolle der gesunden Großen ist wie eine kleine junge Pflanze und braucht täglich, Wasser um zu gedeihen. Übersetzt heißt das, dass du viele Wiederholungen brauchst. Du erinnerst dich: Deine Helferrollen geben nur ungern ihre Position auf. Aber nicht nur das. Die Pflanze braucht ergänzend noch Licht. Dein Licht sind Belohnungen. Jedes Mal, wenn Daniela mit ihrer gesunden Großen agierte, anstatt aus der Rolle ihrer Kämpferin zu reagieren, legte sie fünf Euro für eine Reise beiseite. Das motivierte sie, dranzubleiben.

11. Die dritte Option und dein Trainingspartner

Ärger führt oft automatisch entweder zu einer Kampf- oder auch Fluchtreaktion. Wir überlegen uns, wie wir uns wehren, oder wir ziehen uns zurück. Die Kämpferin oder die Flüchtende. Keine dieser

Verhaltensweisen ist sinnvoll im Umgang mit anderen Personen. Die dritte Option ist der Weg der gesunden Erwachsenen: erst aus der Situation herausgehen, um nachdenken zu können, und dann später erneut einen Wunsch äußern. Daniela half es, sich ihren ehemaligen Mann als eine Art »Trainingspartner« vorzustellen, der sie immer wieder üben ließ, die dritte Option zu wählen.

FAZIT: DIE KRAFT DER WUT

Ohne meine Wut würdest du diese Zeilen hier nicht lesen. Ich würde sagen, dass es das Gefühl war, das mich in den letzten Jahren am meisten begleitet hat. Man könnte meinen, Wut sei zu verteufeln. Nein, das ist sie nicht. Es kommt nur darauf an, wie man sie einsetzt. Ich habe sie durchaus auch destruktiv eingesetzt und dann erst nach Lösungen gesucht, die Wut sinnvoll zu nutzen. Deine Wut kann dich zum Handeln bringen und neue Wege gehen lassen. Es ist der Start für deine Veränderung. Nutze sie *für*, nicht gegen etwas. Dabei wünsche ich dir von ganzem Herzen viel Erfolg!

Teil V:

Jetzt bin ICH dran!

Ideen für einen guten Umgang mit dir selbst

Es ist das dritte Gespräch im Jugendamt. Wieder geht es um die Verhandlung der Umgangszeiten und den zukünftigen Wohnort unserer Töchter. Beim letzten Termin habe ich mich wie ein kleines, trauriges und trotziges Kind benommen und am Ende jedes konstruktive Gespräch erfolgreich verhindert. Dieses Mal soll es anders laufen. Heute bin ich mir sehr bewusst, dass es verschiedene Auslöser gibt, die meine traurige, verletzte und impulsive Kleine aktivieren können: mein Ex-Partner, die Räume des Jugendamts und auch ein wenig die Dame, die so bemüht ist, uns als Eltern anzusprechen. Ich weiß, dass ich unbedingt vorbereitet in das Gespräch gehen muss, damit ich nicht wieder innerhalb von Sekunden gefühlt im Grundschulalter lande. Also tue ich Folgendes: Auf der Autofahrt zum Jugendamt stelle ich mir vor, dass meine bedürftige Kleine auf dem Beifahrersitz neben mir sitzt. Und dann fange ich an, laut mit mir selbst zu sprechen:

»Hallo, liebe kleine Alex, wir zwei fahren gerade wieder zum Jugendamt. Das letzte Mal bist du mit mir mitgekommen und hast das Steuer eindeutig an dich gerissen. Ich glaube, du wolltest zeigen, wo es langgeht. Ich kann dich gut verstehen und ich weiß auch, dass dich diese Themen sehr aufregen und dir Angst machen. Ich möchte dir sagen, dass du viel zu klein bist, um das zu klären. Du bist ein kleines Mädchen, das keine Verantwortung übernehmen muss. Du darfst spielen und es dir gut gehen lassen. Ich bin deine gesunde Große und werde die Aufgabe übernehmen. Dafür bin ich verantwortlich, nicht du! Ich möchte, dass es dir gut geht und ich werde auf dich aufpassen. Du kannst dir überlegen, ob du mit einem Buch im Auto sitzen bleibst, oder ob du mit nach oben in den Vorraum gehst und dort auf mich wartest, bis das Gespräch vorbei ist.«

Als ich am Parkplatz ankomme, schließe ich die Augen, höre still in mich hinein und eine Stimme in mir sagt, dass meine Kleine lieber im Auto bleiben möchte, um ein Buch anzuschauen. Ich lächle und steige aus – zum Gespräch.

Dieses Gespräch verlief dann auch tatsächlich viel besser, selbst Kritik konnte mir nichts mehr anhaben. Innerlich musste ich lächeln, weil ich wusste, dass meine Kleine unten auf mich wartete und mir vertraute.

Vielleicht denkst du jetzt, dass dieser Weg sehr ungewöhnlich, lächerlich und auch etwas verrückt ist? Mach es einfach trotzdem! Ich kann nur sagen, dass er nicht nur bei mir, sondern schon bei vielen Menschen funktioniert hat, die ich begleitet habe. Wir haben in den bisherigen Kapiteln viel über die verschiedenen Rollen erfahren. Da gibt es die strenge Richterin, die nichts mehr in unserem gegenwärtigen Leben verloren hat und deren Aussagen wir keinen Glauben mehr schenken. Die Kämpferin, die immer bereit ist, im nächsten Moment in den Kampf zu ziehen und alles zu geben. Die Flüchtende, die zu gerne eine Mauer zwischen sich und der Umwelt aufbaut und sich verkriechen möchte. Und die Dienerin, die sich anpasst, um Konflikte zu verhindern, und sich selbst dabei vergisst.

In einer Umfrage, die ich im Rahmen der Themenfindung zu diesem Buch gemacht habe, stellte sich heraus, dass sich die meisten Alleinerziehenden wieder mehr Selbstvertrauen, Mut und Energie wünschen. Dem kann ich zustimmen, denn ein gutes Selbstwertgefühl und Selbstachtung ist die Basis, um in dieser sehr intensiven Lebensphase psychisch und körperlich gesund zu bleiben. Die praktischen Tipps in diesem Kapitel werden dich darin unterstützen. Eine Bitte habe ich zu Beginn: Suche dir maximal zwei Ideen aus – mehr nicht! Sehe bitte alle Ideen als eine Art Einladung an. Eine Einladung, mal etwas anders zu machen. Du kannst sehr stolz auf dich sein, wenn du den Mut und die Motivation hast, dich auf diesen Weg einzulassen. Lass dir Zeit.

Schlafen

Susanne schläft pro Nacht maximal sechs Stunden. Sie erzählt, dass sie nur in den Abendstunden endlich einmal Ruhe für sich hat. Auf die Frage hin, wie es ihr am Morgen ginge und ob sie gestärkt sei, schüttelt sie den Kopf. Sie sagt, dass sie hektisch und angespannt hin und her springt und in der Rolle ihrer Kämpferin sei.

So banal und doch oft nicht wirklich ernst genommen: Schlaf wirkt wahre Wunder! Für die meisten von uns beginnt der Tag sehr früh und endet sehr spät. Wenn das Kind schläft, kommen manche auf die Idee, es sei jetzt wichtig, noch zu putzen, die Küche aufzuräumen, einen Film zu schauen oder die Mails zu checken. Aber Fakt ist: Nichts ist so wichtig wie dein Schlaf. Nach sieben bis neun Stunden Schlaf ist deine gesunde Große automatisch viel präsenter und gestärkter für alle täglichen Anforderungen. Und darauf kommt es an! Dein Schlaf stärkt deine gesunde Große in dir und schützt parallel die bedürftige Kleine vor Angriffen von außen.

Mein Tipp für dich: Kein Wäscheberg, keine chaotische Wohnung ist so wichtig wie *dein* Schlaf. Erhöhe dein Schlafpensum. Es ist sinnvoll, dass du regelmäßig früh ins Bett gehst. Manche Alleinerziehenden gehen an ein bis zwei Tagen pro Woche zeitgleich mit ihrem Kind ins Bett.

Sei »perfekt-unperfekt«

Marisa ist eine 24-jährige alleinerziehende Frau, die – nachdem sie von ihrem Freund verlassen wurde – alles daransetzte, sich selbst und der Welt zu beweisen, dass sie es auch allein kann. Sie war mehrfach enttäuscht worden und hatte die Erfahrung gemacht, dass es nicht sinnvoll ist, sich auf andere Menschen zu verlassen. Ihre Wohnung war immer sehr ordentlich und auch ihre Aufgaben als Mutter erledigte sie perfekt. Im zweiten Jahr allein mit ihrer Tochter konnte sie nicht mehr. Sie lag völlig erschöpft morgens im Bett und kam nicht mehr hoch. Erst da gestattete sie sich, Hilfe von einem Arzt und einer Erziehungsberatungsstelle anzunehmen.

Wenn das Bedürfnis nach Anerkennung nicht erfüllt ist, bemühen wir uns, erst recht keine Fehler mehr zu machen. Wir wollen den anderen zeigen, dass wir stark sind und es alleine schaffen. Die Kämpferin ist sehr präsent und treibt uns zur Höchstform an. Diese Strategie funktioniert auch lange sehr gut, bis irgendwann gar nichts mehr geht.

Lass die Erschöpfung nicht so weit kommen und sage: »Stop!« Es ist selten möglich, den Anforderungen als Alleinerziehende im Alltag in der gleichen Weise gerecht zu werden wie in einer Partnerschaft, in der Liebe und Unterstützung eine tragende Kraft sind oder vielmehr sein sollten. Auch wenn du jetzt denkst, dass du schon vor der Trennung alles allein geregelt hast, macht es meist dennoch einen Unterschied aus.

60 Prozent sind die neuen 100 Prozent!

- Wenn die Küche am Abend nur zu 60 Prozent statt 100 Prozent fertig ist, …
- Wenn die Wäsche nur zu 60 Prozent statt 100 Prozent erledigt ist, …
- Wenn deine Mails nur zu 60 Prozent statt 100 Prozent beantwortet sind, …
- Wenn du nach der Arbeit nur zu 60 Prozent statt 100 Prozent fit bist, …
- Wenn du euer Abendritual nur zu 60 Prozent statt 100 Prozent mitmachst, …

… dann ist das vollkommen in Ordnung und du bist trotzdem ein wertvoller Mensch!

In diesem Moment, während ich diese Zeilen hier schreibe, sitze ich in einem Co-Working-Space, einem Gemeinschaftsbüro, mitten in Hamburg. Mein Geschirrspüler ist nicht ausgeräumt, das Bad seit über einer Woche nicht mehr richtig geputzt und eingekauft habe ich auch noch nicht. Doch in diesem Moment räume ich diesem Buch, welches du gerade liest, eine höhere Priorität ein als der Ordnung in meiner Wohnung. Ich bin im Moment wohl keine tolle Hausfrau. Doch damit kann ich gut leben!

Mein Tipp für dich: Deine gesunde Große weiß, dass dein Wert als Mensch niemals davon abhängt, was du täglich leistet. Du bist und bleibst eine tolle Mama und Frau, auch wenn du mal nicht alles schaffst.

Die Kraft der inneren Bilder

Anna lebt mit ihren zwei Kindern seit sechs Monaten allein. Sie leidet noch immer sehr unter der Trennung von ihrem Mann und kann sich und die Kinder nicht als »Familie« wahrnehmen. Sie selbst kommt aus einer Familie, in der es keine Scheidungen gab. Anna fühlt sich unvollständig und lernt langsam, dass es wichtig ist, dem Wort »Familie« eine neue Bedeutung zuzuschreiben. Es ist egal, wie die Konstellation der Mitglieder ist.

Familie ist da, wo Liebe ist und Kinder sind.

Dieser Gedanke kam Anna noch sehr fremd vor. Sie entschied sich aber, zu einem Fotografen zu gehen und mit ihren zwei Kindern ein neues »Familienbild« anfertigen zu lassen. Als sie dieses Bild zum ersten Mal sah, überkam sie eine Flut an schmerzlichen Emotionen. Es dauerte Monate, bis sie sich mit dem neuen Foto anfreunden konnte. Dennoch hatte sie einen großen Schritt für sich und ihre Kinder getan. Dabei ging es nicht darum, den anderen Elternteil auszuschließen, sondern darum, sich mit der neuen Familienkonstellation zu identifizieren, um so den Alltag leichter zu gestalten. Anna durfte wieder »vollständig« werden.

Mein Tipp für dich: Der Schritt, ein neues Familienfoto anfertigen zu lassen, stärkt die gesunde Große und die Kinder spüren ebenfalls die Veränderung. Vielleicht magst auch du dich einmal mit dem Gedanken an ein neues Familienbild tragen?

Pause heißt P-A-U-S-E

Sobald Marie ohne Kinder ist und eine Stunde Zeit für sich hat, beginnt sie, all die Dinge zu tun, die liegengeblieben sind. Damit erfüllt sie regelmäßig ihr Bedürfnis nach Kontrolle. Doch alle anderen Bedürfnisse, wie zum Beispiel das nach Nähe, vernachlässigt sie. Nach vielen anfänglichen Einwänden, warum es eben einfach nicht ginge, dass sie die Pausen für sich nutzt, entschied sich Marie schließlich doch dafür, entweder mit dem Fahrrad auf einen Cappuccino in ein Café zu radeln oder mit einer Freundin zu telefonieren.

Die gesunde Große weiß um ihre Aufgaben und Pflichten, ist sich gleichzeitig aber auch bewusst, dass sie nur bei schönen Aktivitäten entspannen und sich erholen kann. Um genug Energie zu haben, ist es als alleinerziehende Mutter und Frau deine »Pflicht«, wenn du Pause hast, wirklich das zu tun, was dich glücklich macht. Denn nur dann kannst du auch gut für dein Kind oder deine Kinder da sein. Frage dich konkret, wie du deine gesunde Große in deinen Auszeiten und Pause stärken kannst.

Ganz anders erlebt Susann die Stunden ohne ihre Kinder. Für sie ist es jedes Mal eine Qual, sie dem Vater zu überlassen, und sie zählt die Stunden, bis sie endlich ihre Kinder wieder in ihre Arme schließen kann. »Wenn Tom und Ella beim Vater sind, könnte ich ja so viele Dinge unternehmen. Stattdessen liege ich auf dem Sofa und bin wie erstarrt. Erst weine ich, da ich sie vermisse, und dann schaue ich stundenlang Serien, um mich abzulenken.«
Auf die Frage hin, was sie befürchte, wenn sie wieder aktiv werden würde, fand Susann zunächst nur zögerlich eine Antwort: »Ich glaube, ich habe ganz tief in mir die Sorge, dass ich meine Kinder verliere. An meinen Ex-Mann und an seine neue Patchwork-Familie. Dann fühle ich mich verlassen und irgendwie auch in meiner Rolle der bedürftigen Kleinen. Um mich zu schützen, wird meine Helferrolle aktiv: die Flüchtende, die mich mit Fernsehen und anderen Dingen ablenkt. Dieser fallen auch viele Argumente ein ... Zum Beispiel, dass ich kein Geld habe, um auszugehen, oder am Wochenende sowieso keine Freundin oder Bekannte Zeit hat, weil sie ja mit ihren Familien zusammen sind. Oder sie macht mir klar, dass Ausgehen in meinem Alter jetzt sowieso nichts für mich ist. Und was für sie schon mal gar nicht geht, ist Kontakte im Internet zu knüpfen. Meine Flüchtende ist

davon überzeugt, dass so etwas spontan auf der Straße und im echten Leben passieren muss.«

Natürlich ist es wunderbar, sich hin und wieder auch einmal auf das Sofa zurückzuziehen und gar nichts zu tun. Es kommt aber darauf an, aus welcher Rolle heraus du das tust. Aus der Rolle der gesunden Großen etwa?

Die gesunde Große würde sagen: »Ich arbeite viel und weiß, dass es wichtig ist, einen Ausgleich mit Entspannung und Erholung zu schaffen. Heute möchte ich auf dem Sofa liegen und ein Buch lesen.«

Oder ist es die Flüchtende, die sagt: »Du hast sowieso keine andere Möglichkeit – ich biete dir die beste Ablenkung: Fernsehen oder wahllos im Internet surfen!«

Mein Tipp für dich: Wenn du frei hast, dann feiere dich! Deine gesunde Große weiß ganz genau, wie wichtig es ist, dass du einmal etwas *nur für dich* tust.

Smoothie für die Seele

Thomas, 37 Jahre und seit einem Jahr alleinerziehend, hat gerade seine Tochter ins Bett gebracht und sich vor den Computer gesetzt, als seine Gedanken anfangen zu kreisen:

Du musst endlich bei der Krankenkasse zurückrufen und den Antrag faxen. Sport hast du auch schon seit Wochen nicht mehr gemacht und deine Freunde wollen sicher auch nichts mehr mit dir zu tun haben, wenn du nicht mal den Hörer in die Hand nimmst. Du bist einfach zu unstrukturiert …

Von Natur aus richten wir Menschen unseren Blick mehr auf die Dinge, die schlecht laufen und die nicht funktionieren, als auf das, was gut läuft und uns gelingt. Das bedeutet also in diesem Fall, wenn wir unsere gesunde Große stärken möchten, dann brauchen wir einen Wechsel des Blickwinkels. Besonders in den Abendstunden ist unsere strenge Richterin sehr aktiv und meint, uns alles erzählen zu müssen, was wir noch nicht geschafft haben oder überhaupt nicht können. Als *Smoothie für die Seele* kann in diesem Fall ein Ritual helfen.

Smoothie für die Seele: Anerkennungsritual

Dieses Ritual kannst du mit deinem Kind jeden Abend machen. Wichtig ist, dass wirklich alle Beteiligten alle folgenden Fragen beantworten.

1. Was war heute doof?

2. Was war heute das Schönste?

3. Was habe ich heute gut gemacht, worauf ich stolz sein kann?

4. Wofür bin ich dankbar?

Thomas kam dieses Ritual zu Beginn albern vor und es fiel ihm schwer, überhaupt etwas zu finden, worauf er stolz war. In diesen Momenten war Thomas stark mit der Rolle seines strengen Richters verbunden. Also bat ich (Alexandra) ihn, »so zu tun, als ob« er schon in der Rolle seines gesunden Großen sei und er antwortete:

»Ich habe heute meine Tochter und mich selbst morgens angezogen, Frühstück vorbereitet, sie in die Schule gebracht, bin dann mit dem Rad zur Arbeit gefahren und habe sechs Stunden gearbeitet, ein gutes Gespräch mit meinen Chefs geführt, meine beste Freundin angerufen mit der Bitte, dass sie meine Tochter morgen nach der Schule abholt, eingekauft, Spaghetti mit Soße gekocht und gerade eben eine lange Dusche genossen.«

Anschließend schaute er mich wieder kritisch an und meinte: »Was ist denn bitte daran besonders? Das tut doch jeder. Aufstehen, Essen machen und so weiter.«

Mein Tipp für dich: Sei stolz auf Dich! Jeden Tag. Und etabliere dieses wunderschöne Anerkennungsritual als Smoothie für deine Seele. Es wird nicht nur dich stärken, sondern auch dein Kind oder deine Kinder. Versprochen! Du machst das jeden Tag wirklich gut.

Die Macht der Babyschritte

Seitdem Anke alleinerziehend ist, hat sie nicht mehr so viel Selbstvertrauen wie zuvor. Sie sucht nach Wegen, um wieder mehr an sich zu glauben und nach vorne zu schauen. Leicht fällt ihr das jedoch nicht:
»Vor der Geburt meiner Kinder habe ich viel Sport gemacht und ich weiß auch, dass es wichtig ist. Doch ich habe keine Zeit mehr dafür. Und Geld für ein Fitnessstudio habe ich erst recht nicht. Damals war das anders. Doch nun hetze ich den ganzen Tag von A nach B und habe keine fünf Minuten, um durchzuatmen, und dann soll ich noch Sport machen? Ich bin schon jetzt so erschöpft.«

Geld und Zeit sind keine Argumente, sich nicht zu bewegen. Es hat vielmehr etwas damit zu tun, welche *Wichtigkeit* wir der Bewegung beimessen. Wir alle wissen, dass Bewegung guttut, wir uns danach in unserem Körper besser fühlen und dass sich das Selbstwertgefühl verbessert. Dennoch tun wir es oft nicht. Warum?
Weil wir oft noch in alten Erinnerungen hängen, in denen wir viel mehr Zeit, Geld und keine Kinder hatten, und uns unserer Fitness widmen konnten. Wir vergleichen und haben zu hohe Maßstäbe und Erwartungen. »Entweder ich mache es richtig oder gar nicht«, ist ein Argument, das ich oft höre.
Nun noch zwei Beispiele, ein weiteres einer Klientin und eines von mir selbst.

Obwohl sich Sonja, alleinerziehende Mutter von vier Kindern, wenig für Sport begeistern konnte, fand sie Gefallen daran, abends fünf Minuten auf dem kleinen Trampolin ihrer Kinder zu hüpfen.
Früher bin ich Halbmarathon gelaufen. Heute laufe ich in der Woche ein- bis zweimal zehn Minuten – oder gehe 10.000 Schritte zu Fuß zur Praxis. Und ich fühle mich danach deutlich besser und wacher!

Mein Tipp für dich: Um deine gesunde Große zu stärken, möchte ich dich einladen, dein Vertrauen in dich selbst zu fördern, indem du nicht nur deine psychische Gesundheit stärkst, sondern auch deinen Körper wie ein Goldstück behandelst.

Bessere Stimmung garantiert

Gerade in hochbelasteten Lebensphasen gehört die Flüchtende zu der Helferrolle, die gern und oft im Einsatz ist. Wir gehen Konflikten aus dem Weg, verkriechen uns in unseren vier Wänden und möchten nichts mehr fühlen. Wenn uns dann andere Menschen sagen: »Komm raus aus deinem Mauseloch, das Leben geht weiter und es ist kein Weltuntergang«, führt das selten dazu, dass wir uns motivieren können. Ein fataler Kreislauf, der, wenn er nicht unterbrochen wird, zu einer depressiven Stimmung führen kann.

Der Gedanke: »Wenn es mir wieder besser geht, ich mehr Lust habe und die Kinder größer sind…«, ist ein Versuch der Flüchtenden, nicht aktiv zu werden. Doch leider wird sich die Stimmung durch das Nichtstun *nie* bessern. Ich betrachte das mittlerweile wie ein »Dynamo« am Fahrrad: Die Lampe beginnt erst zu leuchten, wenn wir in die Pedale treten.

Und so gehe ich um die Alster, *obwohl ich keine Lust habe*. Oder ich rufe eine Freundin an, *obwohl ich keine Lust habe*. Oder ich fahre zu einem Platz in Hamburg, den ich noch nie gesehen habe, *obwohl ich keine Lust habe*. Tue aber jeweils so, als ob ich Lust hätte. Und dann passiert etwas sehr Spannendes …

Mein Tipp für dich: Die Lust kommt mit dem Tun! Werde aktiv und handle, dann wechselst du automatisch in die Rolle deiner gesunden Großen und deine Stimmung bessert sich deutlich.

Die Entdeckung deiner Weiblichkeit

Svenja, 43 Jahre alt, zwei Kinder, ihr Mann hat sie wegen einer jüngeren Frau verlassen. Anschließend tut Svenja das, was Viele tun: Sie funktioniert erst mal und versucht, den Alltag einigermaßen am Laufen zu halten. In der »kinderfreien« Zeit kümmert sie sich um die Dinge, die in der Woche liegengeblieben sind, und ist verzweifelt über ihre neue Situation. Immer häufiger greift sie nach Essen, das die Leere in ihr füllen soll. Sie schneidet sich die langen Haare ab. Auch ihren fülligen Körper versteckt sie hinter viel zu großer Kleidung. Als eine andere alleinerziehende Freundin plötzlich wieder einen Partner findet, gerät sie ins Grübeln. Es fallen Sätze wie: »Ich muss erst mal wieder lange Haare haben. Und ich kann mich selbst so dick nicht ausstehen.« Svenja hat sich seit drei Jahren keine neue Unterwäsche mehr gekauft. Ihren Körper pflegt sie wenig, legt höchstens einmal ein wenig Mascara auf. An Sex mit einem Mann kann sie sich schon gar nicht mehr erinnern, als sie zu mir in die Praxis kommt.

So wie Svenja ergeht es sehr vielen Alleinerziehenden. Verlassen zu werden und die alltäglichen Belastungen als alleiniger Elternteil können zu einem Verlust der Weiblichkeit führen. Wo kann Frau da noch Frau sein? Besonders dann, wenn man 365 Tage allein für das Kind zuständig ist. Der Kontakt zur weiblichen Seite ist dann wie abgeschnitten. Viele haben auch das Gefühl, es nicht besser verdient zu haben, sonst hätten sie die Familie, die Partnerschaft doch besser führen können.

Auch wenn du dich gar nicht danach fühlst, ist es gerade in dieser Phase umso wichtiger, dass du dir selbst und deinem Körper alle Aufmerksamkeit zukommen lässt. Dusche ausgiebig, creme deinen Körper ein, lege eine Gesichtsmaske auf und gönne dir, wenn möglich, ab und an eine Massage. Berührung und Nähe brauchen wir alle. Gerade jetzt, wo du womöglich keine Partnerschaft hast, ist jede Berührung eine Wohltat für deine Seele, deinen Körper und stärkt dein Wohlbefinden.

Mein Tipp für dich: Du kannst dich nicht mehr daran erinnern, wann du dich das letzte Mal weiblich gefühlt hast? Dann suche nach alten Bildern aus Zeiten, in denen du Kontakt zu deiner Weiblichkeit hattest. Betrachte sie. Klebe ein Bild neben deinen Badezimmerspiegel. Diese wunderbare Frau auf dem Foto ist nie ganz weg gewesen. Du hast sie nur aus den Augen verloren. Erlaube dir, diese Seite in dir wiederzuentdecken – und hol dir deine Weiblichkeit zurück. Warte nicht auf einen neuen Mann, für den du dich wieder schön machst. Bleibe weiblich und eine attraktive Frau – für dich selbst. Deine gesunde Große schafft das.

Drei tägliche Fragen an dich selbst

Vielleicht fragst du dich auch regelmäßig, wie du bei Kräften bleiben kannst? Dabei gibt es drei Fragen, die dir helfen können, um deine Tage besser zu strukturieren, sodass alle zufrieden sind: du und dein Kind. Um nicht täglich im Kindertrubel unterzugehen, beantworte dir schon morgens die folgenden drei Fragen: Dadurch aktivierst du deine gesunde Große und dein Alltag wird sich verändern.

1. WIR: Was machen oder spielen wir gemeinsam, als Familie?
2. DU: Was spielen die Kinder unter Kindern? Oder: Was spielt das Kind für sich?
3. ICH: Was mache ich für mich?

Schulterklopfen

Vor Kurzem sprach ich mit einer Mutter, die mir erzählte, dass sie von ihrem Mann so enttäuscht sei, weil dieser ihr nie sagen würde, wie toll sie den Haushalt und die Kinder manage. Ich gebe zu, ich hätte das damals auch sehr gern gehört. Und nun? Selten stellt sich der Kindsvater und die Kindsmutter an die Haustür und sagt: »Das machst du aber klasse.« Warte nicht darauf, dass jemand anderes zur dir kommt und dich lobt. Viele Menschen haben leider keinen Blick dafür, da sie sich noch nicht einmal selbst loben. Mach deine eigene Energie und Zufriedenheit nicht vom Zuspruch und Lob anderer abhängig. Denn du weißt nie, wie andere reagieren.

Mein Tipp für dich: Klopf dir *täglich* selbst auf die Schulter und lobe dich. Stelle dich einmal täglich vor den Spiegel, lächle dich selbst an und sage den Satz: »Diesen Tag habe ich mit meinem Kind/meinen Kindern gut gemeistert und ich bin stolz auf mich.« Das ist ein enormer Gewinn für deine gesunde Große.

Du hast mehr Kinder als gedacht

Auch wenn wir heutzutage ständig unser Handy nutzen, um unsere Kinder zu fotografieren, und viele Bilder digital bleiben, so hat doch fast jeder von uns ein bis zwei entwickelte Bilder seines Kindes oder seiner Kinder an der Wand hängen oder auf dem Schrank stehen. Wenn ich dann die alleinerziehenden Frauen oder Männer frage, ob auch von ihnen selbst ein Baby- oder Kinderbild dabei ist, schauen mich die meisten entgeistert an. Schade! Denn wie du in diesem Buch immer wieder erfahren hast, ist es wirklich wichtig, mit dir selbst liebevoll und vorsichtig umzugehen. Weil uns das häufig nicht so leicht fällt, ist die Hilfe mit den Bildern eine gute Annäherung. Besonders mit Babybildern haben wir Mitgefühl. Und so auch mit unseren eigenen. Trau dich und suche dir ein bis zwei Bilder von dir als Kleinkind heraus. Neben den Bildern meiner Töchter steht auch ein Bild von mir von früher, als ich im selben Alter war.

Jörg konnte sich damit anfreunden, ein Bild von sich als Bildschirmhintergrund im Laptop anzulegen.
Lara kaufte sich eine Kette, in die sie ein Bild einkleben konnte. Dieses zeigte sie im Alter von drei Jahren.
Susanne traute sich, ein Babybild von sich als Bildschirmhintergrund in ihr Handy hochzuladen.

Mein Tipp für dich: Deine bedürftige Kleine, dein bedürftiger Kleiner braucht genauso viel Fürsorge und Liebe wie dein Kind. Denk an sie, an ihn!

Die Sache mit der Akzeptanz

Esther hat zwei Kinder (15, 12) und ihren Beruf als Apothekerin aufgegeben. Die letzten 15 Jahre hatte sie sich ausschließlich der Kindererziehung gewidmet und war wahnsinnig gut darin, den Familienalltag zu organisieren. Ihr Mann Jörg machte Karriere und hielt sich aus allem mehr oder weniger raus. Über die Zeit hatten sie sich entfremdet und Esther hatte ihre alte Jugendliebe wiedergetroffen. Der Versuch, die Ehe mit einer Paar-

therapie zu retten, scheiterte. Jörg packte seine Sachen und sie ließ ihn ziehen. Doch plötzlich veränderte sich Jörg und wollte seine Kinder regelmäßig alle zwei Wochenenden sehen. Esther war das zu viel. Schließlich war sie es jahrelang gewesen, die die Kinder mehr oder weniger allein erzogen hatte und nun plötzlich sollte sie jedes zweite Wochenende ohne ihre Kinder sein? Als wir das erste Mal miteinander sprachen, war ihr Wunsch, dass Jörg seine Kinder weniger sehen sollte. Als ich sie vorsichtig fragte, was sie denn befürchte, wenn ihr Ex-Mann die Kinder so oft sieht, war ihre Antwort: »Dann muss ich meine Kinder ja schon jetzt loslassen. Das kann ich nicht.«

Esther wollte diese Veränderung nicht akzeptieren. In den letzten zehn Monaten hatte sie »funktioniert«, aber Raum zum Innehalten hatte sie sich bislang nicht zugestanden. In unserem Gespräch ahnte Esther schon, dass wir nichts an ihrem Mann ändern konnten. Aber es gab etwas, was wir gemeinsam ändern konnten – und zwar Esthers Einstellung zu diesem Thema.

Viele glauben, nach vielen Jahren Ehe und ein paar Monaten Trennung schnell loslassen zu müssen. Ich persönlich finde, dass es auch eine Zeit der »Nicht-Akzeptanz« geben darf. Oft tun sich erst dann neue Türen auf. Es ist ein Trauerprozess, der Zeit braucht.

Mein Tipp für dich: Erlaube dir die Haltung: »Ich akzeptiere, dass ich es gerade nicht akzeptiere« und »Ich akzeptiere, dass ich aktuell nicht loslassen kann«. Und beobachte einmal, was passiert. Nimm dir selbst den Druck. Habe Geduld mit dir und vertraue darauf, dass du spüren wirst, wenn du bereit bist, einen Schritt weiterzugehen.

Das Spannende ist, dass die Helferrollen oft wesentlich mehr zulassen, je weniger Druck auf sie ausgeübt wird. Sechs Monate später meldete sich Esther erneut bei mir und war nun bereit, in der Rolle ihrer gesunden Großen weitere Schritte zu gehen.

Diese Trennung musst du feiern

Ahnst du schon, wovon ich spreche? Die Rolle, auf die du verzichten solltest? Ja, genau: deine strenge Richterin! Diese Rolle treibt tagtäglich ihr Unwesen, indem sie uns weismachen möchte, dass wir es nicht wert sind, dass wir zu dumm, zu dick, zu egoistisch, zu klein, zu unfähig sind und so weiter. Der Nachteil ist klar: Sie untergräbt unser Selbstvertrauen und den Glauben daran, ein glückliches, zufriedenes Leben verdient zu haben. Ständig fließen diese destruktiven Selbstgespräche der strengen Richterin zu uns.

Wir alle sind durch ein unsichtbares Band mit der strengen Richterin verbunden. Um das plastisch darzustellen, nutze ich in den Beratungen gerne zwei Playmobil-Männchen, die ich in einem Abstand von fünf Zentimetern aufstelle und zwischen beiden ein Band spanne. Wenn ich dann darum bitte, dieses Band mit einer kleinen Schere durchzuschneiden, bekomme ich oft den Satz zu hören: »Ja, was mache ich denn ohne die strenge Richterin? Ich brauche sie doch, damit ich überhaupt in die Gänge komme. Die treibt mich an.«

Ich möchte dir dazu etwas ganz deutlich sagen: Kein Mensch braucht psychische Selbstquälerei, um in diesem Leben aktiv zu werden und das zu tun, was ihm guttut. Schon gar nicht in der Zeit, in der wir alleinerziehend sind. Wir haben uns dummerweise nur leider daran gewöhnt zu funktionieren, indem wir uns selbst streng antreiben. Der Moment, nachdem das Band mit der Schere durchgeschnitten ist, ist immer sehr bewegend.

Mein Tipp für dich: Die strenge Richterin hat gefälligst die Klappe zu halten!
Menschen, die in ihrem Leben zufrieden und glücklich sind, sind das nicht deshalb, weil sie hart mit sich ins Gericht gegangen sind, sondern weil sie sich selbst wertschätzend und liebevoll behandelt haben. Und das darfst du ab sofort auch tun.

Wenn du am Ende bist ...

Ich darf an dieser Stelle noch einmal betonen, dass auch ich, die sich tagtäglich mit den inneren Rollen beschäftigt, immer wieder von allen sieben Rollen heimgesucht werde. Und natürlich erleben mich auch meine Kinder in meinen Helferrollen. Da bin ich nicht immer die gesunde Große. Das schafft kein Mensch. Unsere Kräfte sind begrenzt und oft fehlt uns einfach die Kapazität, anders zu handeln. Und weißt du was? Das darf sein. Der Rollenwechsel ist ganz normal. Doch du wirst in Zukunft mit einem anderen Bewusstsein handeln und dir frühzeitig Unterstützung holen, wenn du an deine Grenze kommst! Versprochen!

Mein Tipp für dich: Du bist und bleibst die beste Mutter oder der beste Vater für dein Kind, auch wenn du einmal nicht in der oder dem gesunden Großen bist!

WEITERE HILFREICHE IDEEN FÜR ALLE FÄLLE

Die »Geheimkiste«

Marie ist bereits seit vier Jahren mit ihrem Sohn und ihrer Tochter von ihrem Mann getrennt. Die letzten Jahre waren geprägt von einem ewigen Auf und Ab zwischen Zeiten der Annäherung und Zeiten, in denen kein vernünftiges Gespräch möglich war. Marie hatte nicht nur mit den Anfeindungen ihres Mannes zu kämpfen, sondern auch mit dem Verlust ihres Arbeitsplatzes. Nach einem Aufenthalt in einer psychosomatischen Klinik mit Kinderbetreuung ging es ihr deutlich besser. Dort hatte sie erstmals von der »Geheimkiste« gehört – einer Kiste, in die nur Dinge kommen, welche die gesunde Große stärken und die bedürftige, ängstliche Kleine schützen.

Marie hat sich Aussagen überlegt, welche die gesunde Große den anderen Rollen gegenüber treffen könnte, und sich acht schöne Postkarten gekauft, um diese Sätze darauf zu notieren:

Gesunde Große: Ich, Marie, habe es verdient, dass es mir richtig gut geht. Ich übernehme die Verantwortung für mich und den mütterlichen Anteil für mein Kind. Meine Aufgabe ist es nicht, den anderen Elternteil zu ersetzen oder dessen Aufgaben auch noch zu übernehmen.

Strenge Richterin: Du hältst jetzt endlich die Klappe! Du hast mir gar nichts mehr zu sagen. Ich bin erwachsen und führe ein selbstbestimmtes Leben. Ich glaube dir den Mist, den du doch eh nur von anderen übernommen hast, nicht. Ich werde das Gegenteil von dem tun, was du mir einreden willst.

Kämpferin: Liebe Kämpferin, ich weiß, dass du mich immer beim Kampf um die Gerechtigkeit unterstützen willst. Doch ich als gesunde Große übernehme jetzt die Verantwortung, auch für die bedürftige Kleine. Es reicht jetzt. Danke. Ich kann das.

Flüchtende: Liebe Flüchtende, Alkohol war in der Vergangenheit deine Lösung für meine Probleme. Ich kann aber nicht vor meinen Gefühlen davonlaufen und ich möchte lernen, auf eine gesunde Art und Weise mit unangenehmen Gefühlen umzugehen. Ich übernehme jetzt die Verantwortung.

Dienerin: Liebe Dienerin, du musst nicht mehr auf den Knien vor meinem Chef herumrutschen, nur damit er mich nicht rausschmeißt. Ich weiß, dass du damit Konflikte vermeiden willst, doch dieser Weg führt in eine Sackgasse. Ich übernehme die Verantwortung und traue mich, meine Meinung offen und ehrlich zu äußern.

Die Kleine, die traurig ist: Liebe bedürftige Kleine, ich tröste dich, indem ich mir jetzt eine Wärmflasche auf den Bauch lege und meinem Kinderbild einen Kuss gebe. Ich passe auf dich auf.

Die Kleine, die Angst hat: Liebe Kleine, ich beschütze dich und bringe dich in Sicherheit. In dieser Geheimkiste bist du sicher, und zu unangenehmen Terminen musst du nicht mitkommen, sondern du kannst zu Hause bleiben. Ich passe auf dich auf.

Die Kleine, die wütend ist: Liebe Kleine, ich verstehe deine Wut. Das ist auch alles eine Sauerei. Entweder wir gehen jetzt in den Wald und schreien, joggen eine Runde, duschen kalt oder wir hauen ins Kissen. Was möchtest du? Ich mache mit!

Diese Karten halfen Marie. Weil sie die Postkarten natürlich nicht immer bei sich hatte, sprach sie den Text auf den acht Karten in jeweils eine Sprachmemo-Nachricht auf ihrem Handy und hörte sich die passende bei Bedarf an. Nachdem eines Abends ihr Sohn zu ihr sagte, dass er lieber zum Vater ziehen wolle, war sie versucht, ihre Verzweiflung darüber mit einer Flasche Rotwein zu vergessen. Doch dann entschied sie sich stattdessen dafür, die Sprachmemos anzuhören und telefonierte am nächsten Tag mit ihrer Therapeutin, die ihr ein Krisengespräch anbot. Packe nun auch du – in deiner Rolle als gesunde Große – deine Geheimkiste!

Dinge, die in die Geheimkiste gehören

Ein kleiner Glücksstein, ein Fotoalbum mit Bildern aus dem Urlaub, Fotos von dir als Baby und als Kleinkind, Fotos von den Kindern, ein Gedichtband, ein Notizbüchlein und eine »Trostschokolade« oder geschriebene Karten mit den Sätzen der unterschiedlichen Rollen.

Wärmflaschen-Trost

Ilka hatte jahrelang in einer emotional schädlichen Beziehung mit ihrem Mann gelebt. Er hatte über sie vor anderen hergezogen und sie als unfähige Mutter dargestellt. Mithilfe einer sozialen Beratungsstelle hatte sie es endlich geschafft, sich zu trennen, und war mit ihrem Sohn in eine eigene Wohnung gezogen. Nach außen hin hatte sie als Abteilungsleiterin immer sehr stark gewirkt, sodass kaum einer verstehen konnte, wieso sie sich scheiden lassen wollte. Leider ging da der emotionale Terror erst richtig los und sie fühlte sich immer unsicherer. Ilka beschrieb in einem Gespräch, dass sie sich nackt und ängstlich fühle und es kaum noch schaffe, aus der Rolle ihrer bedürftigen Kleinen herauszukommen. Und wenn sie es schaffe, dann nur mithilfe der Dienerin, die versuche, es allen recht zu machen.

Ein sehr hilfreiches Mittel, um sich und die »Kleine« zu trösten, ist eine Wärmflasche. Lege dich auf das Sofa, schließe die Augen und atme in den warmen Bauch hinein. Alle, die diese Übung machen, berichten, dass sie das Gefühl haben, dass die »Kleine« in ihnen zur Ruhe kommt. Auch wenn diese Übung nicht die äußeren Umstände veränderte, fühlte sich Ilka beruhigter und stärker, den Auseinandersetzungen mit dem Ex-Partner in der Rolle ihrer gesunden Großen zu begegnen.

Ich bin dann mal krank

Ungefähr sechs Monate nach der Trennung hatte ich einen Fahrradunfall, der auch anders hätte enden können. Mein Kiefer war beidseits mehrfach gebrochen und ich musste in der Uniklinik operiert werden. Als ob das nicht ausreichte, brach ich mir einige Monate später auch noch meinen Fuß mehrfach. So war ich zweimal für Wochen aus dem Verkehr gezogen. Sprich, ich konnte mich nicht wirklich um die Versorgung meiner Kinder kümmern.

Natürlich wäre es sehr begrüßenswert, wenn in solchen Fällen der andere Elternteil einspringt und hilft. Doch die Realität zeigt häufig, dass der Vater beziehungsweise die Mutter nicht oder in einem zu geringen Ausmaß dazu bereit ist. Was also tun?

Triff eine Vorsorge für Notfälle

Telefoniere mit deiner Krankenkasse und erstelle dir präventiv einen Notfallplan, an wen du dich wann wenden musst. Frage deine Krankenkasse, ob es Notmütterdienste gibt, mit denen sie kooperieren, oder ob sie die Kosten einer Notbetreuung für dein Kind übernehmen. Sei für diesen Fall vorbereitet und bleibe *sehr* hartnäckig, wenn du doch mal Hilfe brauchen solltest. Hartnäckig gegenüber deinem behandelnden Arzt, der bitte explizit beschreibt, wobei du Hilfe brauchst und für wie lange. Ich habe damals nach dem Kieferbruch den ärztlichen Kollegen diktiert, was sie auf dem Antrag für die Kostenbewilligung bei der Krankenkasse eintragen sollten: sieben Tage die Woche, zehn Stunden am Tag, Wäsche waschen, kochen, putzen, einkaufen und mit den Kindern spielen.
Ich konnte zu Beginn gar nichts tun. Als dann die Dame vom Notmütterdienst vor meiner Haustür stand, hatte ich natürlich ein mulmiges Gefühl. Doch mir blieb nichts anderes übrig. Im Nachhinein bin ich sehr, sehr dankbar, dass es diese Option gibt. Trotz aller Umstände habe ich positive Erinnerungen an die Unterstützung.

Ideen für den Umgang mit anderen

Im Laufe der Jahre habe ich die Erfahrung gemacht, bei meinen Patienten und auch bei mir selbst, dass intensive emotionale Zustände – wie Angst, Trauer, Hilflosigkeit oder Wut – immer die gleiche Reaktion zur Folge haben. Nämlich, dass wir uns wie kleine Kinder fühlen und auch benehmen. Wir können innerhalb von Millisekunden von der kompetenten und gesunden Großen in die Rolle der bedürftigen Kleinen rutschen und alle Kompetenzen verlieren. Das passiert uns allen immer mal wieder und es ist normal. Auf den nächsten Seiten möchte ich dir sehr hilfreiche Strategien an die Hand geben, damit du in den obigen Situationen in deiner Rolle der gesunden Großen bleibst.

Situationen, wann die gesunde Große in die bedürftige Kleine »umspringt«:

- Besuch im Jugendamt, Gericht, beim Anwalt, bei der Mediation
- SMS, Anruf, E-Mail vom Ex
- Übergabe der Kinder
- Gemeinsame Aktivitäten wie Einschulung, Geburtstage, Feiertage
- Kritik aus der Familie, des Arbeitgebers, der eigenen strengen Richterin
- Kind berichtet vom anderen Elternteil

Tipps, wenn du dich »nicht beherrschen« kannst

Tipp Nummer 1

Schreibe dir dein aktuelles Alter mit einem Kugelschreiber in eine deiner Handinnenflächen und vielleicht sogar auch noch unter beide Fußsohlen. Viele finden diese Idee erst mal merkwürdig, doch sie hilft. Diese bewusste Vorbereitung und das Wissen, im wahrsten Sinne des Wortes auf deinem aktuellen Alter zu »stehen«, werden dich daran erinnern, wie alt du wirklich bist und dass du jetzt jegliche Kompetenz besitzt, die Situation aus der Rolle deiner gesunden Großen zu meistern.

Tipp Nummer 2

Schreibe dir einen stärkenden Satz auf ein Klebeband und klebe ihn dir unter deinen Pullover, am besten direkt vor deinem Herzen. Vorzugsweise zum Beispiel eines deiner neuen hilfreichen Selbstgespräche:
»Ich glaube an mich und schaffe das.«
»Ich werde diese Situation meistern und meine bedürftige Kleine beschützen.«
»Ich bin voll und ganz bei mir und xx Jahre alt.« (Trage dein aktuelles Alter ein.)

Tipp Nummer 3

Begegne deinem Ex-Mann/deiner Ex-Frau niemals in einer Jogginghose. Nicht weil du ihm gefallen sollst, sondern dir selbst. Ziehe dir für diesen Moment deine beste Kleidung an, in der du dich kompetent in der Rolle deiner gesunden Großen fühlst. Automatisch werden sich deine Körpersprache und deine Stimme verändern.

Tipp Nummer 4

Suche nach Vorbildern. Gibt es jemanden in deinem Umfeld oder aus Film und Fernsehen, der für dich ein Vorbild ist und der oder die dich mit seinem/ihrem Selbstvertrauen mitreißen kann? Oder eine

Person, die diese Situation bereits gut gemeistert hat? An dieser Stelle möchte ich explizit vier Frauen nennen, die sich auf verschiedene Art und Weise für die Alleinerziehenden im deutschsprachigen Raum einsetzen und für mich ein Vorbild sind und die du auch auf meiner Website verlinkt findest: Christine Finke mit dem Blog »Mama arbeitet«, Rona Duwe mit dem Blog »Phönix-Frauen«, Sarah Wiedenhöft mit dem Blog »Mutterseelenalleinerziehend« und Carola Fuchs, Autorin des Buches »Mama zwischen Sorge und Recht.«

Nicola, seit zwei Jahren alleinerziehend, hat ein Bild einer sehr engagierten Schauspielerin als Hintergrundbild in ihr WhatsApp installiert. Es hat sie so manches Mal dazu ermuntert, keine wutentbrannte SMS zu schreiben. Eine andere Mutter, die ich beraten habe, hat sich ein Foto aus einem erholsamen Urlaub als Hintergrundbild abgespeichert, das sie in einer Zeit gemacht hatte, in der sie sich sehr selbstsicher fühlte.

Tipp Nummer 5

Nutze Musik. Hanna war dazu übergegangen, sich vor jedem Gerichtstermin ihre Lieblingsmusik anzuhören, die sie in ihrer Rolle der gesunden Großen stärkte. Achtung: Es gibt natürlich auch Musik, die der bedürftigen Kleinen gefällt oder zum Beispiel der Kämpferin. Insofern wähle die richtige Musik für schwierige Situationen, die du meistern wirst.

Tipp Nummer 6

Ich hatte bereits im vorherigen Kapitel davon berichtet, was ich mit meiner bedürftigen Kleinen tat, als ich zum Jugendamt musste. Sie blieb im Auto sitzen und schaute Bücher an. Die Frage ist, was du tun kannst, um diese Seite in diesen sehr sensiblen Situationen zu schützen? Bringe deine »bedürftige Kleine« in solchen Momenten in *Sicherheit*. Vorher, bevor es zu spät ist. Das kannst du, denn du tust es jeden Tag mit deinem eigenen Kind beziehungsweise deinen Kindern. Und nun darfst du auch etwas für deine bedürftige Kleine beziehungsweise bedürftigen Kleinen tun.

Sven schickte seinen Kleinen in Gedanken eine Runde Fahrrad fahren.

Mira kuschelte ihre Kleine in ihr Bett und legte ein Kuscheltier als Symbol dazu.

Alina legte ein Kinderbild von sich in eine abschließbare, schöne Geheimkiste.

Christian brachte seinen bedürftigen Kleinen zum Fußballspielen.

Ich möchte noch mal betonen, dass das alles Rituale und Gedankenspiele sind. Deiner Fantasie sind keine Grenzen gesetzt. Hauptsache, du schützt diese verletzliche Seite in dir.

Tipp Nummer 7

Bevor Andreas seinen dritten Termin im Gerichtssaal antrat, stellte er sich vor, in eine Art unsichtbaren Ballon zu steigen. Mit einem ähnlichen Zorbing-Ballon war er vor Jahren in Neuseeland Berge heruntergerollt. In diesem Ballon hat er sich beschützt und sicher gefüllt. Dieses Bild in seiner Vorstellung beruhigte ihn und stärkte seinen gesunden Großen, den Prozess vor Gericht ruhiger zu bewältigen.

Kommunikation mit dem Kindsvater oder der Kindsmutter

SMS, E-Mail oder doch persönlich? Das ist eine Frage, die sich nicht pauschal beantworten lässt. Solange die Trennung beider Elternteile nicht einvernehmlich und freundschaftlich verlaufen ist, ist für viele der Kontakt ein erheblicher Stressfaktor.

Die Fragen, die dich hier leiten sollten, sind:

• Welche Art von Kontakt lässt dich am ehesten in deiner Rolle der gesunden Großen bleiben?

• Welche Art von Kontakt schützt die bedürftige Kleine in dir?

Marisa war vor vier Monaten von ihrem Mann Tom wegen einer älteren Arbeitskollegin verlassen worden. Mit ihrer einjährigen Tochter war sie noch in Elternzeit und finanziell von Tom abhängig. Sie liebte ihn noch immer und versuchte, ihn täglich mit vielen SMS an die »schöne Zeit« zu erinnern. Dabei verlangte Tom, täglich zu wissen, wie es seiner Tochter geht, und wollte auch Bilder sehen. In der Hoffnung, ihn umzustimmen, machte

Marisa mit und folgte allen seinen Aufforderungen. Vor Kurzem sagte er sein Umgangswochenende ab, weil er mit seiner neuen Freundin einen Städtetrip machen wollte. Jede SMS von ihm trieb ihr die Tränen in die Augen und sie fühlte sich hilflos und ängstlich mit ihrer bedürftigen Kleinen verbunden. Um mit diesen Gefühlen zurechtzukommen, unterstützte sie ihre Dienerin, indem sie sich anpasste. Sie schickte ihm täglich Fotos, erinnerte ihn mit lieben SMS an die gemeinsame Zeit und sagte bereitwillig ihre Termine ab, wenn er keine Zeit hatte.

Was passierte?

Marisa wurde mit dem regelmäßigen SMS-Kontakt zu ihrem Ex-Partner in ihrer Rolle der bedürftigen Kleinen »getriggert« (die Rolle wurde wachgerufen oder ausgelöst). Um die Kleine in sich zu schützen, kam ihr regelmäßig ihre Dienerin zur Hilfe. Denk darüber nach, auf welche Art und Weise du am ehesten mit deiner gesunden Großen verbunden bleiben kannst und die Kleine in dir schützt, die mit vielen verletzten Gefühlen reagiert.

Sven zum Beispiel reagierte konträr zu Marisa. Sobald seine Ex-Partnerin nur ein Wort schrieb, konnte er kaum an sich halten und schickte ihr bis zu 30 SMS hintereinander und überhäufte sie mit Vorwürfen und Beleidigungen. Er erzählte später, er sei dann wie in Trance in seinem Kämpfer und könne sich kaum stoppen.
Ronja, Mutter von drei Kindern, hatte sich vor eineinhalb Jahren getrennt, nachdem ihr Mann mit mehreren Liebschaften aufgeflogen war. Um in ihrer Rolle der gesunden Großen zu bleiben, tauscht sie nur kurz und knapp sachliche Informationen per SMS mit dem Kindsvater aus. Jegliches persönliche Gespräch führte dazu, dass er aggressiv wurde und sich die Situation noch mehr verschärfte.

Stelle dir folgende Fragen

- Welche Art von Kommunikation aktiviert am ehesten meine bedürftige Kleine? SMS, per E-Mail, per Telefon oder persönlicher Kontakt?
- Wie kann ich dem am besten vorbeugen?

- Welche Art von Kommunikation führt dazu, dass ich in meiner gesunden Großen bleiben kann? SMS, per E-Mail, per Telefon oder persönlicher Kontakt?
- Wie kann ich die gesunde Große in dem Moment der Kommunikation stärken?

Marisa wusste mittlerweile, in welche »Rollen« sie während eines SMS-Kontaktes rutschte. Zuerst konnte sie nichts ändern, da der Drang, dem Kindsvater Bilder zu senden und ihn umzustimmen, durch ihre Dienerin sehr ausgeprägt war. Aber sie schaffte es immer besser, sich selbst zu beobachten. Dabei stellte sie fest, dass nicht nur sie diejenige war, die in die verschiedenen Rollen rutschte, sondern er auch. So war kein konstruktives Gespräch möglich. Das Wissen darum, dass beide Elternteile in ihren Rollen gefangen waren, ermöglichte es Marisa, immer mehr Abstand zu den SMS zu bekommen und nach Möglichkeiten zu suchen, wie sie sich kompetent und erwachsen fühlte. So ging sie dazu über, ihm nur noch Briefe zu schreiben. In den Briefen hatte sie Zeit, nachzudenken und war nicht durch etliche SMS am Tag verunsichert. Marisa beschrieb es sehr eindrücklich: »Jede SMS ist so, als ob jemand den Schorf von einer zu heilenden Wunde abkratzt und sie immer wieder blutet. Sie kann nicht heilen.«

STRESS MIT DEM EX? NEUE AUSWEGE

Wenn du in der Rolle der gesunden Großen bist und der Kindsvater in irgendeiner anderen Rolle, dann ist es an dir, das *wahrzunehmen* und das Gespräch zu unterbrechen. So ist keine wirklich konstruktive Lösung möglich. Zum Beispiel in dem Fall, dass der Ex-Partner verbal oder per SMS angreift. Das ist dann die schwierigste Situation, weil in dem Moment deine bedürftige Kleine und die Kämpferin, die zurückschlagen möchte, sofort zur Stelle stehen. In solchen Momenten ist es sehr hilfreich, sich bewusst zu machen, dass der andere, der einen angreift, natürlich auch diese Rollen hat und sich selbst wie ein kleines bedürftiges Kind benimmt oder mit dem Kämpfer angreift. Bleibe du in der Rolle der gesunden Großen und lass dich nicht mitreißen. Die gesunde Große lässt sich von den anderen Rollen nicht beeindrucken und sagt entschieden: »Ich sehe, dass wir einen Konflikt haben, doch in diesem

Moment scheint es keine Lösung zu geben. Lass uns später darüber reden.«

Dein Gegenüber wird aufhören, wenn du in deiner Rolle der gesunden Großen bleibst. Er wird gar nicht anders können. Und natürlich wird er oder sie (unbewusst) immer wieder versuchen, dich aus der Reserve zu locken. Wenn ihr euch zusammen in den Rollen der Kleinen oder der Kämpfer begegnet, wird das Ergebnis destruktiv sein. Denn beide Rollen haben die Fähigkeit, sich gegenseitig bis zum Äußersten zu reizen. Spiele das Spiel nicht mit. Erst dann besteht langfristig die Chance, eure Kommunikation zu verbessern.

Oder aber, du bemerkst an dir selbst, dass du alles andere als in deiner gesunden Großen bist, er aber sehr wohl in seinem gesunden Großen präsent ist. Zum Beispiel, wenn er etwa von dir über den nächsten Elternabend informiert werden möchte, du es aber vergisst und ihm anschließend den Vorwurf machst, dass er sich nicht genug kümmere. Oder er dir seine neue Partnerin vorstellen möchte und du sie schon vor dem ersten Kontakt in deiner Fantasie umgebracht hast. Auch in diesem Fall werdet ihr zu keiner Lösung kommen. Aber Dein/e Ex ist nicht dafür zuständig, dass du wieder aus der Rolle der bedürftigen Kleinen oder des bedürftigen Kleinen in die Rolle des gesunden Großen wechselst. Das kannst nur du – jederzeit! Tue es! Denn mit jedem Vorwurf, den du deinem Gegenüber entgegenbringst, reduziert sich die Chance, dass der andere aus seiner Rolle des gesunden Großen reagiert.

WIE REAGIERST DU AUF VORWÜRFE UND KRITIK?

Nicht selten kommt es vor, dass der andere uns mit Kritik, Schuldzuweisungen und Beleidigungen begegnet und so die Versuchung groß ist, wieder aus der Rolle der Kämpferin, der Dienerin oder der Flüchtenden zu reagieren. In der gesunden Großen zu bleiben ist eine Herausforderung. Wenn der andere jedoch irgendwann merkt, dass du *nicht* mehr auf die ganzen Vorwürfe oder Beleidigungen »anspringst«, verebbt der Konflikt, die destruktiven Gespräche bleiben unbeantwortet und werden langfristig uninteressant.

Mein Tipp für dich: Konstruktive Kommunikation gelingt nur, wenn ihr beide in den Rollen des/der gesunden Großen seid. Ist es dein Gegenüber nicht, reduziere die Gespräche. Bist du es nicht, kümmere dich zuerst um dich selbst, um deine Verletzung und um deine bedürftige Kleine! Frage dich immer: Was würde meine gesunde Große jetzt tun?

UMGANGSVÄTER UND UMGANGSMÜTTER

Ich bin mir sicher, die Freunde und Familie meines Ex-Partners denken alles andere als gut von mir. Das ist die, die böse SMS schrieb und sich nicht beherrschen konnte. Ja, damit muss ich leben und ich kann das auch verstehen. Sie kennen aber nur die eine Seite der Medaille.

In meiner Arbeit als ärztliche Psychotherapeutin bin ich schon einigen Vätern begegnet, die nicht mit ihren Kindern zusammenlebten, auch keinen Kontakt zu ihnen hatten und darunter ebenfalls so sehr litten, dass sie depressiv wurden. Für mich war dieser Blick von der anderen Seite immer wieder sehr erhellend und hat mich so manches Mal milde gestimmt. Besonders dankbar bin ich meinem besten Freund, der auch ein »Umgangspapa« ist und der mir immer wieder einen Eindruck von der »anderen Seite« vermittelt hat. Vor allem, weil ich auch seine ehemalige Partnerin kenne, kann ich beide Perspektiven sehr gut verstehen.

Ich glaube, dass es keine richtige oder falsche Version gibt und jeder in seiner eigenen, teilweise verletzten Geschichte beziehungsweise bedürftigen Kleinen steckt.

DIE NEUE ODER DER NEUE

Als ich zum ersten Mal von der neuen Partnerin meines ehemaligen Partners hörte, berührte mich das sehr. Ich bekam Angst, meine Kinder an diese »Fremde« zu verlieren. Etliche Leute erzählten mir, dass die Mama natürlich immer die Mama bleibt, doch ich war gefangen in meiner Angst. Meine Gefühle waren stärker als mein Verstand und ich steckte in der Rolle meiner bedürftigen Kleinen fest. Parallel dazu liefen vor meinem inneren Auge

Filme ab, wie die vier glückselig das Wochenende verbrachten – und genau
das taten, was wir nie erlebt hatten.

Alle, die von Beginn an damit cool umgehen, verdienen meine absolute Hochachtung. Ich konnte es nicht. Mittlerweile ist einige Zeit
vergangen und auch als mir meine Kinder von dem Termin beim
Fotografen für Familienbilder mit der Neuen berichteten, blieb ich
ruhig und atmete tief ein und aus. Atmen ist ein Zaubermittel. Ganz
ähnlich ging es mir, als meine Tochter mich vor Kurzem fragte, ob
sie mit der Freundin kuscheln könne. Ich spürte die Wunde meiner
Kleinen in mir und schaffte es dann aber (mit tiefem Atmen) doch,
als gesunde Große zu antworten: »Ja, wenn du das gerne machst,
dann kuschle mit ihr.«

**Mein Tipp für dich: Vertraue darauf, dass dir deine Rolle als
Mama oder Papa niemals verloren gehen wird.**

Sei dankbar, wenn die neue Partnerin oder der neue Partner dein
Kind auch mag und umgekehrt. Diese Tatsache wurde mir sehr bewusst, als mir eine Klientin erzählte, dass sie die kleine Tochter ihres
neuen Partners hasse. Eine Situation, die mittel- bis langfristig keine
gute Basis für alle darstellt. Am meisten half es mir, in den Zeiten, in
denen ich wusste, dass sie jetzt zu viert zusammen waren, mir selbst
eine *sehr* gute Zeit zu machen und etwas zu unternehmen. Sobald
einer dieser inneren »Horrorfilme« auftauchte, rief ich laut: »Stopp,
stopp, stopp!« Und vielleicht sind wir dann eines Tages so weit, dieser neuen Frau, diesem neuen Mann in unserer Rolle der gesunden
Großen zu begegnen und ihm oder ihr die Hand zu geben. Denn
dieser Frieden tut nicht nur unseren Kindern gut, sondern auch uns
selbst. Lass dir dafür die Zeit, die du brauchst.

MACH DEINEN FREUNDESKREIS ZU DEINEM ENERGIEKREIS

»Wie soll ich bloß wieder an mich glauben? Wie soll ich meine gesunde
Große stärken?« Diese Frage stellte sich Adriana immer wieder. Sie hatte
sich in den letzten drei Jahren als Alleinerziehende zunehmend zurückge-
zogen und ihren kompletten Freundeskreis mehr oder weniger aufgege-

ben. *Das Problem war, dass sie – außer zu ihren vier Arbeitskollegen und ihren zwei Kindern – zu keinem anderen Menschen regelmäßig Kontakt hatte.*

Deine Beziehungen sind ein Spiegel. Sie zeigen dir genau, wo du stehst. Alle heilsamen Selbstgespräche und Gedanken brauchen als Ergänzung Menschen, die dir wirklich guttun und dich unterstützen. Es gibt ein Zitat von Jim Rohn, der sagte: »Du bist der Durchschnitt der fünf Menschen, mit denen du deine meiste Zeit verbringst.«

Unsere heilende Kraft sind unsere intakten Beziehungen! Wir Menschen brauchen einander – insbesondere in der Phase, wenn wir alleinerziehend sind.

Mit wem umgibst du dich?

Wen hast du zur Zeit um dich? Welche Menschen helfen dir, in die Rolle deiner gesunden Großen zu kommen beziehungsweise in dieser Rolle zu bleiben? Wenn du jetzt innerlich deine strenge Richterin schon wieder rufen hörst: »Sieht du, du schaffst das nicht! Die anderen bekommen das viel besser hin!!«, dann richte ihr bitte sofort aus, dass sie den Mund halten soll. *Du hast die Regie über dein Leben.* Sind die fünf Menschen, mit denen du aktuell zusammen bist, *wirklich* die, die dir am meisten Kraft geben? Oder sind es eher Menschen, die dich Energie kosten? Habe den Mut, Stück für Stück deinen Freundeskreis zu deinem Energiekreis zu machen. Das geht nicht in drei Wochen oder Monaten, doch mache heute den ersten Schritt und rufe jemanden an, der dir guttut. Es gibt ein Zitat aus Afrika, das vom Sinn her besagt, dass einer allein kein Dach tragen kann. Das kann ich nach meiner Erfahrung eindeutig bestätigen. Diejenigen, die behaupten, dass sie alles allein schaffen und niemanden brauchen, weil sowieso auf keinen Verlass ist, handeln meist aus einer der Helferrollen, um die bedürftige Kleine vor erneuter Verletzung und Enttäuschung zu schützen. Mittel- bis langfristig führt dieser Weg jedoch in die Isolation und Erschöpfung.

Daran erkennst du, ob eine zwischenmenschliche Beziehung dir guttut:

- Dein Gegenüber kann zuhören.
- Der andere steht zu dir, egal ob du tief unten bist oder Erfolge verbuchst.
- Es ist ein Geben und Nehmen und ihr helft euch gegenseitig.
- Der Mensch respektiert, wenn du »Nein« sagst, ohne beleidigt zu sein.
- Ehrlichkeit und Offenheit gehören dazu.

Daran erkennst du, dass die Beziehung schädlich für dich ist:

- Der Mensch hört nicht zu.
- Der andere versucht, aus deiner Schwäche seinen Vorteil zu schlagen.
- Geben und Nehmen sind unausgeglichen.
- Der Mensch respektiert deine Grenzen nicht.
- Der andere vermittelt dir den Eindruck, dass du nicht richtig bist.

Unsere Kinder – die wahren Achtsamkeitsmeister

Janine, 29 Jahre alt, hatte es mithilfe einer Therapeutin geschafft, sich aus der sehr destruktiven Beziehung vom Vater ihrer vierjährigen Tochter zu lösen. Seine unbegründete krankhafte Eifersucht hatte die Liebe ersticken lassen. Janine litt trotz der selbst initiierten Trennung sehr unter dem Verlust und war mit dem Alltag und ihrer Tochter an ihrer Belastungsgrenze angekommen. Sie funktionierte nur noch und war fast durchgehend in der Rolle ihrer Flüchtenden. In dieser Rolle fühlte sie kaum noch etwas, weder Freude noch Trauer: »Ich empfand die Zeit als sehr stumpf, konnte aber auch nicht raus aus meiner Haut. Es war einfach alles viel zu viel. Bis dann meine Kleine eines Abends vor mir saß und sagte: ›Mama, du bist da, aber doch nicht da.‹ Dieser Satz riss mich aus meiner Trance, weil sie recht hatte. Ich fühlte mich wahnsinnig schuldig, weil ich doch mein Kind liebe und nur das Beste wollte. Andererseits war mir klar, dass meine Flüchtende es auch nicht böse mit mir meinte. Ich hatte aber keine Idee, wie ich mich gesund und groß verhalten solle.« Kurzerhand entschloss sich Janine, Unterstützung im Kinderschutzbund zu holen, um zu lernen, wieder bewusster für ihr Kind da zu sein.

So wie Janine geht es vielen und die meisten trauen sich nicht, darüber zu reden oder es zuzugeben. Obwohl alle Welt davon spricht, wie komplex und schwierig es ist, Familie und Beruf zu vereinbaren. Alleinerziehend allen Herausforderungen gerecht zu werden und immer präsent und wach zu sein ist noch komplexer – für alle. Für uns selbst und für unsere Kinder. Ich möchte dich deshalb dazu ermutigen, dir gegebenenfalls Unterstützung zu holen.

Gerade, wenn die Zeit knapp ist, können wir die Chance nutzen, mit unseren Kindern gemeinsam eine Ruhepause einzulegen. Kinder sind wahre Achtsamkeitsmeister und zeigen uns, was es bedeutet, im Hier und Jetzt präsent zu sein und einmal nicht an morgen, die nächste Woche oder an die Zukunft zu denken. Außerdem kannst du damit die Rolle deiner glücklichen Kleinen aktivieren.

Janine und ihre Tochter entwickelten das Ritual, dass sie sich am Ende des Tages nach dem Kindergarten und der Arbeit für zehn Minuten zusammen auf das Sofa kuschelten und anschließend zusammen ein Puzzle machten. Zu Beginn fiel es Janine nicht leicht, da sie in der Rolle der Flüchtenden am liebsten erst mal gar nichts getan hätte. Da sie jedoch mittlerweile um die Wichtigkeit des Rituals wusste, tat sie mehrere Wochen so, als ob sie aus der Rolle der gesunden Großen handeln konnte. Nach etwa sechs Monaten war dieses Ritual zu einer etablierten Gewohnheit geworden und Janine fragte ihre Tochter, ob sie das Gefühl habe, dass Mama wieder da sei. Ihre Tochter lächelte sie an und nickte.

Mir sagte einmal eine Familientherapeutin im Kinderschutzbund, dass es nicht wichtig sei, das Kind ständig und dauernd zu unterhalten. Es sei aber wichtig, einmal am Tag fünfzehn Minuten *wirklich* für das Kind da zu sein: es zu sehen, zu hören und mit voller Aufmerksamkeit wahrzunehmen.

HANDYFREIE ZONE

»Mama, warum hast du eigentlich immer das Handy dabei?« Ich fühlte mich ertappt von meiner Tochter. Recht hatte sie. Einerseits beschwerte ich mich regelmäßig über zu viel Stress im Alltag, aber mein Handy war stets griffbereit und ich online und erreichbar. Das passte einfach nicht. Kurzerhand beschlossen wir auf beiden Seiten, eine Art mediale Diät mindestens

einen Tag die Woche einzuhalten. Ich schaltete von 15:00 bis 20:00 Uhr
mein Handy aus und sie verzichtete auf ihr Sandmännchen. Auch wenn ich
ein großer Fan der digitalen Welt bin, es ist sehr wichtig, sich davon zu lö-
sen und im Hier und Jetzt präsent zu sein.

Eine junge Mutter sagte mir zu diesem Thema: »Ich schaffe es nicht,
da ich mich so einsam fühle und das Handy mein Kontakt zur Außenwelt ist.« Ja, ich kann verstehen, was sie meint. Dennoch geht es
nicht darum, dass wir das Handy abschaffen, sondern uns allein oder
mit unserem Kind/unseren Kindern Inseln der Erholung schaffen.
Und das klappt nicht, wenn wir alle fünf Minuten WhatsApp, Facebook, Twitter und Co. checken. Also: Schalte mal ab! Lass die Welt
da draußen für eine Weile Welt sein und widme dich ganz deinem
Kind und dir selbst. Lasst es euch gut gehen.

Liebt er mich, liebt er mich nicht?

Vor nicht allzu langer Zeit hatte sich Sandra das erste Mal seit der Trennung
vom Kindsvater wieder ernsthaft verliebt. Nachdem sie langsam ihren Man-
tel der Unsicherheit abgelegt hatte, erlebte sie seit langer Zeit wunder-
schöne Frühsommerabende. Als diese plötzlich weniger wurden, waren
ihre drei Helferrollen am Start. Sie wollte nicht wieder verlieren, was sie
gerade so lieb gewonnen hatte. Sandra hatte Angst. Ihre Kämpferin ver-
suchte sich witzig und locker zu geben. Ihre Flüchtende präparierte schon
wieder ihren »Mantel« und beschloss, nie wieder einem Mann zu ver-
trauen. Und ihre Dienerin versuchte, jeden Konflikt zu vermeiden, und
sagte nicht mehr, was sie sich wirklich wünschte. Und ihre strenge Richterin
tönte laut: »Siehst du, hab ich es doch gleich gewusst!« Sodass sich ihre
bedürftige Kleine schließlich mal wieder verlassen fühlte.

Kennst du so ähnliche Kreisläufe? Es wird dir immer wieder passieren, dass Menschen dich in deinen Rollen aktivieren können und du
schließlich wie ferngesteuert handelst. Kenne deine Rollen und denk
dran, dir *immer* diese eine Frage zu stellen: Was würde meine gesunde Große jetzt tun?
Dann werde ganz still und horche in dich hinein. Du wirst immer
eine Antwort finden. Besonders laut hörst du diese Stimme kurz vor
dem Einschlafen oder kurz nach dem Aufwachen. Höre hin und

traue ihr. Sandras gesunde Große entschloss sich, den Mann loszulassen. Aus Liebe zu sich selbst.

Acht Monate später lernte Sandra einen anderen Mann kennen und sie machte sich keinen einzigen Moment darüber Gedanken, ob es passte oder nicht. Ich bin mir sicher, dass du weißt, was ich meine …

Sex – Was war das denn bitte noch mal?

Ich möchte in diesem Buch nicht zu sehr in dieses Thema einsteigen, doch darf es auch nicht vergessen werden. Die einen haben das Bedürfnis nach Sex über Jahre ad acta gelegt und finden gar keinen Zugang mehr dazu, andere entdecken erst jetzt ihre wahren Vorlieben und Wünsche. Egal, wie es ist, alles ist möglich und völlig in Ordnung. Gönn dir die Zeit, um herauszufinden, was dir und insbesondere deiner gesunden Großen wirklich guttut. Denn die hat früher oder später natürlich auch ein erfülltes Liebesleben verdient.

Dating 2.1

Drei Monate nach meiner Trennung sagte ein Kollege zu mir: »Alexandra, willkommen in der zweiten Runde.« Damals fand ich das ziemlich daneben und fühlte mich alles andere als wohl, zu dieser Kategorie zu gehören. Gleichzeitig war ich damit konfrontiert, dass es die heile Familie, die es in meiner Fantasie immer gegeben hatte, so in meinem Leben nicht mehr geben würde. Mir wurde klar, dass alles, was in Zukunft passieren würde, auf keinen Fall diesem Anspruch unterliegen durfte, dort weiterzumachen, wo ich mit der ersten Familie aufgehört hatte.

Dating 2.0 wird die Begegnung in der digitalen Welt genannt. Ich möchte es ergänzen durch Dating 2.1: Dating digital plus Kind. Die meisten Partner finden sich heutzutage nun einmal im Internet. Und das ist auch nicht verwunderlich. Wie sollte es denn sonst mit einer Beziehung funktionieren, wenn wir Alleinerziehenden am Abend nicht ausgehen, sondern mit dem Kind allein zu Hause sind? In vielen Fällen folgt nach dem Alleinerziehend-Singlesein noch lange nicht automatisch eine neue Patchwork-Familie. Die meisten Alleinerziehenden bewältigen erst mal weiterhin ihren Alltag allein und haben eben zusätzlich noch eine Partnerschaft. Ich persönlich finde es richtig und auch angebracht, das Kind oder die Kinder erst dann miteinzubeziehen, wenn eine Sicherheit da ist, dass diese Beziehung eine Zukunft haben kann. Neue familiäre Modelle anzuerkennen und zu würdigen, das wird unsere Aufgabe der nächsten Jahre werden.

Suche dir Unterstützung

FINDE EINE NERVENSTARKE MITBEWOHNERIN

Wir leben mitten in Hamburg und die Mietpreise sind sehr hoch. Nachdem der Vater ausgezogen war, stellte sich die Frage: umziehen oder nicht? Ich muss zugeben, dass ich angesichts des ganzen Stresses einen Umzug nicht ernsthaft in Erwägung gezogen hatte. Wir waren fest in unser soziales Umfeld integriert und alle wichtigen Orte waren einfach zu erreichen. Die ersten eineinhalb Jahre zahlte ich die hohe Miete allein und musste alle meine Sparvorhaben für meine private Rentenvorsorge aussetzen. Mir wurde deutlich, dass das auf lange Sicht so nicht weitergehen konnte und so diskutierte ich viele Wochen mit anderen Alleinerziehenden bei unserem wöchentlichen Abendbrot-Treffpunkt darüber, ob es gut wäre, sich einen Mitbewohner mit in die Wohnung zu nehmen. Ich war hin und her gerissen, da ich noch kein Zimmer frei hatte. Eine der Mütter hatte bereits sehr gute Erfahrungen gesammelt, sodass ich mich im ersten Schritt dazu durchringen konnte, »nur« eine Anzeige aufzugeben und erst mal zu schauen.

Bei dieser ganzen Geschichte begleitete mich der Gedanke an die psychischen Grundbedürfnisse, die wir Menschen haben, und die Frage, ob durch eine Mitbewohnerin sich etwas für mich ändern würde. Das erste Bedürfnis, das bei Alleinerziehenden häufig vernachlässigt wird, ist das Bedürfnis nach Bindung und Nähe. Natürlich ersetzt eine Mitbewohnerin keinen Partner oder geschweige denn den anderen Elternteil. Dennoch gibt es eine zusätzliche Bindung und die Möglichkeit zu einem netten Gespräch unter Erwachsenen. Das zweite Bedürfnis, welches häufig nicht erfüllt wird, ist das Bedürfnis nach Sicherheit und Kontrolle. Durch die Mitbewohnerin und deren Beitrag zur Miete war es mir möglich, in der Wohnung wohnen zu bleiben. Außerdem bot mir eine Mitbewohnerin die

Option, wieder autonomer zu werden. Freiheit ist einer meiner höchsten Werte. Und diese Freiheit war massiv eingeschränkt. Ich sah es nicht ein, mein Leben als Frau komplett aufzugeben, und ich wusste, wenn ich mich beruflich und privat weiterentwickeln wollte, brauchte ich eine gewisse »Freiheit«. Ich entschied mich, mein Schlafzimmer aufzugeben und es zur Untermiete anzubieten.

Ein weiteres Bedürfnis ist das Bedürfnis nach Selbstwerterhöhung. Die Mitbewohnerin tat indirekt ihren Anteil daran, mich zu stärken, indem sie an dem einen oder anderen Abend für meine Kinder da war und ich die Möglichkeit hatte, etwas für mich zu tun. Entweder eine Runde zu laufen, eine Freundin zu treffen oder zu einem Vortrag zu gehen.

Ein zusätzliches Bedürfnis ist das nach Lust und Unlustvermeidung. Auch in diesem Fall war die Mitbewohnerin indirekt an dessen Erfüllung beteiligt, da sie mir den Rücken mit den Kindern freihielt und mir so ein, zwei Stunden Zeit für eine Tätigkeit schenkte, die ich gern machte.

Natürlich hatte ich in der Anzeige alle meine Wünsche und auch die Vor- und Nachteile eines Zusammenlebens mit uns detailliert beschrieben. Ich werde unserer Mitbewohnerin immer dankbar dafür sein. Wie oft tat es gut, dass sie einfach nur da war und zuhörte. Ein Besuch eines Freundes am Abend lässt sich schwerlich damit vergleichen.

Ich möchte dich ermutigen: Wenn du die Chance hast, ein Zimmer freizuräumen, dann wage diesen Schritt. In dem Moment bekommst du die Chance, mit deiner Rolle der gesunden Großen für die Erfüllung deiner Bedürfnisse zu sorgen. Immer häufiger höre ich davon, dass mehrere Alleinerziehende in Wohngemeinschaften leben wollen. Ich kann das nur befürworten. Wir Menschen brauchen Menschen. In dieser Zeit mehr denn je. Natürlich ist es schön, wenn eine Familie zusammenlebt und sich liebevoll unterstützt. Doch wenn das, warum auch immer, nicht möglich ist, dann ist das für viele der Weg der zweitbesten Lösung. Meine Kinder haben viel von unserer Mitbewohnerin gelernt und sie in ihr Herz geschlossen. Dafür bin ich sehr dankbar.

Der ursprüngliche Traum, mit meinen Kindern und ihrem Vater in einem schicken Haus zu wohnen, ist geplatzt. Stattdessen schlafe und arbeite ich in ein und demselben Raum. Doch so ist es jetzt und ich weiß, dass es nicht für immer sein wird. Ganz sicher.

UM HILFE BITTEN

Einen Freund oder eine Freundin:
»Hallo XY, wie du weißt, bin ich zurzeit hauptsächlich für die Erziehung meines Kindes zuständig und komme manchmal an meine Grenzen. Da brauche ich jemanden zum Reden oder auch mal eine helfende Hand. Können wir einmal die Woche am Abend einen festen Termin zum Telefonieren ausmachen? Oder kannst du mir die Tour nach … abnehmen? Ich würde mich sehr freuen. Vielen Dank.«

In der Beratungsstelle:
»Guten Tag sehr geehrte Frau/sehr geehrter Herr Sowieso, mein Name ist XY und ich würde mich freuen, wenn ich bei Ihnen ein Beratungsgespräch vereinbaren könnte. Ich bin alleinerziehend und wünsche mir an der einen oder anderen Stelle Unterstützung. Ist das möglich? Ich möchte ein gesunder Elternteil für mein Kind sein und weiß, dass ich auf mich achten muss.«

Die Wahrscheinlichkeit, trotz aller Freundlichkeit und Mühe durchaus mal ein »Nein« zu hören, ist sicherlich hoch. Doch das bedeutet *nicht*, dass es immer so sein muss. Es kann sein, dass du mehrere »Nein« hörst, bevor es ein »Ja« gibt. Bleibe unbedingt dran! Nimm es nicht persönlich und frage ein anderes Mal erneut nach.
Ich habe *alles*, was ich an Unterstützung bekommen konnte, angenommen. Darunter waren: die Erziehungsberatung, das Coaching, der Kinderschutzbund, die diakonische Paarberatung, das Jugendamt, der Abendbrot-Treff für Alleinerziehende und die öffentliche Rechtsauskunft. Ich wollte verstehen und von Menschen lernen, die sich mit diesen Themen auskennen. Habe den Mut, dich zu informieren und dir Unterstützung zu holen. Du schaffst das!

DIE MUTTER-KIND-KUR – EINE HASSLIEBE

Die einen denken mit Graus an diese Wochen und die anderen erinnern sich gerne: die Mutter-Kind-Kur. Mir beziehungsweise uns hat sie sehr gutgetan. In der Regel musst du die sechs bis acht Monate vorher beantragen.

Ich selbst war mit meinen Kindern eineinhalb Jahre nach der Trennung im Sommer auf Sylt. Aufgrund vieler Erfahrungsberichte waren meine Erwartungen an diesen Aufenthalt nicht sehr hoch. Doch das Meer, das Klima und der Beginn einer lieben Freundschaft zu einer anderen alleinerziehenden Mutter haben gutgetan.

Natürlich hast du zu Hause immer noch den gleichen Alltag zu bewältigen. Doch neben Massagen und Bewegung gibt es in Gesprächen mit anderen die Option, die Prioritäten zu Hause neu zu überdenken. Eine Auszeit in einer guten Einrichtung lohnt sich. Fahr am besten zu einer Jahreszeit, die du besonders magst. Genieß es und hab viel Spaß!

BABYSITTER, LEIHOMA ODER ANDERE ALLEINERZIEHENDE

Investiere in einen Babysitter – damit investierst du in dich. Es gibt Alleinerziehende, die haben nie kinderfrei. Sie sind 365 Tage, sieben Tage die Woche und 24 Stunden am Tag die Hauptbezugsperson. Keiner, der in dieser Situation war, kann sich vorstellen, was das bedeutet. Doch auch diese Frauen und Männer brauchen Zeit zur Erholung und Entspannung. Unser Gehirn regeneriert sich *nie* vor dem Bildschirm.

Aus eigener Erfahrung weiß ich, wie knauserig Alleinerziehende sind, wenn es darum geht, sich einen Babysitter zu leisten. Häufige Ausreden sind: »Ach, so wichtig ist das doch nun auch nicht, dass ich rauskomme. Und alleine zum Sport möchte ich auch nicht gehen. Für das Geld kaufe ich meinem Kind lieber ein Paar neue Schuhe. Das ist wichtiger. Das kann ich mir einfach nicht leisten.« Nein! Das ist auch wichtig, aber nicht wichtiger als du, dein Geist und dein Körper. Du brauchst Zeit zur Regeneration.

Wenn du finanziell überhaupt keinen Spielraum hast, dann suche dir ein, zwei andere alleinerziehende Mütter und wechselt euch mit der Betreuung der Kinder ab. Mach es wirklich! Die Ausrede: »Ich habe keine Zeit« lasse ich im Übrigen nicht gelten. Was ist wichtiger? Dass du ziellos im Internet surfst oder in deiner Lebenssituation wieder genug Energie hast? Als wir noch keine Mitbewohnerin hatten, habe ich mir zeitweise ganz junge Babysitter gesucht, die einen erschwinglichen Stundensatz hatten. Ergänzend dazu kann ich empfehlen, nach Leihomis Ausschau zu halten, falls du ohne Familie lebst. Es gibt so viele ältere Damen, die sich über ein paar Stunden mit einem Kind freuen. Ohne meine Leihomi hätte ich so manchen Termin nicht wahrnehmen können.

ICH BIN DANN MAL ONLINE

Ich gebe zu: Im ersten Jahr als Alleinerziehende bin ich nicht nur einen Abend die Woche mit meinen Kindern ins Bett gegangen, sondern fast jeden, so erschöpft war ich. Mails checken außerhalb der Arbeitszeit war für mich eine Qual. Natürlich hatte ich zu Beginn hier und da das Wort »alleinerziehend« gegoogelt. Zu dem damaligen Zeitpunkt leider noch ohne großen Erfolg. Im Zuge der Gründung meines Projektes »Stark und alleinerziehend« entdeckte ich jedoch in den sozialen Medien wie Facebook und Twitter virtuelle Gruppen, in denen sich andere Alleinerziehende austauschten. Gerade, wenn wir an den Abenden allein zu Hause sitzen und niemand in unserer Umgebung in einer ähnlichen Lebenssituation ist, kann ein solcher virtueller Ort eine erste Anlaufstelle sein, um sich nicht mit allen Herausforderungen allein zu fühlen. Hier darfst du auch still mitlesen, ohne selbst etwas zu posten, und einfach das Gefühl haben, dass es anderen ähnlich wie dir geht. Das ändert die Situation natürlich nicht, aber es macht sie leichter, weil eine Verbundenheit und manchmal sogar Freundschaften mit Gleichgesinnten entstehen. Ich persönlich habe mittlerweile viele Menschen zuerst virtuell und im zweiten Schritt auch real kennengelernt und bin dafür sehr dankbar. Jeder positive, auch virtuelle Kontakt stärkt das eigene Selbstbewusstsein und aktiviert die gesunde Große.

HIER FINDEST DU »ECHTES VERSTÄNDNIS«

Ohne dass ich mir es gewünscht hatte, hatte ich von heute auf morgen einen neuen Beziehungsstatus. A-L-L-E-I-N-E-R-Z-I-E-H-E-N-D. Es war für mich seit der Geburt meiner zweiten Tochter schon die Sorge da, dass ich mich eines Tages mit diesem Thema auseinandersetzen müsste. Jede Frau, die mir erzählte, dass sie jetzt allein sei, verstärkte meine Bedenken. Wahrscheinlich ahnte ich schon damals unbewusst, dass es auch mich treffen würde. Auch ich hatte dieses klassische Bild von Alleinerziehenden im Kopf, das so mancher Privatsender einem verkauft: einfach gestrickt, fünf Kinder und dauerhaft unfähig, den Alltag geregelt zu bekommen.

Wer war ich jetzt? Wo passte ich nun hin? Irgendwie fühlte ich mich verloren auf weiter Flur. Zu den glücklichen und intakten Familien passte ich nicht mehr, aber ich sah mich auch nicht in der anderen Kategorie. Ich hatte keine Lust, mich in einer Art Selbsthilfegruppe für Alleinerziehende einzureihen, wo dauerhaft nur gejammert wird. Womit ich nicht sagen möchte, dass Jammern nicht auch mal dazugehört. Habe ich auch oft und lange getan. Doch wohin nur? Nach vier Jahren ist meine Erkenntnis, dass wir in dieser Lebenslage unbedingt andere Alleinerziehende brauchen. Aber nur die, die von der Wellenlänge her zu einem passen in dieser Lebensphase. Es gibt ein Verständnis füreinander, das unheimlich verbindet und besonders ist.

Teresa ist 33, hat einen vierjährigen Sohn und bezeichnet sich selbst als hardcore-alleinerziehend. Sie ertappt sich oft dabei, dass sie auf die anderen Alleinerziehenden neidisch ist, die alle zwei Wochenenden frei haben. Der Vater ihres Sohnes will keinen Kontakt und ihre Familie lebt etliche Hundert Kilometer entfernt. Eines Tages wurde ihr klar, dass sie etwas ändern musste, weil es so die nächsten zehn Jahre auf keinen Fall weitergehen konnte. Nach einem langen, zähen Winterwochenende mit ihrem Sohn, fasste sie den Mut und gründete in ihrem Ort ein Netzwerk für Alleinerziehende. Das Ziel sollte sein, sich auszutauschen und sich gegenseitig, bei Gefallen, die Kinder an den Wochenenden einen Abend abzunehmen. Sie machte mehrere Aushänge in den Schulen, in Kitas und veröffentlichte bei Ebay Kleinanzeigen unter der Rubrik Babysitter. Ungefähr sechs Monate später hatte sich ein Netzwerk mit acht Alleinerziehenden gebildet. Jeweils zwei Frauen hatten sich zusammengetan und verschafften sich so zweimal im Monat einen freien Abend und eine erholsame Nacht. Teresa war mächtig stolz und fühlte sich deutlich entlastet.

Ich habe übrigens in der ganzen Zeit, seit ich alleinerziehend bin, keine einzige Frau getroffen, die dem gängigen Klischee der Alleinerziehenden entspricht. Im Gegenteil: Es gibt viele alleinerziehende Frauen und auch Männer, die sich sehr differenziert Gedanken über ihr Leben und das ihrer Kinder machen.

In meinem Podcast auf starkundalleinerziehend.de brachte es Nicola Schmidt, Gründerin des »artgerecht«-Projekts, sehr deutlich auf den Punkt: »Alleinerziehend zu sein ist an sich überhaupt nicht artgerecht. Das können wir uns eigentlich gar nicht leisten. Dafür ist eine Homo-sapiens-Mutter nicht gebaut. Allein mit einem Kind in der Wildnis zu sein ist ein Todesurteil.«

Wir brauchen im deutschsprachigen Raum eine deutlich bessere Vernetzung der Alleinerziehenden auf einem anderen Niveau. Weg von dem Image der Selbsthilfegruppe, hin zu einem stärkenden Austausch, der die psychische Gesundheit fördert. Denn aus diesem Selbstbewusstsein heraus wird eine Gemeinschaft geschaffen, die wirkliche Veränderungen für Alleinerziehende erreichen kann.

Die fünf Top-Voraussetzungen für dein neues inneres Drehbuch

Zum Ende möchte ich noch einmal betonen, dass ich mit diesem Buch eine erste Hilfe anbieten wollte zu der Frage »*Wie* kann ich die Lebensphase, in der ich mit Kind im Alltag allein bin, am besten meistern?«.

Wenn du als Alleinerziehende wieder mehr Selbstvertrauen, Mut und Energie für dich und dein Leben haben möchtest, müssen die folgenden fünf Voraussetzungen erfüllt sein:

1. Du hast das Bewusstsein über deine sieben inneren Rollen.

Du bist dir darüber klar, dass du zu 100 Prozent dafür verantwortlich bist, dass dein Leben so wird, wie du es dir wünschst. Niemand sonst hat die Verantwortung dafür. Und ja, vieles ist ungerecht, und es wäre toll, wenn es anders wäre. Ist es aber nicht. Also steh für dich ein. Jetzt!

2. Du bist 100 Prozent motiviert zur Veränderung.

Wenn die Belastung durch eine Krise oder im Alltag zu groß wird, kommen sogar unsere Helferrollen, die Kämpferin, die Flüchtende und die Dienerin an ihre Grenze.

Eine der wichtigsten Fähigkeiten, die du als Alleinerziehende brauchst, ist die Bereitschaft, deine bisherigen Aussagen, Meinungen und Verhaltensweisen zu hinterfragen und diese zu verändern. Wenn du die Neugier und Flexibilität hast, dich darauf einzulassen,

Neues in deiner Rolle der gesunden Großen auszuprobieren, dann bist du die Regisseurin deines wunderbaren Lebens.

3. Du beobachtest dich selbst.

Wenn du dein Leben verändern möchtest, ist es wichtig, ein Gespür dafür zu bekommen, wie du mit dir selbst innerlich sprichst und dir zuhörst. Zum Beispiel: Was sind die destruktiven Aussagen deiner strengen Richterin und was kann die gesunde Große ihr entgegensetzen?

4. Du hast ein Ziel.

Unser Ziel in diesem Buch war klar. Ich habe dir gezeigt, was die erste Schritte sind, damit du aus deiner Erschöpfung herauskommst. Und wie du mit Selbstvertrauen hilfreiche innere Monologe und Selbstgespräche führen und du mit deinen Gefühlen besser umgehen kannst. Das alles braucht viel Zeit. Bleib bitte dran.

5. Tue es immer wieder.

Willst du die gesunde Große in dir stärken und die Führung in deinem Leben übernehmen lassen, dann darfst du dir dafür Zeit geben und diese Rolle üben. Regelmäßig und oft. Üben, üben und üben. Auch dann, wenn die anderen Rollen mal dominieren. Das wird passieren und darf auch so sein. Bemerke es und mach trotzdem weiter. Versichere ihnen, dass die gesunde Große die Verantwortung übernimmt. Beschütze deine bedürftige Kleine. Und weise deine strenge Richterin in die Schranken. Sie hat unrecht!

**Nur wenn es dir gut geht, geht es auch deinem Kind gut.
Du kannst deiner gesunden Großen vertrauen.**

Ich freue mich, dass du mir deine Zeit, dein Vertrauen und deine Aufmerksamkeit geschenkt hast. Du hast bewiesen, dass es dir wirklich ernst ist, überwiegend ein Leben in der Rolle deiner gesunden Großen zu leben. Und während du diese letzten Zeilen liest, bist du schon längst dabei. Danke!

Nachwort

Ich bin gerade gerührt. Gerührt, weil ich mein Nachwort schreibe. Schon als kleines Mädchen habe ich Bücher geliebt und verbrachte Stunden in der örtlichen Bücherei. Aber selbst als Erwachsene, obwohl jede Woche ein neues Buchpaket per Post zu uns geliefert wurde, wäre ich nie auf die Idee gekommen, ein eigenes Buch zu schreiben. Wäre da nicht die Trennung gekommen und mit ihr eine ungeheure Wut auf meinen Ex-Partner und auf die Bedingungen, die eine Mutter oder auch ein Vater allein mit Kind in diesem Land hat. Aber nicht nur Wut, sondern auch eine Menge an Bewusstsein für das Leben.

So einen Moment, der vieles verändert hat, durfte ich im letzten Jahr auf einem Seminar mit dem Motivationstrainer und Lifecoach Christian Bischoff erleben. Zum Ende dieses Buches möchte ich dir davon erzählen. Und zwar sollten wir uns vorstellen, wir sind ein kleiner Vogel, der auf einem Ast sitzt und die letzte Szene aus unserem Leben betrachtet: unsere eigene Beerdigung aus der Vogelperspektive – und wie wir friedlich im offenen Sarg liegen. Nun sollten vier Menschen am Grab auftauchen und in zwei Minuten sagen, was uns zu Lebzeiten ausgezeichnet hat. Ich gebe zu, das war der heftigste Moment bei diesem Event und eine große Herausforderung. Aber ich war neugierig und wollte es wissen! Also schloss ich die Augen. Und dann passierte etwas sehr Spannendes. Auf einmal tauchten zwei selbstbewusste, junge erwachsene Frauen an meinem Grab auf und ich hörte sie sprechen:

»Mama war immer für uns da und hat unser Leben mit viel Liebe, Freude, Begeisterung und Mut bereichert. Wir sind ihr dankbar, dass sie und Papa miteinander ein friedliches Leben geführt haben. Wir lieben sie beide und sind ein Teil von ihnen.«

Und dann sah ich die gleiche Szene noch mal. Wieder meine zwei Töchter. Aber diesmal weinend und gebückt.

»Mama hat viel gekämpft und wir waren Papa und ihr und dem jahrelangen Schweigen hilflos ausgeliefert. Warum nur? Ging das nicht anders? Wir hätten das so sehr gebraucht. Mama und Papa.«

Diese Szene lief innerhalb von Sekunden vor meinen inneren Augen ab. Nicht dass ich das rein theoretisch nicht längst gewusst hätte, aber in dem Moment konnte ich es zum ersten Mal auch wirklich *fühlen*. Und das machte einen riesengroßen Unterschied!

Denn in diesem Moment wurden meine ganzen Beschuldigungen und Vorwürfe nichtig und unwichtig. Meine gesunde Große war so wach wie niemals zuvor, während alle meine anderen Rollen schwiegen. Das war der Augenblick, in dem ich die Entscheidung fällte, ab sofort anders mit dem Kindsvater und auch mit meinen Gefühlen umzugehen. Auch wenn ich unmittelbar nicht wirklich etwas ändern konnte, fühlte ich mich besser. Leichter und freier. Warum sage ich das? Weil ich fest davon überzeugt bin, dass diese veränderte, innere Haltung auch wirkt, wenn der andere Elternteil den Kontakt komplett abgebrochen hat oder nicht sofort auf die Änderung reagiert.

Du tust dir damit Gutes!

Ich weiß nicht, wo du aktuell in deinem Leben stehst. Vielleicht ist die Trennung bei dir noch gar nicht lange her. Ich kann dazu nur sagen: Lass dir Zeit. Es wird dein Zeitpunkt kommen.

Alleinerziehend zu sein ist eine Herausforderung und häufig mit einer Achterbahn der Gefühle verbunden. Doch wenn du an dich selbst glaubst, deine Gefühle deine Freunde sind und du eine Meisterin deiner Selbstgespräche bist, dann ist dein persönliches Wachstum nicht aufzuhalten. Dazu fällt mir gerade eines meiner Lieblingszitate ein.

> *»Ganz gleich, ob du denkst, du kannst etwas oder du kannst es nicht, du hast recht.«*
>
> HENRY FORD

Du wirst es schaffen. Sei eine Löwin, die den Mut hat, sich in dieser Lebenssituation unterstützen zu lassen. Denn das ist wirklich *stark*.

Alles Liebe und Gute

Deine Alexandra

Danksagung

Dieses Buch zu schreiben, war in dieser Lebenssituation eine große Herausforderung. Ich habe meinen Blick immer auf das Ergebnis gerichtet und bin vielen Menschen dankbar, die mich auf meinem Weg begleitet haben.

Mein größter Dank gilt meinen zwei wunderbaren Töchtern – für ihre Liebe, Freude und Offenheit dem Leben und mir gegenüber.

An zweiter Stelle möchte ich meine Familie nennen, die für mich meine Basis ist: Peter, Daniel, Ursel, Ernst, Marianne, Sabrina, Janina, Bärbel, Manfred, Sabine, Christina, meine Großmutter Lieselotte und meine verstorbene Mutter Anne-Dore. Der nächste Dank gilt Matthias, der mich liebevoll lehrt, mit der Angst zu schwimmen und meinem Herzen zu folgen. Danke für deine Geduld, Liebe und Toleranz.

Ich danke meinen Freunden, Kollegen und Bekannten: Tobias, Conni, Tina, Annegret, Katja, Martyna, Frank, Claudia, Carmen, Jyotima, Tanja, Ingrid, Jörn, Sylvie, Stefan, unsere Leihomi Mimi und unseren Mitbewohnerinnen Suada und Pia.

Ein besonderer Dank geht an meine Arbeitgeber, Herrn Professor Dr. med. Peter und Frau Dr. rer. nat. Ulrike Lupke der Verhaltenstherapie Falkenried, die mir immer zur Seite gestanden haben. Des Weiteren danke ich der Kindertagesstätte Janusz Korczak und deren liebevollen Erzieherinnen Susanne, Alla, Nina und Steffi, die für mich und meine Kinder immer da waren und ein offenes Ohr hatten. Ebenso dem Treffpunkt für Alleinerziehende im Spielehaus am Wehberspark mit Marlene als Leitung.

Mein Dank gilt auch allen alleinerziehenden Frauen und Männern, die mein Projekt seit Mai 2014 online verfolgen, unterstützen und mich inspiriert haben.

Darüber hinaus gibt es virtuell bereits eine Gemeinschaft an Frauen, die sich auf verschiedene Art und Weise für die Alleinerziehenden und angrenzenden Themen einsetzen. Auch denen möchte ich von Herzen danken: Dr. Christine Finke, Rona Duwe, Sarah Wiedenhöft, Carola Fuchs, Melanie Matzies-Köhler, Karin Burger, Gundula Göbel und Dr. Nina Paulic. Außerdem möchte ich dem Vater meiner Töchter dafür danken, dass wir uns diese wunderbaren Kinder geschenkt haben.

Ferner danke ich Silke Foos, Lektorin im Kösel-Verlag, die mir die Chance gab, dieses Buch zu veröffentlichen. Danke für die tolle Zusammenarbeit!

Und zu guter Letzt meiner lieben Lektorin Isabella Kortz, die mit viel Motivation, Sorgfalt und Aufmerksamkeit dieses Buch verbessert hat.

Anhang

Literaturverzeichnis und Web-Empfehlungen

Berger Thomas: Burn-out-Prävention. Erschöpfung verhindern, Energie aufbauen. Selbsthilfe in 12 Stufen. Schattauer 2015

Bischoff Christian: Selbstvertrauen: Die Kunst, dein Ding zu machen. Ariston 2014

Bonus Martin und Arehult Martina: Interaktives Skills-Training für Borderline-Patienten. Schattauer 2012

Brown Brené: Verletzlichkeit macht stark: Wie wir unsere Schutzmechanismen aufgeben und innerlich reich werden. Kailash 2013

Byron Katie: Ich brauche deine Liebe – ist das wahr? Liebe finden, ohne danach zu suchen. Goldmann 2012

Chopich Erika J., Paul Margaret: Aussöhnung mit dem inneren Kind. Ullstein 2009

Dittmar Vivian, Amana Virani: Gefühle & Emotionen – Eine Gebrauchsanweisung: Wie emotionale Intelligenz entsteht. VCS Dittmar, Edition Est 2014

Dittmar Vivian: Beziehung kann man lernen. VCS Dittmar, Edition Est 2015

Fassbinder Eva, Klaube Manuela, Zens Christine: Schematherapie. Beltz Video-Learning, Beltz 2013

Faßbinder Eva, Schweiger Ulrich, Jacob Gitta: Therapie-Tools Schematherapie. Beltz 2011

Finke Christine: Allein, alleiner, alleinerziehend: Wie die Gesellschaft uns verrät und unsere Kinder im Stich lässt. Bastei Entertainment 2016

Ford Debbie: Schattenarbeit: Wachstum durch die Integration unserer dunklen Seite. Goldmann 2011

Ford Debbie: Trennung als Chance – Auseinander gehen, weitergehen, innerlich wachsen. Heyne 2006

Frädrich Stefan: Günter, der innere Schweinehund, wird Kommunikationsprofi: Ein tierisches Verständnisbuch. Gabal 2013

Fuchs Carola: Mama zwischen Sorge und Recht: Die aberwitzigen Erfahrungen einer Mutter in Sachen Umgang. Kindle-Edition (www.carola-fuchs.de)

Göbel Gundula: Trost: Wie Kinder lernen, Traurigkeit zu überwinden. Beltz Nikolo 2015

Göbel Gundula: Schrei nach Geborgenheit: Emotionale Begleitung bis in die Pubertät. Briefgestöber 2014

Götz Astrid, Wahlers Martin: Alleinerziehend: Unterhalt, Sorgerecht, finanzielle Hilfen. Verbraucher-Zentrale NRW 2015

Grawe Klaus: Psychologische Therapie. Hogrefe 2000

Grzeskowitz Ilja: Attitüde. Erfolg durch die richtige innere Haltung. Gabal 2014

Harris Russ: Wer dem Glück hinterherrennt, läuft daran vorbei. Ein Umdenkbuch. Goldmann 2013

Harris Russ: Wer vor dem Schmerz flieht, wird von ihm eingeholt: Unterstützung in schwierigen Zeiten. ACT in der Praxis. Kösel 2013

Hautzinger Martin: Ratgeber Depression – Informationen für Betroffene und Angehörige. Ratgeber zur Reihe Fortschritte der Psychotherapie. Hogrefe 2006

Jacob Gitta, Van Genderen Hannie, Seebauer Laura: Andere Wege gehen: Lebensmuster verstehen und verändern – ein schematherapeutisches Selbsthilfebuch. Beltz 2011

Jacob Gitta, Arntz Arnoud: Schematherapie in der Praxis. Beltz 2015

Jacob Ramona: Wenn der Traum von Familie platzt: Ein Mutmachbuch bei Trennung und Scheidung. Kösel 2012

Kaluza Gert: Stressbewältigung: Trainingsmanual zur psychologischen Gesundheitsförderung. Springer 2011

Knauff Corinna: Ich bin eine gute Mutter! Warum es Ihrem Kind besser geht, wenn Sie nicht immer perfekt sind. Campus Verlag 2009

Lammers Claas-Hinrich, Eismann Gunnar: Emotionsfokussierte Methoden: Techniken der Verhaltenstherapie. Beltz 2015

Largo Remo H., Czernin Monika: Glückliche Scheidungskinder: Was Kinder nach der Trennung brauchen. Piper 2015

Lindau Veit: Heirate dich selbst. Wie radikale Selbstliebe unser Leben revolutioniert. Kailash 2014

Makoe Melanie: Mama goes Patchwork: Meine Top 10 Denkfehler. Amazon Create Space 2015

Peter Micaela, Peter Ulrike: Burnout-Falle Lehrerberuf? Infos, Tests und Strategien zum Vorbeugen, Erkennen, Bewältigen. Verlag an der Ruhr 2013

Redemann Luise: Eine Reise von 1.000 Meilen beginnt mit dem ersten Schritt. Herder 2007

Roedinger Eckhard: Praxis der Schematherapie: Lehrbuch zu Grundlagen, Modell und Anwendung. Schattauer 2011

Rosenberg Marshall B.: Was deine Wut dir sagen will: Überraschende Einsichten: Das verborgene Geschenk des Ärgers entdecken. Junfermann Verlag 2013

Rust Serena: Wenn die Giraffe mit dem Wolf tanzt: Vier Schritte zu einer einfühlsamen Kommunikation. KOHA-Verlag 2006

Schmidt Nicola: artgerecht. Das andere Baby-Buch: Natürliche Bedürfnisse stillen. Gesunde Entwicklung fördern. Naturnah erziehen. Kösel 2015

Schomisch Martina: Patchwork-Familien-stärken: 5 einfache Strategien für Deine starke Patchwork-Familie. Kindle Edition 2015

Seebauer Laura, Jacob Gitta: Andere Wege gehen. Audio-CD: Lebensmuster verstehen und verändern. Ein schematherapeutischer Audio-Ratgeber. Beltz 2013

Stahl Stefanie: Leben kann auch einfach sein: So stärken Sie Ihr Selbstwertgefühl. Ellert & Richter 2015

Stavemann Harlich H.: Im Gefühlsdschungel: Emotionale Krisen verstehen und bewältigen. Beltz 2010

Van Laak Petra: 1 Frau, 4 Kinder, 0 Euro (fast): Wie ich es trotzdem geschafft habe. Droemer Knaur 2012

Von Wegen Maike: Mutterseelenalleinerziehend: Ein Kind und weg vom Fenster? Droemer Knaur 2013

Wardetzki Bärbel: Ohrfeige für die Seele: Wie wir mit Kränkung und Zurückweisung besser umgehen können. DTV 2004

Wolf Doris: Einsamkeit überwinden: Von innerer Leere zu sich und anderen finden. PAL 2003

Wolf Doris: Wenn der Partner geht: Trennungsschmerz und Liebeskummer bewältigen. PAL 2004

Wolf Doris: Ängste verstehen und überwinden. Wie Sie sich von Angst, Panik und Phobien befreien. PAL 2011

Wolf Doris: Wenn Schuldgefühle zur Qual werden: Selbstvorwürfe ablegen, sich verzeihen lernen. PAL 2003

Wolf Doris, Merkle Rolf: Gefühle verstehen, Probleme bewältigen: Eine Gebrauchsanleitung für Gefühle. PAL 2012

Wolken Beate: Methoden der Kognitiven Umstrukturierung: Ein Leitfaden für die psychotherapeutische Praxis. Urban-Taschenbuch Bd. 466, 2012

Young Jeffrey E., Klosko Janet S.: Sein Leben neu erfinden: Wie Sie Lebensfallen meistern. Den Teufelskreis selbstschädigenden Verhaltens durchbrechen … Und sich wieder glücklich fühlen. Junfermann 2006

Young Jeffrey E., Klosko Janet S., Weishaar Marjorie E.: Schematherapie. Ein praxisorientiertes Handbuch. Junfermann 2008

Zens Christine, Jacob Gitta: Schwierige Situationen in der Schematherapie. Beltz Video-Learning. Beltz 2015

Wichtige Webseiten und Links

Christine Finke, Blog *Mama arbeitet.*
Mama arbeitet schreibt über das Leben als Alleinerziehende, die Vereinbarkeit von Familie und Beruf, Genderthemen und das pralle Leben.
www.mama-arbeitet.de

Rona Duwe, Blog *Phoenix-Frauen.*
Phoenix-Frauen hilft Frauen, Beziehungsgewalt zu erkennen, sich nachhaltig daraus zu befreien und ein selbstbestimmtes Leben zu führen.
www.phoenix-frauen.de

Sarah Wiedenhöft, Blog *Mutterseelenalleinerziehend.*
Mutterseelenalleinerziehend ist ein queerfeministisches, multikulturelles Regenbogeneinternfamilienblog. www.mutterseelenalleinerziehend.de

Verena Schulemann, Blog *Mama Berlin.*
Die Journalistin und Solo-Mama Verena Schulemann hinterfragt auf MamaBerlin.org Geschlechterklischees und macht sich für eine moderne, selbstbestimmte Elternschaft stark. www.mamiberlin.wordpress.com

Mamamotzt.
Mama motzt denkt in ihrem Blog über die oft zähen Erlebnisse als Alleinerziehende, deren Ex sich überhaupt nicht kümmert, aber auch über ihre Freuden mit ihren drei Brillanten nach. www.mamamotzt.com

Mutterseelesonnig.
Zwei Kinder, ein paar Tiere, ein voller Job und ich alleine mit dem ganzen großartigen Quatsch. www.mutterseelesonnig.wordpress.com

Katrin Töpfl: *Mutter-Kind-Kur*
Katrin Töpfl unterstützt alleinerziehende Mütter und Väter bei der Antragstellung und Kurplatzsuche für Mutter-Kind-Kuren, Rehas und Kinderrehas. www.kurberatung-toepfl.de

Verband der alleinerziehenden Mütter und Väter Bundesverband e.V.
www.vamv.de/index.php

Weiterführende Webseite zur Suche von Psychotherapeuten
www.therapie.de/psychotherapie/

Deutscher Kinderschutzbund www.dksb.de/content/start.aspx

Telefonseelsorge www.telefonseelsorge.de

Eine umfangreiche Liste mit Buchempfehlungen und nützlichen Facebook-gruppen findest du zum Download auf meiner Website:

www.starkundalleinerziehend.de

Podcasts, die ich höre und die motivieren

Stark und alleinerziehend: www.starkundalleinerziehend.de

Tomstalktime: www.tomstalktime.com

Erfolg mit Leidenschaft: www.markuscerenak.com

Selbstmanagement biz von Thomas Mangold: www.selbst-management.biz

Register

Alles kann,
nichts muss!

Eltern heute: immer auf der Überholspur. Sie geben ihr letztes Hemd für die Familie und die Karriere. Aber manchmal ist weniger mehr. Weniger Perfektion. Weniger Bio. Weniger Förderung. Weniger Angst, es nicht gut genug zu machen. Dieses Buch hilft dabei, auch mal entspannt fünfe grade sein zu lassen.

 Kösel   www.koesel.de

Genau, was mein Baby braucht!

Seit der Steinzeit haben unsere Babys dieselben Bedürfnisse: Nähe, Geborgenheit, essen dürfen, wenn sie hungrig sind, und schlafen dürfen, wenn sie müde sind. Wie Eltern auch heute der Natur ihrer Kinder gerecht werden können, zeigt dieses Buch: konkret, ermutigend und nachhaltig.

 Kösel

www.koesel.de